Berufe im Informationswesen

Springer-Verlag Berlin Heidelberg GmbH

Dieser Ausbildungswegweiser wurde zusammengestellt und herausgegeben auf Empfehlung folgender Organisationen:
- Berufsverband Medizinischer Informatiker (BVMI),
- Bundesvereinigung Deutscher Bibliotheksverbände (BDB)
- Deutsche Gesellschaft für Informationswissenschaft und Informationspraxis (DGI),
- Deutsche Gesellschaft für Medizinische Informatik, Biometrie und Epidemiologie (GMDS),
- Deutscher Bibliotheksverband (DBV),
- Deutscher Verband Medizinischer Dokumentare (DVMD),
- Konferenz der informatorischen und bibliothekarischen Ausbildungsstätten (KIBA),
- Verein der Diplom-Bibliothekare an wissenschaftlichen Bibliotheken (VdDB),
- Verein deutscher Archivare (VdA),
- Verein deutscher Bibliothekare (VDB),

Wilhelm Gaus

Berufe im Informationswesen

➜Archiv ➜Bibliothek ➜Buchwissenschaft
➜Information und Dokumentation ➜Medizinische
Dokumentation ➜Medizinische Informatik
➜Computerlinguistik ➜Museum

Ein Wegweiser zur Ausbildung

Fünfte, vollständig überarbeitete Auflage

Prof. Dr. Wilhelm Gaus
Universität Ulm, Abteilung Biometrie und Medizinische Dokumentation, D-89069 Ulm
Universitätsklinikum Ulm, Akademie für Medizinische Berufe, Schule für Medizinische Dokumentation, D-89070 Ulm
wilhelm.gaus@medizin.uni-ulm.de

Die Deutsche Bibliothek - CIP-Einheitsaufnahme

Gaus, Wilhelm: Berufe im Informationswesen: Ein Wegweiser zur Ausbildung/ Wilhelm Gaus. - 5., vollständig überarbeitete Aufl. - Berlin; Heidelberg; New York; Barcelona; Hongkong; London; Mailand; Paris; Tokio: Springer, 2002
ISBN 978-3-540-43619-5   ISBN 978-3-642-56190-0 (eBook)
DOI 10.1007/978-3-642-56190-0

ISBN 978-3-540-43619-5

Dieses Werk ist urheberrechtlich geschützt. Die dadurch begründeten Rechte, insbesondere die der Übersetzung, des Nachdrucks, des Vortrags, der Entnahme von Abbildungen und Tabellen, der Funksendung, der Mikroverfilmung oder der Vervielfältigung auf anderen Wegen und der Speicherung in Datenverarbeitungsanlagen bleiben, auch bei nur auszugsweiser Verwertung, vorbehalten. Eine Vervielfältigung dieses Werkes oder von Teilen dieses Werkes ist auch im Einzelfall nur in den Grenzen der gesetzlichen Bestimmungen des Urheberrechtsgesetzes der Bundesrepublik Deutschland vom 9. September 1965 in der jeweils geltenden Fassung zulässig. Sie ist grundsätzlich vergütungspflichtig. Zuwiderhandlungen unterliegen den Strafbestimmungen des Urheberrechtsgesetzes.

© Springer-Verlag Berlin Heidelberg 1986, 1992, 1994, 1998, 2002
Ursprünglich erschienen bei Springer-Verlag Berlin Heidelberg New York 2002

Die Wiedergabe von Gebrauchsnamen, Handelsnamen, Warenbezeichnungen usw. in diesem Werk berechtigt auch ohne besondere Kennzeichnung nicht zu der Annahme, daß solche Namen im Sinne der Warenzeichen- und Markenschutzgesetzgebung als frei zu betrachten wären und daher von jedermann benutzt werden dürften.

Umschlaggestaltung: design & production, Heidelberg
Satz: Reproduktionsfertige Vorlage des Autors
Gedruckt auf säurefreiem Papier   SPIN 10876178   33/3142PS - 5 4 3 2 1 0

Vorwort

Die Berufsbilder, Tätigkeitsbereiche und Ausbildungsgänge im Gesamtgebiet des Informationswesens sind durch außerordentliche Vielfalt gekennzeichnet. Zunächst ergeben sich Unterschiede aus den verschiedenartigen Aufgaben der Archive, der Bibliotheken, der Buchwissenschaft, des Informations- und Dokumentationswesens, der Medizinischen Dokumentation, der Medizininformatik, der Computerlinguistik und der Museologie. Die Vielfalt ist weiterhin dadurch bedingt, dass die entsprechenden Berufe zum Teil innerhalb des öffentlichen Dienstes, zum Teil in Wirtschaft und Industrie ausgeübt werden. Dann sind die verschiedenen Qualifikations- und Ausbildungsebenen zu berücksichtigen, d.h. (1.) die Berufs- und Fachschulausbildung, (2.) das Studium an Fachhochschulen und Universitäten und (3.) das Ergänzungs- oder Aufbaustudium. Die meisten Ausbildungsgänge gibt es an öffentlichen Fachschulen, Fachhochschulen und Universitäten, daneben gibt es aber in der medizinischen Dokumentation kostenpflichtige private Schulen und im Archiv- und Bibliothekswesen auch noch die „verwaltungsinterne" Ausbildung. Die Berufsbilder des Informationswesens sind jung und deshalb noch in Bewegung. Schließlich ergeben sich, da die Zuständigkeit für Berufs- und Ausbildungsfragen im wesentlichen bei den Ländern liegt, durch unterschiedliche Regelungen weitere Abweichungen zwischen den Bundesländern, teilweise auch innerhalb des gleichen Berufszweiges oder Ausbildungsganges. Diese verschiedenen Aspekte sollen in einem knappen Überblick dargestellt werden.

Alle in diesem Wegweiser genannten Berufe sind – ohne jede Ausnahme – gleichermaßen für Frauen und Männer geeignet. Dies lässt sich sprachlich nur umständlich und unästhetisch darstellen: Die Schreibweise mit / (z.B. Diplom-Bibliothekarin/Diplom-Bibliothekar) ist lang und stört den Lesefluss; in verkürzter Form (z.B. Diplom-Bibliothekar/in) ist sie holprig, vor allem wenn darauf Bezug genommen wird (sie/er, ihre/seine); die Schreibweise mit angehängtem großgeschriebenem In (z.B. Diplom-BibliothekarIn) erscheint unmotiviert, und schließlich könnte die wechselweise Verwendung der weiblichen und der männlichen Berufsbezeichnung – insbesondere bei Überschriften – zu Missverständnissen führen. Was tun? Ich habe bei der Beschreibung der Berufsfelder, Tätigkeitsbereiche und Ausbildungsgänge konsequent die weiblichen Berufsbezeichnungen verwendet, im Datenteil dagegen konsequent die männlichen. Damit will ich bei guter Lesbarkeit gleichermaßen Damen und Herren gerecht werden.

Gegenüber der 1998 erschienenen 4. Auflage gibt es viele Änderungen, im ganzen Buch ist keine Seite unverändert geblieben. Altehrwürdige Ausbildungsstätten wurden geschlossen, trotzdem hat sich die Anzahl der Informationsberufe von 26 auf 34, die Anzahl der Ausbildungsgänge von 103 auf 127 erhöht. Der Trend zur Integration und zu gemeinsamen Ausbildungsgängen für öffentliche und wissenschaftliche Bibliotheken, ja sogar für das gesamte Archiv-, Bibliotheks-, Informations- und Dokumentationswesen hat sich fortgesetzt, ebenso der Trend zum Auslaufen der verwaltungsinternen Ausbildung. Neu sind die vielen Bachelor- und Masterstudiengänge sowohl an Fachhochschulen als auch an Universitäten, meist für das (gesamte) Informationswesen. Dadurch ist das Ausbildungsangebot noch vielseitiger, aber auch unübersichtlicher geworden. Die Medizininformatik habe ich aufgenommen wegen ihrer engen Verflechtung mit der medizinischen Dokumentation, die Computerlinguistik weil sie Grundlage der immer wichtiger werdenden Freitextsuche und der Suchmaschinen im Internet ist. Hoffentlich kann diese neue Auflage allen Benutzern gute Dienste leisten.

Meinen besten Dank richte ich an alle Ausbildungsstätten, denen ich die hier dargelegte Information verdanke und die großteils die einzelnen Eintragungen korrekturgelesen haben.

Herzlicher Dank gebührt auch Susanne Gerstner, die bei der Beschaffung aller Angaben, beim Zusammenstellen und Gliedern und immer wieder beim Nachprüfen geholfen hat, Henriette Gemballa, die das Manuskript geschrieben hat, Dr. Margrit Ebinger für das sorgfältiges Korrekturlesen und dem Springer-Verlag für die bewährte gute Zusammenarbeit.

Ulm, im Juni 2002   Wilhelm Gaus

Inhaltsverzeichnis

1 Hinweise zum Gebrauch
1.1 Leserkreis 7
1.2 Abgrenzung 7
1.3 Gültigkeit 8
1.4 Teile des Wegweisers 9
1.5 Weitere Informationsmöglichkeiten 9
1.6 Bewerbungen 10

2 Einführung in das Informationswesen
2.1 Aufgaben und Bedeutung 13
2.2 Archive 16
2.3 Bibliotheken 17
2.4 Buchwissenschaft 17
2.5 Information und Dokumentation 18
2.6 Medizinische Dokumentation 19
2.7 Medizinische Informatik 20
2.8 Computerlinguistik 20
2.9 Museen 21

3 Allgemeines zur Ausbildung
3.1 Status während der Ausbildung 22
3.2 Ausbildungskosten 23
3.3 Ausbildungs- und Berufsebenen 24
3.4 Ausbildung auf der Ebene der Assistentenberufe (mittlerer Dienst) 25
3.5 Ausbildung auf Fachhochschulebene (gehobener Dienst) 27
3.6 Haupt- und Nebenfachstudium an Universitäten ... 28
3.7 Ergänzungs- und Aufbaustudium (höherer Dienst) ... 28
3.8 Berufsbegleitende Ausbildung 29

4 Berufsfelder, Tätigkeitsbereiche, Ausbildungsgänge

4.1 Archiv

a) Fachangestellte für Medien- und Informationsdienste (FAMI) in der Fachrichtung Archiv 31

b) Archivsekretärin 32

c) Diplom-Archivarin (FH), Archivarin des gehobenen Dienstes 34

d) Archivarin des höheren Dienstes 36

4.2 Bibliothek

a) Fachangestellte für Medien- und Informationsdienste (FAMI) in der Fachrichtung Bibliothek 38

b) Bibliothekssekretärin 40

c) Diplom-Bibliothekarin (FH) und verwandte Studiengänge 42

d) Wissenschaftliche Bibliothekarin (höherer Bibliotheksdienst) 45

4.3 Buchwissenschaft 47

4.4 Information und Dokumentation

a) Fachangestellte für Medien- und Informationsdienste (FAMI) in der Fachrichtung Information und Dokumentation und in der Fachrichtung Bildagentur 48

b) Informationsassistentin 50

c) Diplom-Dokumentarin (FH), Diplom-Informationswirtin (FH) und verwandte Studiengänge 51

d) Informationswissenschaft als Haupt- oder Nebenfach im Magister- und Promotionsstudium 54

e) Informationswissenschaftliche Ergänzungs- und Aufbaustudiengänge 56

4.5 Medizinische Dokumentation

a) Fachangestellte für Medien- und Informationsdienste (FAMI) in der Fachrichtung Medizinische Dokumentation 58

b) Medizinische Dokumentationsassistentin 59

c) Zertifikat Medizinische Dokumentation 62

d) Medizinische Dokumentarin 63

e) Diplom-Dokumentarin (FH), Fachrichtung Medizin und Fachrichtung Biowissenschaften 67

Inhaltsverzeichnis

4.6 Medizinische Informatik
    a) Diplom-Informatikerin der Medizin 69
    b) Zertifikat Medizinische Informatik und
       Zertifikat Medizinische Biometrie 71
    c) Aufbaustudium Medizininformatik für Medizinerinnen 72

4.7 Computerlinguistik
    a) Bachelor-, Diplom-, Magister- und Promotionsstudium.... 73
    b) Zusatzqualifikation 76
    c) Ergänzungs- und Aufbaustudium.................. 76

4.8 Museum
    a) Museums- und Ausstellungstechnikerin 77
    b) Diplom-Museologin (FH)............ 77

4.9 Informatik und andere Berufsfelder......... 78

5 Literaturhinweise

5.1 Archiv 79
5.2 Bibliothek 81
5.3 Buchwissenschaft 85
5.4 Information und Dokumentation 86
5.5 Medizinische Dokumentation 91
5.6 Medizinische Informatik 92
5.7 Computerlinguistik 93
5.8 Museum 93
5.9 Übersichten, Informatik, Wirtschaftsinformatik.......... 94

6 Berufs- und Amtsbezeichnungen 97

7 Verzeichnis der Ausbildungsgänge (rotes Papier)
Inhaltsverzeichnis (rotes Papier) 107

8 Landkarte und Ortsregister 303

1 Hinweise zum Gebrauch

1.1 Leserkreis

Dieser Wegweiser wendet sich an diejenigen, die an einer beruflichen Tätigkeit im Informationswesen interessiert sind und sich überlegen, einen der Berufe aus diesem Bereich zu erlernen. Er wendet sich also insbesondere an Schülerinnen und Schüler der Hauptschulen, Realschulen und Gymnasien, die kurz vor dem Abschluss ihrer Schulausbildung und damit vor der Berufswahl stehen. Die Schrift wendet sich aber auch an Studentinnen und Studenten, die sich in einer nachuniversitären Ausbildung dem Informationswesen zuwenden wollen. Schließlich dürfte der Wegweiser auch den Fachkollegen, den Berufsberatern und allen an Ausbildungsfragen Interessierten einen nützlichen Überblick über die derzeit 34 Berufe, 86 Ausbildungsstätten mit zusammen 127 Ausbildungsgängen in diesem Bereich geben.

1.2 Abgrenzung

Die in diesem Wegweiser behandelten Ausbildungsgänge und Berufe lassen sich zunächst den acht Fachbereichen zuordnen:
- Archiv
- Bibliothek
- Buchwissenschaft
- Information- und Dokumentation
- Medizinische Dokumentation
- Medizinische Informatik
- Computerlinguistik
- Museum

Die Berufe der Datenverarbeitung und Informatik sind nicht enthalten, die Möglichkeiten zum Informatikstudium sind in anderen Studien- und Forschungsführern (siehe Lit. 9.1 bis Lit. 9.19) beschrieben. Allerdings sind die Übergänge fließend, in vielen Studiengängen der Informatik kann ein Schwerpunkt oder ein Nebenfach aus dem Gebiet der Informations-Wiedergewinnung, Informations-Vermittlung oder Kommunikation gewählt werden. In diesem Wegweiser sind lediglich die Studiengänge mit linguistischer Datenverarbeitung und damit Bezug zu maschinellen Dokumentationsverfahren und die Medizininformatik wegen ihres Bezugs zur Datendokumentation enthalten. Die Berufe der Publizistik (z.B. Journalist, Redakteur), des Medienbereichs (z.B. Grafiker, Fotograf), der Schriftgutherstellung (z.B. Buchdrucker, Buchbinder) und der Schriftgutverteilung (z.B. Verlagskaufmann, Buchhändler) sind nicht enthalten, siehe aber Lit. 9.1. Studiengänge wie z.b. Cognitive Science der Universität Osnabrück wurden ebenfalls weggelassen, da sie mehr der Psychologie, den Neurowissenschaften oder der künstlichen Intelligenz zuzuordnen sind.

Weiterhin enthält dieser Wegweiser nur solche Berufe, für die es in der Bundesrepublik Deutschland einen Ausbildungsgang gibt. Berufe des Informationswesens, die es in anderen Ländern, jedoch nicht in der Bundesrepublik gibt, sind nicht aufgenommen. In dem noch jungen Informationswesen gibt es viele Berufsausübende mit verschiedenen Berufsbezeichnungen, die keine reguläre Ausbildung durchlaufen haben, sondern sich selbst in ihren heutigen Beruf eingearbeitet haben. Diese Berufe sind hier ebenfalls nicht enthalten.

1.3 Gültigkeit

Die Angaben in diesem Wegweiser haben den Stand zwischen Februar und Mai 2002. Sie haben den Ausbildungsstätten zur Korrektur vorgelegen, sind jedoch ohne Gewährleistung. Verbindlich sind die von den Ausbildungsstätten auf Anforderung versandten Informations- und Merkblätter sowie die Ausbildungs-, Prüfungs- und Studienordnungen und andere Rechtsgrundlagen. Die Internetseiten der Ausbildungsstätten lassen sich leichter aktualisieren als dieser gedruckte Wegweiser. Deshalb gibt dieser Wegweiser einen Überblick und im Verzeichnis der Ausbildungsgänge die www-Adressen, damit der an einzelnen Ausbildungsgängen besonders interessierte Leser anschließend dort nachschlagen kann.

1.4 Teile des Wegweisers

Zunächst lässt sich dieser Wegweiser in den Textteil mit den Kapiteln 1 bis 4 und den Datenteil mit den Kapiteln 5 bis 8 gliedern. Der Hauptteil ist das Verzeichnis der Ausbildungsgänge (Kapitel 7) auf rotem Papier. Für dieses Verzeichnis der Ausbildungsgänge gibt es auf Seite 108 und 109 ein eigenes Inhaltsverzeichnis. Möchte eine Leserin oder ein Leser wissen, welche Ausbildungsstätten und Ausbildungsgänge es in einer bestimmten Stadt gibt, so kann sie oder er im Ortsregister (letztes Kapitel) nachschlagen.

Viele Ausbildungsstätten haben verschiedene Ausbildungsgänge. Deshalb wird bei jedem Ausbildungsgang unter Bemerkungen auf verwandte Ausbildungsgänge der gleichen Ausbildungsstätte verwiesen.

Als Kapitel 5 sind Literaturhinweise zusammengestellt, als Kapitel 6 sind die Berufs- und Amtsbezeichnungen genannt und kurz erklärt.

1.5 Weitere Informationsmöglichkeiten

Dieser Wegweiser soll den Ausbildungswilligen bei der Entscheidung helfen, ob sie sich für einen Beruf aus dem Informationswesen überhaupt interessieren und gegebenenfalls für welchen Beruf. Hat eine Interessentin oder ein Interessent einige Ausbildungsgänge in die engere Wahl genommen, so kann sie bzw. er sich dazu spezielle Schriften beschaffen. Dies sind vor allem die von der Bundesanstalt für Arbeit herausgegebenen „Blätter zur Berufskunde". Die Blätter zur Berufskunde sind in Bielefeld im Bertelsmann Verlag erschienen. Sie sind bei der Berufsberatung der Arbeitsämter erhältlich, können im Buchhandel bestellt oder in Bibliotheken eingesehen werden. Auch die anderweitig angegebene Literatur kann, falls ein Verlag angegeben ist, im Buchhandel bestellt oder in den Bibliotheken ausgeliehen werden. Ist kein Verlag angegeben, so ist es am besten, sich direkt an den Herausgeber oder an die Ausbildungsstätte zu wenden.

Die wichtigsten Bücher, Broschüren und Zeitschriftenaufsätze zur Berufsfindung und Ausbildung zu den in diesem Wegweiser bearbeiteten Berufen sind im Kapitel 5 zusammengestellt. Verweisungen mit „Lit. xx" (Lit.=Literatur) sind dort nachzuschlagen.

Alle Ausbildungsstätten stellen sich selbst und ihre Ausbildungsgänge im World Wide Web (www) des Internets dar. Um diese Seiten anzusehen, ist ein Computer mit Internetzugang notwendig. Der Zugriff ist ganz einfach, es muss nur ein bestimmtes Programm, ein Internet-Browser, aufgerufen und die beim Ausbildungsgang genannte Internetadresse eingetippt werden. Wird die gewünschte Seite am Bildschirm des Computers angezeigt, so kann man von dort auf andere Seiten „weiterblättern", außerdem lässt sich jede Seite auch auf Papier ausdrucken.

Nahezu alle Ausbildungsstätten verfügen über www-Seiten, Merkblätter, Anmeldeformulare und sonstiges Informationsmaterial auf dem neuesten Stand. Interessentinnen und Interessenten können dieses Informationsmaterial bei den Ausbildungsstätten schriftlich anfordern, die Anschriften dazu sind im Kapitel 7 angegeben. Telefonische Auskünfte sollten erst dann eingeholt werden, wenn die www-Seiten und das von der Ausbildungsstätte verschickte Informationsmaterial sorgfältig gelesen worden ist. Bei Telefonanrufen ist außerdem zu beachten, dass nicht alle Sekretariate während der üblichen Geschäftszeit geöffnet haben, manche Sekretariate sind während der Ferien geschlossen oder nur vormittags besetzt. Die Öffnungszeiten der Sekretariate sind in Kapitel 7 angegeben. Falls vor der Bewerbung ein persönlicher Besuch in der Ausbildungsstätte notwendig sein sollte, ist es zweckmäßig, vorab telefonisch einen Termin mit dem Sekretariat zu vereinbaren.

1.6 Bewerbungen

In den Verzeichnissen dieses Wegweisers werden nur die wichtigsten Voraussetzungen für die Zulassung stichwortartig verkürzt und zusammenfassend genannt. Bewerberinnen und Bewerber sollten sich deshalb nicht allein auf die hier gemachten Angaben verlassen, sondern bei der Ausbildungsstätte bzw. Einstellungsbehörde weitere Auskünfte einholen, zumal sich die Zulassungsvoraussetzungen ändern können. Erfüllt jemand die Zulassungsvoraussetzung nicht ganz vollständig, so sind vielleicht Ausnahmen oder Sonderregelungen möglich; wegen der knappen Form der Verzeichnisse sind die Ausnahmen und Sonderregelungen in diesem Wegweiser nicht aufgeführt. Sprachkenntnisse und Fertigkeiten im Maschinenschreiben, gelegentlich auch andere Voraussetzungen, sind häufig nicht schon bei der Bewerbung, sondern erst bei Ausbildungsbeginn oder bei der Anmeldung zur Zwischen- oder Abschlussprüfung nachzuweisen. Diese Kenntnisse und Fertigkeiten können somit – zum Teil – auch noch nach der Bewerbung, nach der Zulassung oder vielleicht sogar noch während der Ausbildung erworben werden.

Vor einer Bewerbung muss stets das aktuelle Informationsmaterial der Ausbildungsstätte angefordert und sorgfältig studiert werden. Bleiben dann noch Unklarheiten, so sind diese vor dem Aufsetzen der Bewerbung abzuklären. Bei einigen Ausbildungsgängen ist vorgeschrieben, dass die Bewerbung auf einem speziellen Formular zu erfolgen hat und bestimmte Anlagen beizufügen sind. Dies wird in diesem Wegweiser nicht erwähnt. Die vorgeschriebenen Anlagen einer Bewerbung ergeben sich aus den www-Seiten, dem Informationsmaterial oder dem Bewerbungsformular. Bewerbungsformulare sind von den Stellen, an die eine Bewerbung zu richten ist, erhältlich, zum Teil stehen sie im www, können dort angesehen und ausgedruckt werden.

Bei der „verwaltungsinternen Ausbildung" (dieser Fachausdruck wird in Kapitel 3.1 erläutert) werden die zu besetzenden Stellen im Staatsanzeiger des jeweiligen Bundeslandes bzw. im Bundesanzeiger öffentlich ausgeschrieben. In dieser Ausschreibung sind auch der Bewerbungsschluss und die Behörde genannt, an die die Bewerbung zu richten ist. Formell kann man sich erst nach dieser Ausschreibung bewerben. Meist geben die Ausbildungsstätten und Einstellungsbehörden Auskunft darüber, wann die letzte Ausschreibung erfolgte und wann die nächste Ausschreibung zu erwarten ist.

Für fast alle Bewerbungen gibt es Schlusstermine. Oft verändert sich der Termin für den Bewerbungsschluss von Jahr zu Jahr; alle in diesem Wegweiser gemachten Angaben sind nur als grobe Orientierung zu verstehen. Zum Termin des Bewerbungsschlusses muss die Bewerbung bei der Ausbildungsstätte bereits eingegangen und registriert sein. Das Absenden am Tag des Bewerbungsschlusses oder der Poststempel vom Tag des Bewerbungsschlusses ist zu spät. Für die Postlaufzeit sind Wochenenden oder Feiertage und die Laufzeit innerhalb der Ausbildungsstätte bzw. Einstellungsbehörde zu berücksichtigen. Vorsorglich sollte man mit Postlaufzeiten im Inland von 3 bis 4 Werktagen rechnen. Einige Ausbildungsgänge setzen für die Bewerbung nicht nur einen Schlusstermin, sondern auch einen Anfangstermin. Bewerbungen, die vor dem Anfangstermin eingehen, sind wirkungslos und werden wegen der Portokosten meist nicht zurückgesandt. Deshalb sind auch Anfangstermine zu beachten.

Hinweise zum Gebrauch

Bei manchen Ausbildungsstätten sind zwei Anschriften mit unterschiedlicher Postleitzahl angegeben. Zwei verschiedene Postleitzahlen entstehen, wenn in großen Städten die Postfachschränke eigene Postleitzahlen haben. Die Hausadresse mit Straßennamen und Hausnummer ist geeignet für persönliche Besuche, für Einschreibsendungen und Pakete. Für alle anderen Postsendungen ist die Postfachadresse besser geeignet.

Vor dem Absenden einer Bewerbung sollte man sie sorgfältig auf Vollständigkeit (insbesondere der Anlagen) und Übersichtlichkeit überprüfen. Unübersichtliche oder gar unvollständige Bewerbungen vermitteln nicht nur einen schlechten Eindruck. Fehlt einer Bewerbung eine vorgeschriebene Angabe oder der Beleg dazu, so geht diese Bewerbung gar nicht in das Zulassungsverfahren ein. Die Ausbildungsstätten bzw. Einstellungsbehörden haben auch bei gutem Willen in aller Regel weder die Arbeitskräfte noch die Zeit, eine Bewerberin oder einen Bewerber auf seine fehlende Angabe oder den fehlenden Beleg hinzuweisen und sie oder ihn um Nachreichung vor Bewerbungsschluss zu bitten.

Findet für einen Ausbildungsgang ein Zulassungsverfahren statt, weil die Anzahl der vollständigen Bewerbungen die Anzahl der Ausbildungsplätze übersteigt – das ist bei manchen Ausbildungsgängen der Normalfall –, so sollte sich die Bewerberin und der Bewerber vor dem Abfassen der Bewerbung möglichst genau mit dem Zulassungsverfahren vertraut machen. Die Kriterien, die im Zulassungsverfahren berücksichtigt werden, und die Sachverhalte, die die Zulassungschancen erhöhen, sollten in der Bewerbung klar und höflich, aber nicht überbetont dargestellt und belegt werden.

Auf die Frage, wie oft und an welchen Stellen eine Interessentin oder ein Interessent sich bewerben soll, gibt es keine allgemein gültige Antwort. Bei verwaltungsinterner Ausbildung sind Bewerbungen z.B. bei verschiedenen Ausbildungsbibliotheken der gleichen Einstellungsbehörde zwecklos, da diese an einer Stelle zusammenlaufen.

Auf keinen Fall sollte man einer Bewerbung Originalzeugnisse oder einmalige Urkunden beilegen, sondern stets beglaubigte Kopien. Das Risiko des Verlustes auf dem Postweg oder in der Ausbildungsstätte ist zu groß. Einige Ausbildungsstätten und Einstellungsbehörden vernichten sogar die Bewerbungsunterlagen abgewiesener Bewerber, um den Arbeitsaufwand und die Kosten der Rücksendung zu sparen.

2 Einführung in das Informationswesen

2.1 Aufgaben und Bedeutung

Die Aufgabe des Informationswesens ist, ganz allgemein gesprochen, das Erfassen, Aufbewahren, Wiederfinden und Zugänglichmachen von Informationen im weitesten Sinn. Dabei fallen den einzelnen Bereichen innerhalb dieses gesamten Informationswesens unterschiedliche Teilaufgaben zu.

Aufgabe der **Archive** ist das Erfassen, Verwahren und Erschließen von Urkunden, Schriftstücken, Dokumenten und Bildern aus staatlichen und städtischen Dienststellen, aber auch von Verbänden, Kirchen, Stiftungen und Einzelpersonen, die aus rechtlichen, historischen oder wirtschaftlichen Interessen als archivwürdig gelten. Die Aufgabe der **Bibliotheken** ist es, insbesondere die im Druck erschienene Literatur, also vor allem Bücher und Zeitschriften zu erwerben, zu erschließen und zur Benutzung bereitzustellen. Die **Buchwissenschaft** befasst sich mit Fragen zu Gestaltung, Herstellung, Vertrieb und Gebrauch von Büchern und anderen Publikationsformen. Aufgabe der **Literaturdokumentation** ist es, die zu einem von einem Benutzer gestellten Thema erschienene Literatur herauszufinden und nachzuweisen. Will sich zum Beispiel ein Ingenieur in die Konstruktion der Ladeturbinen eines Flugzeugtriebwerks einarbeiten, so kann eine Literaturdokumentationsstelle diesem Ingenieur die zu seiner Fragestellung erschienenen Bücher, Zeitschriftenaufsätze und Firmenberichte herausfinden. In der **Faktendokumentation** werden anstatt publizierter Literaturstellen einzelne Daten, Eigenschaften oder Kennzeichen herausgesucht. Sucht zum Beispiel der erwähnte Ingenieur einen Werkstoff, der hinsichtlich Festigkeit, Temperaturbeständigkeit, Verformbarkeit usw. ganz bestimmte Eigenschaften erfüllt, so kann er sich an eine Werkstoff-Dokumentationsstelle wenden, die ihm Auskunft darüber gibt, welcher Werkstoff von welchem Hersteller die von ihm gewünschten Eigenschaften erfüllt. Zum Bereich **Information und Dokumentation** gehören neben Literatur- und Faktendokumentation auch Fahr- und Flugpläne, Börsen- und Wechselkurse, Firmennachrichten, Gesetze und Verordnungen usw. In der **Medizinischen Dokumentation** hat das Speichern und Wiederauffinden von Befunden einzelner Patienten für den Patienten selbst, die Abrechnung der von Arzt und Klinik erbrachten Leistungen, die Arzneimittelsicherheit und die medizinische Forschung eine große und immer noch zunehmende Bedeutung. Hinzu kommt wie in anderen Fachbereichen die Literatur- und

Faktendokumentation. Die **Medizinische Informatik** ist eng mit der Medizinischen Dokumentation verwoben bei Datenbanken, Labor-, Befund- und Bilddatenverarbeitung, elektronischer Krankenakte, dem EDV-Arbeitsplatzsystem im Krankenhaus und dem Krankenhausinformationssystem.

Die **Informationswissenschaft** entwickelt Theorien, Methoden und Verfahren, die für das Speichern und Wiederauffinden von Literatur, Einzeldaten und Befunden geeignet sind. Sie arbeitet eng mit dem Arbeitsgebiet Datenbanken der Informatik zusammen. Dokumentare und Informationswirte suchen im Auftrag von Firmen oder Personen zu dem ihnen gegebenen Thema die weltweit verfügbaren Daten und Angaben zusammen. Linguistik, **Computerlinguistik** und linguistische Datenverarbeitung erarbeiten die Grundlagen der modernen maschinellen Dokumentation und Information. Die Suchmaschinen des World-Wide-Webs (www) des Internets, aber auch die Freitextsuche in der Literaturdokumentation und die Suche in Gesetzes- und Verordnungstexten bauen auf Verfahren der Computerlinguistik auf. Auch die verschiedenen Formen von **Museen** werden zurecht dem Informationswesen zugeordnet.

Das Informationswesen ist im Laufe der Geschichte immer wichtiger geworden und hat gerade in den letzten Jahrzehnten fast explosionsartig an Größe und Bedeutung zugenommen. Information gilt mehr und mehr als eine Grundlage der Wirtschaft neben Arbeitskräften, Rohstoffen und Kapital. Dafür gibt es viele Gründe:

- Nahezu alle Bereiche des täglichen Lebens und der Arbeit sind **Theorie-intensiver** geworden, weil Handarbeit zumindest teilweise durch Maschinenarbeit ersetzt wurde. Wo früher Erfahrungswerte aus der Praxis ausreichten, müssen heute wissenschaftlich fundierte Kenntnisse und Berechnungen eingesetzt werden.

- Die Arbeitsteilung und die **Spezialisierung** nehmen aufgrund des fortschreitenden Wissens der Menschheit weiter zu. Dies wiederum bewirkt einen größeren und spezielleren Informationsbedarf.

- Mehr Wissenschaftler erzeugen und publizieren mehr Informationen, die zu einer großen, weltweiten „**Informationsflut**" geführt haben. Die Anzahl der auf der ganzen Welt neu erscheinenden Bücher, Aufsätze und Berichte wird auf mehrere Millionen Titel im Jahr geschätzt.

Einführung in das Informationswesen

- Durch die Informationsflut sind zu den alten Aufgaben des Sammelns und Aufbewahrens das inhaltliche Erschließen der gesammelten Information und ihre **gezielte Vermittlung** hinzugekommen.

- Während früher das Buch der wichtigste Informationsträger war, sind heute andere **Publikationsformen** ebenso wichtig geworden, z.B. Zeitschriftenaufsätze, Forschungsberichte, Kongressschriften, Normblätter, Vorschriften, Patentschriften, Prospekte usw. Neben die gedruckten Werke treten Veröffentlichungen auf Mikrofilm, Bilder, audiovisuelle Materialien (z.B. Videokassetten), sowie elektronisch gespeicherte und übertragene Texte und Bilder.

- Viele Wissenschaftler, Ärzte, Techniker, Kaufleute, Verwaltungsangestellte, Praktiker usw. müssen möglichst direkt auf **Einzeldaten** zurückgreifen und Daten z.B. über die Wetterlage (zur Auswahl der optimalen Flug- oder Schiffsroute), zur Marktlage, zu Gesetzen, zur Kriminalistik, zum Umweltschutz, über den einzelnen Patienten, über eine chemische Substanz usw. abrufen können.

- Die stark steigende Leistungsfähigkeit der **Computer** bei gleichzeitig fallenden Preisen hat zu völlig neuen Möglichkeiten im gesamten Informationswesen geführt. Sie hat nicht nur die Informationsarten erweitert und den Bedarf an Informationen erhöht, sondern auch völlig neue Möglichkeiten der Informationsspeicherung, der Informationsverarbeitung und des Informationsaustausches geschaffen.

- Im Bereich der Wissenschaft und Wirtschaft, aber auch in zahlreichen anderen Gebieten, wird heute weltweit zusammengearbeitet. Folglich müssen auch Informationen weltweit ausgetauscht werden. Dieser Informationsaustausch erfolgt zunehmend elektronisch über lokale, firmeninterne oder weltweite **Computernetze**, z.B. durch Übertragung von Texten von Computer zu Computer (electronic mail), durch die Abfrage verschiedenster Computer im World Wide Web (www) oder als elektronisches Publizieren wie etwa USENET. Zusammenfassend werden diese Computernetze als INTERNET bezeichnet.

- Viele Einrichtungen, z.B. Firmen, Museen, Bibliotheken, Regierungsbehörden, Organisationen, Verbände usw., auch Privatpersonen – und selbstverständlich auch Ausbildungsstätten – stellen sich selbst im World Wide Web (www) dar. Man schätzt, dass das www derzeit etwa 38 Millionen Seiten umfasst, mit einem täglichen Zuwachs von 26 000 Seiten (im Mittel in den vergangenen 12 Monaten). Das ist die größte Informationsmenge, auf die je in der Geschichte der Menschheit direkt zugreifbar war. Allerdings enthält das www Wichtiges und Unwichtiges, Richtiges und Falsches, Nützliches und Nutzloses – jeder Computereigentümer kann das anbieten, was er will. Diese riesige Informationsmenge wird durch Adressen und durch Suchmaschinen erschlossen und kann von jedermann benutzt werden. Dokumentare, Informationswirte und alle in diesem Wegweiser genannten „Informationsberufe" benutzen das www für das gezielte Auffinden der gewünschten Informationen in professioneller Form.

Vielleicht wird unsere Zeit später einmal das Informationszeitalter genannt werden. Zumindest hat diese Entwicklung zu neuen zukunftsträchtigen Berufen geführt. Die Berufsaussichten in den Berufen des Informationswesens sind weiterhin gut, in den Berufen der medizinischen Dokumentation sehr gut.

2.2 Archive

Archive sind Einrichtungen zur Erfassung, Sicherung und Erschließung von Schriftstücken und Dokumenten, die meist aus einer amtlichen Geschäftsführung erwachsen sind. Die Hauptmasse der Archivalien besteht aus Urkunden und Akten, die der Tätigkeit von Regierungsstellen, Behörden und Gerichten entstammen, jedoch im laufenden amtlichen Betrieb nicht mehr benötigt werden. Im Unterschied zu gedruckten und publizierten Schriften handelt es sich bei Archivalien in der Regel um hand- oder maschinengeschriebene Einzelstücke. Die Archive ordnen und erschließen diese Materialien und stellen sie für die Forschung, vor allem für historische und juristische Fragestellungen, zur Verfügung. Für die Wissenschaft sind die großen Staats- und Stadtarchive am wichtigsten, doch haben auch die Archive anderer Träger, z.B. Kirchen-, Firmen-, Rundfunk- und Familienarchive, sowohl praktische als auch wissenschaftliche Bedeutung.

2.3 Bibliotheken

Im Gegensatz zu den Archiven sind die Bibliotheken Sammlungen von „Literatur", d.h. von veröffentlichten (meist gedruckten) Texten wissenschaftlichen, belehrenden oder unterhaltenden Inhalts. Die Bibliotheken sammeln vor allem Bücher und Zeitschriften, daneben sind aber auch andere Medien wie Mikrofilme, Plakate, Dias, Tonbänder, Tonkassetten, Schallplatten, Compact-Disks (CDs), Filme, Videokassetten usw. wichtig. Die Bibliotheken ordnen und erschließen ihre Bestände und stellen sie für die Benutzung bereit.

Das Bibliothekswesen gliedert sich in zwei Bereiche: die öffentlichen und die wissenschaftlichen Bibliotheken. Den öffentlichen Bibliotheken, z.B. Stadt- oder Gemeindebibliotheken, obliegt die allgemeine Literaturversorgung; sie wenden sich an die gesamte Bevölkerung, an Erwachsene, Jugendliche und Kinder, und dienen der allgemeinen Information, der Aus-, Fort- und Weiterbildung, der Unterhaltung und der Freizeitgestaltung. Die wissenschaftlichen Bibliotheken, z.B. Universitäts-, Staats-, Instituts- und Spezialbibliotheken, stellen ihre Bestände für wissenschaftliche und berufliche Zwecke zur Verfügung; sie dienen vorwiegend der Forschung, der Lehre, dem Studium oder auch dem spezifischen Bedarf von Firmen und Behörden. Die meisten Bibliotheken werden von öffentlichen Trägern unterhalten (Bund, Länder, Gemeinden), es gibt jedoch auch Firmen-, Kirchen-, Verbandsbibliotheken usw.

2.4 Buchwissenschaft

Buchwissenschaftler wirken mit bei der Gestaltung, der Herstellung und dem Vertrieb von Büchern und anderen Publikationsformen. Sie untersuchen aber auch den Gebrauch und den Nutzen von Büchern, Zeitungen, Zeitschriften, Magazinen und anderen Publikationsformen. Buchwissenschaftler arbeiten dabei vorwiegend in Redaktionen, Verlagen und im Buchhandel, aber auch an bibliothekarischen Ausbildungsstätten, an zentralen Einrichtungen des Bibliothekswesens und an Bibliotheken mit überregionalen oder speziellen Aufgaben.

Einführung in das Informationswesen

2.5 Information und Dokumentation

In der Information und Dokumentation unterscheidet man die Literaturdokumentation und die Faktendokumentation. In der Literaturdokumentation werden Publikationen, vor allem Zeitschriftenaufsätze und Berichte, inhaltlich analysiert, durch Schlagwörter oder Deskriptoren beschrieben und diese Inhaltsangaben in EDV-Datenbanken gespeichert. Auf Benutzeranfragen zu ganz speziellen Themen wird aus den vorhandenen Beständen die geeignete Literatur ermittelt. Dies kann geschehen, indem man einen selbst beschriebenen Speicher auswertet, die Lieferung gefüllter Speicher, z.B. Compact-Disks (CD-ROM) abonniert und im eigenen Computer abfragt oder indem man über das Internet einen Dokumentationscomputer anwählt und in den dort gespeicherten Datenbanken sucht (Online-Literaturrecherche). Literaturdokumentationsstellen gibt es sowohl in staatlichen Einrichtungen, z.B. bei Universitäten, Forschungseinrichtungen, Patentämtern, als auch in der Industrie. Zunehmend recherchieren Wissenschaftler und Benutzer selbst in den über das Internet verfügbaren Datenbanken.

In der Daten- oder Faktendokumentation werden anstelle von Publikationen einzelne Zahlenwerte, Tabellen oder Diagramme gespeichert und wieder aufgefunden. Beispiele für gesuchte Daten sind Namen, Anschriften, Börsenkurse, Preise, Umsätze, Lagerbestände, kriminalistische Daten, Wetterdaten und Schadstoffkonzentrationen. Aufgabe des Dokumentars ist es, diese Daten zu sammeln, soweit möglich auf Richtigkeit zu prüfen, zu speichern, zu verwalten und zu ergänzen, sowie auf Anfrage Einzeldaten wieder aufzufinden oder einen genau beschriebenen Teil der Daten statistisch auszuwerten. In den meisten Datendokumentationen sind viele Millionen Einzeldaten in Computern gespeichert. Der Dokumentar benötigt neben seinem dokumentarischen Wissen auch Kenntnisse aus der Informatik und dem bearbeiteten Fachgebiet, also zum Beispiel aus der Chemie, der Physik, der Mathematik oder dem Maschinenbau.

Im Word Wide Web (www) kann jedermann auf seinem eigenen, an das Internet angeschlossenen Computer Informationen bereitstellen, die dann weltweit verfügbar sind. Die Informationen werden in Seiten gegliedert und am Bildschirm angezeigt, können dann aber auch vom Computer an einen Drucker gegeben und ausgedruckt werden. Auf den meisten Seiten sind einzelne Wörter hervorgehoben (links = Verbindungen), wenn man sie anklickt, wird auf die dazu hinterlegte Seite weiterverbunden.

Der Einstieg erfolgt, indem zunächst ein geeignetes Programm, ein www-Browser gestartet und eine Adresse eingegeben wird, z.B. www.uni-ulm.de für die Universität Ulm, das „de" steht für Deutschland. Weiß man die geeignete Adresse nicht, so kann man eine der vielen Suchmaschinen aufrufen, ein oder mehrere Suchwörter eingeben und die Suchmaschine zeigt dann die Links zu den Seiten, in denen das Suchwort bzw. die Suchwörter vorkommen. Dokumentare, Informationswirte, alle in diesem Wegweiser genannten Berufe haben Erfahrung mit solchen Recherchen.

Die Dokumentations-, Informations- und Kommunikations-Wissenschaftler beschäftigen sich mit der Theorie dieser Vorgänge und entwickeln die Grundlagen von Informations-Systemen. Sie arbeiten meist in Universitäten, Forschungsinstituten oder Softwarefirmen.

2.6 Medizinische Dokumentation

Ein wichtiges Teilgebiet des Informationswesens ist die medizinische Dokumentation. Der Schwerpunkt der medizinischen Dokumentation liegt in der Datendokumentation, jedoch gibt es in der Medizin auch eine sehr umfangreiche Literaturdokumentation. Medizinische Dokumentation wird vor allem in großen Krankenhäusern, in medizinisch-wissenschaftlichen Instituten, bei den Einrichtungen des Gesundheitswesens (z.B. Gesundheitsämter, Kassenärztliche Vereinigungen, Krankenkassen) und bei der pharmazeutischen Industrie betrieben. Die wichtigsten Aufgaben in den Krankenhäusern sind inhaltliches Erschließen und Archivieren von Patientendaten und Krankenakten; Erfassen, Bewerten, Speichern, Wiederauffinden und statistisches Auswerten von Befunden und Einzelwerten sowie die Betreuung von EDV-Anlagen zur Diagnostik, Therapie, Datenhaltung und Verwaltung. Die neu eingeführte Abrechnung der Krankenhausbehandlung nach Kostenklassen, sogenannten Diagnosis Related Groups (DRGs), erfordert eine leistungsfähige klinische Dokumentation. In wissenschaftlichen Instituten und im Gesundheitswesen stehen verschiedenste Aufgaben aus Medizin, Epidemiologie, Dokumentation, Mathematik, Statistik und Datenverarbeitung an. Schwerpunkte in der pharmazeutischen Industrie sind Literatursuchen und die dokumentarische und statistische Aufbereitung der bei der Arzneimittelprüfung und -überwachung entstehenden Daten.

Einführung in das Informationswesen

2.7 Medizinische Informatik

Die Medizinische Informatik bearbeitet den Einsatz der Informatik in der Medizin und entwickelt dazu spezifische Verfahren. Dazu gehören z.B. die Computerverfahren zur Bilderzeugung bei der Computertomographie (CT) und der Magnetresonanztomographie (MRT), aber auch die Weiterverarbeitung konventionell erzeugter Bilder wie z.B. bei der digitalen Subtraktions-Angiographie (DSA), bei der zur besseren Darstellung der Blutgefäße ein Röntgenbild ohne Kontrastmittel von einem gleichartigen Röntgenbild mit Kontrastmittel subtrahiert wird. Die Medizinische Informatik wurde in diesen Wegweiser aufgenommen, weil sie eng mit der medizinischen Information und Dokumentation verbunden ist. Diese enge Verknüpfung beginnt bei der Labordatenverarbeitung, geht über medizinische Arbeitsplatzsysteme bis hin zu einer elektronisch geführten Krankenakte und zum Krankenhausinformationssystem. In einem voll ausgebauten Krankenhausinformationssystem werden alle Einzelbefunde beim Entstehen in einen Computer eingegeben und gespeichert.

Auf Anfrage werden alle relevanten Informationen – aber nur die für die Anfrage relevanten Informationen und nur an den Berechtigten – in übersichtlicher Form präsentiert. Ein Krankenhausinformationssystem setzt ein krankenhausinternes Computernetzwerk, eine gute und vielseitige Benutzungsoberfläche und geschultes Krankenhauspersonal voraus. Medizinische Informatik wird aber auch in der pharmazeutischen Industrie und den Auftragsforschungsfirmen für die bei der Arzneimittelprüfung und -überwachung entstehenden Daten benötigt sowie bei der Industrie, die medizinische Geräte und Anlagen entwickelt und herstellt.

2.8 Computerlinguistik

Allgemein formuliert ist Computerlinguistik oder linguistische Datenverarbeitung die Be- und Verarbeitung der geschriebenen Sprache mit Computerprogrammen. Sie beginnt mit der Textverarbeitung, d.h. dem Erfassen, Formatieren, Speichern und Ausdrucken von Texten. Mit zunehmenden Ansprüchen an Schriftbild und Layout geht die Textverarbeitung fließend in den Schriftsatz über. Zur linguistischen Datenverarbeitung gehört auch das Strukturieren von Texten, das Entwickeln spezieller Datenbankstrukturen für Texte, die effiziente Suche nach Textwörtern und das Bestimmen von Nachbarschaftsmaßen für Wörter im Text.

Mittelpunkt der Computerlinguistik ist wohl der Entwurf, die Erstellung, Fortschreibung und der Gebrauch vielerlei maschineninterner Wörter„bücher". Die Computerlinguistik liefert die Grundlagen der Suchmaschinen des World Wide Webs, sie arbeitet aber auch mit einem gewissen Erfolg an der grammatikalischen Analyse von Texten, ihrer inhaltlichen Erschließung und der maschinellen Sprachübersetzung.

Computerlinguistik ist noch ein weites Forschungsgebiet an den Universitäten. Zunehmend wird damit aber auch produktiv gearbeitet in der Literaturdokumentation, in der Dokumentation von Gesetzen, Vorschriften, Regelwerken, Patientendaten usw. sowie in den Suchmaschinen des World Wide Webs.

2.9 Museen

Es gibt die verschiedensten Museen von Kunstgalerien, über historische Museen, technische Museen bis hin zu Bauernmuseen. Die Tätigkeit in diesen Museen ist fast so vielseitig wie das Leben selbst. Die Tätigkeit in einem Museum setzt eine Fülle von Kenntnissen voraus, die sich in den Fächern der Ausbildung zur Museologin oder zum Museologen wiederfinden. Dazu gehört die Typologie der musealen Objekte, d.h. der Bilder, Plastiken, Gebrauchsgeräte, Werkzeuge, Wappen, Münzen bis hin zu Ausgrabungsfunden. Erforderlich ist der fachgerechte Umgang mit Kulturgütern und die Restaurierung, Konservierung und Erhaltung der musealen Objekte. Erforderlich sind viele Hilfswissenschaften wie Politik-, Kunst- und Kulturgeschichte, Chronologie, Quellen- und Archivkunde, Genealogie (Stammbaum- und Familienkunde), Heraldik (Wappenkunde), Numismatik (Münzenkunde), Ikonographie usw., in modernen Museen aber auch Material-, Werkzeug- und Arbeitskunde verschiedener Berufe und Industriebereiche. Die musealen Objekte müssen beschrieben, inventarisiert und katalogisiert, vielleicht auch zeichnerisch dargestellt oder fotografiert werden. Schließlich ist eine detaillierte Kenntnis der audiovisuellen Medien, von Präsentationstechniken, Ausstellungsplanung, Ausstellungsdesign, Museumspädagogik, Benutzerforschung bis hin zu Öffentlichkeitsarbeit und Marketing notwendig.

3 Allgemeines zur Ausbildung

3.1 Status während der Ausbildung

Zu unterscheiden sind die duale Ausbildung, die schulische Ausbildung und die verwaltungsinterne Ausbildung.

Bei der **dualen Ausbildung** schließen die oder der Auszubildende und der Betrieb einen Ausbildungsvertrag. Die praktische Ausbildung erfolgt im Betrieb, die theoretische Ausbildung in der Berufsschule oder Berufsakademie. In Handwerk, Handel und Industrie wird die oder der Auszubildende meist als Lehrling bezeichnet. Die Auszubildenden erhalten eine Ausbildungsvergütung. Im Informationswesen werden nur Fachangestellte für Medien und Informationsdienste (FAMI) in den 5 Fachrichtungen Archiv, Bibliothek, Information und Dokumentation, Bildagentur sowie Medizinische Dokumentation dual ausgebildet. Die duale Ausbildung zum Assistenten an Bibliotheken gibt es nicht mehr. Allerdings kann die Ausbildung an der Berufsakademie, z.B. zum Diplom-Ingenieur (BA) Medizinisches Informationsmanagement (siehe Seite 255) auch als dual bezeichnet werden.

Auch im Informationswesen überwiegt die **schulische Ausbildung**. Dabei bewirbt sich der Ausbildungswillige bei einer Ausbildungsstätte (Privatschule, Fachschule, Fachhochschule oder Universität), absolviert die Ausbildung und legt die Prüfungen ab. Viele schulische Ausbildungen enthalten Praktika. Diese Praktika werden von den Ausbildungsstätten vermittelt, zumindest unterstützen sie den Auszubildenden bei der Suche nach einer Praktikumsstelle.

Bisher waren Archivare und Bibliothekare häufig Beamte. Die Ausbildung für eine Beamtenlaufbahn wird als **verwaltungsinterne Ausbildung** bezeichnet. Die Auszubildenden werden für die Dauer der Ausbildung als Beamte auf Widerruf eingestellt und sind dann Anwärter, z.B. Archivsekretäranwärter. Für die verwaltungsinterne Ausbildung sind in der Regel entsprechende „interne" Ausbildungsstätten eingerichtet, z.B. Archivschulen, Bibliotheksschulen oder Fachbereiche von Verwaltungsfachhochschulen. Allerdings entsenden die Behörden ihre Anwärterinnen und Anwärter für die theoretische Ausbildung in zunehmendem Maße auch an öffentliche Schulen. Mit dem Abschluss einer verwaltungsinternen Ausbildung endet automatisch das Beamtenverhältnis auf Widerruf, eine

Übernahme in den öffentlichen Dienst ist nicht garantiert. Formell wird mit der erfolgreich abgeschlossenen verwaltungsinternen Ausbildung die „Laufbahnbefähigung" erreicht, z.b. die „Laufbahnbefähigung für den höheren Bibliotheksdienst". Wie bereits erwähnt, gibt es die verwaltungsinterne Ausbildung nur noch vereinzelt, die Entwicklung geht zur Ausbildung als Schüler oder Student.

3.2 Ausbildungskosten

Die Kosten einer Ausbildung setzen sich zusammen aus den Lebenshaltungskosten, dem Schulgeld und den Aufwendungen für Lern- und Arbeitsmittel.

Das teuerste an einer Ausbildung ist die **Lebenshaltung**, das sind die Kosten für Wohnung, Verpflegung, Kleidung und den täglichen Lebensbedarf. Wohnt die Auszubildende oder der Auszubildende bei den Eltern, so werden diese Kosten meist nicht berechnet.

Die Ausbildungsstätten staatlicher und öffentlich-rechtlicher Träger verlangen meist kein **Schulgeld**, während private Schulen fast immer Schulgeld verlangen müssen. Allerdings erheben auch die Ausbildungsstätten öffentlich-rechtlicher Träger zunehmend Schulgeld. In diesem Ausbildungswegweiser ist das Schulgeld meist für die gesamte Ausbildungsdauer angegeben, bezahlt wird jedoch monatlich, vierteljährlich oder je Semester. Ist bei einem Ausbildungsgang keine Rubrik Schulgeld vorhanden, so ist die Ausbildung kostenlos.

Lern- und Arbeitsmittel sind Bücher, Büromaterial, Computer-Hard- und Software. Aber auch für die Benutzung von Datenleitungen, Softwarelizenzen und das Arbeiten auf fremden Computern können Kosten entstehen. Es empfiehlt sich, einen privaten Computer erst dann zu kaufen, wenn er benötigt und wirklich benutzt wird, weil das Preis-Leistungsverhältnis von Computern fast ununterbrochen günstiger wird.

Auszubildende können für ihre Ausbildung öffentliche Gelder erhalten, bei entsprechender finanzieller Beschränkung der Eltern vor allem nach dem Bundesausbildungsförderungsgesetz (BAFöG). Beamtenanwärter erhalten während ihrer Ausbildung sogenannte Anwärterbezüge. Außerdem gibt es eine Fülle unterschiedlicher Stipendien, um die man sich bewerben kann. Ist jemand arbeitslos oder schwer vermittelbar, so kann ihm das Arbeitsamt die Ausbildung einschließlich Lebenshaltung und Schulgeld als Umschulungsmaßnahme nach dem Arbeitsförderungsgesetz (AFG) bezahlen.

3.3 Ausbildungs- und Berufsebenen

In Deutschland werden die Angestellten des öffentlichen Dienstes im Wesentlichen nach 3 Ebenen vergütet:
- Abschluss eines wissenschaftlichen, universitären Studiums (entspricht der höheren Beamtenlaufbahn)
- Abschluss eines Fachhochschulstudiums (entspricht der gehobenen Beamtenlaufbahn)
- Ebene der Assistentenberufe (entspricht der mittleren Beamtenlaufbahn)

Eine Berufstätigkeit ohne Ausbildung – im öffentlichen Dienst als „einfacher Dienst" bezeichnet - wird in diesem Ausbildungswegweiser nicht behandelt.

In der Wirtschaft und Industrie ist diese Einteilung in Laufbahngruppen eigentlich nicht anwendbar, doch gibt es auch dort meist drei Ebenen für Bezahlung und Verantwortung.

Bei einem Studium in Deutschland muss man sich vor Studienbeginn entscheiden, ob man an einer Fachhochschule oder an einer Universität studieren will. Das Fachhochschulstudium ist direkter auf einen Beruf ausgerichtet, mehr praxisbezogen, stärker reglementiert und kürzer als ein Universitätsstudium, das mehr allgemein und wissenschaftlich orientiert ist und den Studierenden mehr Freiheit und Gestaltungsmöglichkeiten bietet, aber auch mehr Eigeninitiative erfordert. In den Gesamthochschulen sind Fachhochschule und wissenschaftliche Hochschule (Universität) zusammengefasst. Das Fachhochschulstudium schließt mit dem Diplom (FH) ab, Universitätsabschlüsse sind das Diplom, der Magister Artium (MA) und der Doktorgrad.

In Großbritannien, USA und vielen anderen Ländern hat das Studium aufeinander folgend zwei reguläre Abschlüsse, den „Bachelor" und dann den „Master". Der Abschluss als Bachelor wird nach etwa 3 Studienjahren erreicht, ist praxisorientiert und ermöglicht einen guten Berufseinstieg. Wer will, kann jedoch nach dem Bachelor-Abschluss weiterstudieren und erreicht nach etwa 2 weiteren Studienjahren den mehr theoretisch orientierten Master-Abschluss. An den Master-Abschluss kann sich dann ein Promotionsstudium zum Erreichen des Doktorgrades anschließen. Die aufeinander folgenden, immer höherwertigen Studienabschlüsse haben den Vorteil, dass bei Studienbeginn noch nicht entschieden sein muss, wie lange das Studium dauert und ob es mehr praxis- oder mehr wissenschaftlich orientiert sein soll.

In den letzten fünf Jahren sind auch in Deutschland an Fachhochschulen, Gesamthochschulen und Universitäten Bachelor- und Masterstudiengänge eingerichtet worden, einerseits um international vergleichbare Abschlüsse anzubieten, andererseits um den Studierenden mit dem Bachelor einen frühen berufsbezogenen Abschluss zu ermöglichen, ohne ihnen ein weitergehendes, wissenschaftliches Studium zu erschweren. Damit verwischen sich auch in Deutschland die Unterschiede zwischen Fachhochschulen, Gesamthochschulen und Universitäten mehr und mehr. Allerdings kann heute noch nicht abschließend bewertet werden, ob z.B. ein an einer Fachhochschule erworbener Master und der an einer Universität erworbenen Master als gleichwertig – auch in der Vergütung – betrachtet werden wird. Vermutlich wird in Zukunft auch in Deutschland der Wert eines Abschlusses stärker vom mehr oder weniger guten Ruf der Ausbildungsstätte abhängen und weniger durch die staatliche Aufsicht gewährleistet sein.

In den folgenden Kapiteln werden die 3 Ausbildungsebenen noch getrennt und in hergebrachter, reiner Form dargestellt, obwohl die Grenzen – wie eben dargelegt – unschärfer werden. Im Verzeichnis der Ausbildungsgänge (rotes Papier) sind jedoch alle Studiengänge – von höheren Fachschulen über Berufsakademien, Fachhochschulen bis zu den Universitäten – in einer Sortierung zusammengefasst. Dort sind lediglich Ergänzungs- und Aufbaustudiengänge, d.h. Ausbildungen, die ein abgeschlossenes Studium voraussetzen, separat sortiert.

3.4 Ausbildung auf der Ebene der Assistentenberufe (mittlerer Dienst)

Die Ausbildung zur Fachangestellten, für einen Assistentenberuf, die Laufbahn des mittleren Beamtendienstes oder für einen Beruf auf vergleichbarer Ebene setzt in der Regel Realschulabschluss oder einen qualifizierenden Hauptschulabschluss voraus. Die Ausbildung dauert

Allgemeines zur Ausbildung

3 Jahre, bei einigen Berufen und Ausbildungsstätten nur 2 Jahre. Die Berufsbezeichnung enthält oft das Wort „Fachangestellte" oder „Assistentin", die Beamtenbezeichnung das Wort „Sekretärin" bzw. „Sekretär".

Im Informationswesen sind folgende Berufe möglich:

> Fachangestellte oder Fachangestellter für Medien- und Informationsdienste (FAMI) in den Fachrichtungen Archiv, Bibliothek, Information und Dokumentation, Bildagentur oder Medizinische Dokumentation
>
> Archivsekretär/-in
>
> Bibliothekssekretär/-in
>
> Informationsassistent/-in
>
> Medizinische(r) Dokumentationsassistent/-in
>
> Museums- und Ausstellungstechniker/-in

Der Fachangestellte für Medien- und Informationsdienste (FAMI) ist ein dreijähriger Lehrberuf, d.h. die oder der Auszubildende schließt einen Lehrvertrag mit einem Betrieb ab, das kann ein Archiv, eine Bibliothek, die Informations- oder Dokumentationsstelle eines Industriebetriebs, eine Bildagentur, ein Krankenhaus oder eine Pharmafirma sein. Die theoretische Ausbildung erfolgt in der Berufsschule, meist in Landesfachklassen und im Blockunterricht, d.h. etwa 12 Wochen Tätigkeit im Betrieb wechseln mit 3 Wochen Berufsschule ab. Die Ausbildung zum Archiv- und zum Bibliothekssekretär ist eine verwaltungsinterne Ausbildung, es gibt sie derzeit aber nur noch vereinzelt, z.B. in Bayern. Die Ausbildung zum Informationsassistenten gibt es nur an einer privaten Ausbildungsstätte in Frankfurt. Die Ausbildung zum Medizinischen Dokumentationsassistenten erfolgt vereinzelt an öffentlichen, überwiegend jedoch an privaten Ausbildungsstätten als Umschulung.

Viele Ausbildungsstätten sind fachorientiert und bieten meist Ausbildungsgänge für verschiedene Ebenen an. Zum Beispiel führt die Bayerische Archivschule die Ausbildung zum Archivsekretär durch, gleichzeitig wirkt sie bei der Ausbildung zum Archivar des höheren Dienstes mit. Die Vergütung der Assistentinnen und Assistenten erfolgt bei Angestellten im öffentlichen Dienst nach den Vergütungsgruppen BAT VIII bis BAT Vc, bei Beamten in den Besoldungsgruppen A5 bis A9.

3.5 Ausbildung auf Fachhochschulebene (gehobener Dienst)

Das Studium an einer Berufsakademie, an einer Fachhochschule, die Ausbildung für eine Laufbahn des gehobenen Beamtendienstes oder einen Beruf auf vergleichbarer Ebene setzt in der Regel Abitur oder Fachhochschulreife voraus und dauert drei bis vier Jahre.

Im Archivwesen ist die Ausbildung zum Diplom-Archivar (FH), d.h. für den gehobenen Dienst, überwiegend noch verwaltungsintern, jedoch bietet die Fachhochschule Potsdam auch ein Studium des Archivwesens an. Im Bibliotheks- und Dokumentationswesen erfolgt die Ausbildung durchgehend an öffentlichen Fachhochschulen, d.h. als Studentin oder Student. Die Fachhochschulen bilden jedoch zunehmend weitere Studiengänge an, die zu den international vergleichbaren Studienabschlüssen „Bachelor" oder „Master" führen (siehe Kapitel 3.3).

Im Informationswesen gibt es folgende Berufe auf dieser Ebene:
Diplom-Archivar/in (FH)
Diplom-Bibliothekar/-in (FH)
Diplom-Dokumentar/-in (FH)
Diplom-Informationswirt/-in (FH)
Bachelor-, Diplom- oder Masterstudium (FH) Informationswirtschaft
Medizinische(r) Dokumentar/-in
Diplom-Dokumentar/-in (FH), Fachrichtung Medizin
Diplom-Dokumentar/-in (FH), Fachrichtung Biowissenschaften
Diplom-Museologe/-in (FH)

In den meisten Berufsbezeichnungen ist das Wort „Diplom" enthalten. Zur Unterscheidung von den Diplomen, die nach einem Universitätsstudium vergeben werden, haben die von den Fachhochschulen vergebenen Diplome den Zusatz „(FH)". Im öffentlichen Dienst werden Angestellte nach den Vergütungsgruppen BAT Vb bis BAT III vergütet. Nach abgeschlossener verwaltungsinterner Ausbildung und Übernahme in ein dauerndes Beamtenverhältnis lautet die erste Amtsbezeichnung „Archivinspektor/-in" oder „Bibliotheksinspektor/-in". Beamtinnen und Beamte des gehobenen Dienstes werden nach den Besoldungsgruppen A9 bis A13 besoldet.

Allgemeines zur Ausbildung

3.6 Haupt- und Nebenfachstudium an Universitäten

An einigen Universitäten gibt es Studienfächer aus dem Gebiet der Buchwissenschaft und des Informationswesens. Studierende können ein solches Fach als Hauptfach mit einem oder zwei Nebenfächern studieren, z.B. an der Johannes Gutenberg-Universität Mainz Buchwissenschaft als Hauptfach und Romanistik und Germanistik als Nebenfächer. Umgekehrt kann ein Fach aus dem Informationswesen auch als Nebenfach studiert werden, z.B. in Saarbrücken Germanistik als Hauptfach und Informationswissenschaft als Nebenfach. Außerdem bieten einige Studien- und Prüfungsordnungen ein Fach aus dem Informationswesen als Wahlpflichtfach an. Ebenso haben Studierende der Informatik an einigen Universitäten die Möglichkeit, sich innerhalb der Informatik auf Datenbanken, Information-Retrieval, linguistische Datenverarbeitung oder andere der Informationswissenschaft nahestehende Themen zu konzentrieren. Schließlich können sich Studierende der Sprachwissenschaft bevorzugt der Computerlinguistik und den Methoden der maschinellen Dokumentation zuwenden.

Angestellte mit abgeschlossenem wissenschaftlichem Hochschulstudium (Universitätsstudium) werden im öffentlichen Dienst nach den Vergütungsgruppen BAT II bis BAT I bezahlt, Beamte des höheren Dienstes sind den Besoldungsgruppen A13 bis A 16 zugeordnet.

3.7 Ergänzungs- und Aufbaustudium (höherer Dienst)

Für Absolventen eines Studiums gibt es noch weitere Qualifizierungsmöglichkeiten. Das ursprüngliche Studium wird dann als Erststudium oder grundständiges Studium bezeichnet, das anschließende als nachuniversitäres Studium, als Ergänzungs- oder als Aufbaustudium. Beispiele sind:

- Informationswissenschaft als viersemestriges Aufbaustudium an der Universität Konstanz (siehe S. 202),

- Linguistische Datenverarbeitung/Computerlinguistik als vier- oder dreisemestriges Aufbaustudium an den Universitäten Göttingen (siehe S. 293) und München (siehe S. 295),

- Linguistische Informations- und Textverarbeitung bzw. EDV-Philologie als zwei- bzw. viersemestriges Aufbaustudium an der Universität Würzburg (siehe S. 296).

Wie bereits in Kapitel 3.3 auf Seite 24 dargestellt, bauen Bachelor- und Masterstudium direkt aufeinander auf, viele Studierende betrachten den Bachelor fast nur als eine Art „Zwischenprüfung" und streben von Anfang an den Master-Abschluss an. Deshalb sind im Verzeichnis der Ausbildungsgänge (rotes Papier) die Masterstudiengänge bei „Studium", nicht bei „Ergänzungs- und Aufbaustudium" eingeordnet.

Für den höheren Beamtendienst in Archiven und Bibliotheken ist zuerst ein „normales" Universitätsstudium zu absolvieren. Für den Bibliotheksdienst ist die Fächerkombination dieses Studiums weitgehend freigestellt, für den Archivdienst ist meist Geschichte und Jura vorgeschrieben. An das abgeschlossene Universitätsstudium schließt sich eine zweijährige verwaltungsinterne Ausbildung, das sogenannte „Referendariat", an. Die Anwärter des höheren Dienstes führen die Bezeichnungen „Referendarin" oder „Referendar". Das Referendariat wird mit der „Zweiten Dienstprüfung" abgeschlossen, damit wird die Bezeichnung „Assessorin" oder „Assessor" und die Laufbahnbefähigung für den höheren Dienst erreicht. Bei anschließender Übernahme in ein Beamtenverhältnis auf Lebenszeit lautet die erste Amtsbezeichnung „Rat", z.B. „Archivrätin" oder „Bibliotheksrat". Das Referendariat mit abschließender Zweiter Dienstprüfung gilt nur für Beamte, nicht aber für Angestellte, weder im öffentlichen Dienst, noch in der freien Wirtschaft. Auch im öffentlichen Dienst werden die wissenschaftlichen Bibliothekare zunehmend als Angestellte, nicht als Beamte eingestellt. Damit entfällt das Bibliotheksreferendariat ersatzlos oder wird durch ein Masterstudium, z.B. in Köln (siehe S. 156) oder Berlin (siehe S. 154), ersetzt.

3.8 Berufsbegleitende Ausbildung

Im Informationswesen gibt es nur wenige berufsbegleitende Ausbildungsmöglichkeiten, d.h. Ausbildungsgänge, bei denen die Teilnehmer berufstätig sind und gleichzeitig studieren. Diese sind:

- universitäres Aufbaustudium Bibliothekswissenschaft als Fernstudium der Humboldt-Universität zu Berlin (siehe S. 154),

Allgemeines zur Ausbildung

- universitäres Weiterbildungsstudium Wirtschafts- und Fachinformation als Fernstudium mit Präsenztagen der Technischen Universität Ilmenau (siehe S. 200),

- berufsbegleitendes einjähriges Aufbaustudium zum Wissenschaftlichen Dokumentar am Institut für Information und Dokumentation der Fachhochschule Potsdam (siehe S. 204),

- Aufbaustudium Medizinische Informatik für Mediziner als Abendstudium an der Technischen Fachhochschule Berlin (siehe S. 265),

- Zertifikat Medizinische Dokumentation (siehe Kapitel 4.5c) sowie Zertifikat Medizinische Informatik und Zertifikat Medizinische Biometrie (siehe Kapitel 4.6b).

Daneben gibt es noch (1.) die verwaltungsinterne Ausbildung, (2.) die dualen Ausbildungsgänge, die wie eine Lehre aufgebaut sind, d.h. die praktische Ausbildung erfolgt im Betrieb und die theoretische Ausbildung in der Berufsschule (siehe Kapitel 3.1) und (3.) die Ausbildung an Berufsakademien, die ebenfalls dual ist, d.h. die praktische Ausbildung erfolgt im Betrieb und die theoretische Ausbildung an der Berufsakademie. Diese 3 Ausbildungsformen sind jedoch Vollzeit-Ausbildungen, deshalb sind sie bei den einzelnen Berufen aufgeführt.

Neben der berufsbegleitenden Ausbildung gibt es zahlreiche berufsbegleitende Fort- und Weiterbildungsmöglichkeiten, d.h. Bildungs- und Schulungsmöglichkeiten für Personen mit einer abgeschlossenen einschlägigen Ausbildung. Fort- und Weiterbildungsmöglichkeiten sind in diesem Wegweiser nicht enthalten.

4 Berufsfelder, Tätigkeitsbereiche, Ausbildungsgänge

4.1 Archiv

4.1 a) Fachangestellte[1] für Medien- und Informationsdienste (FAMI) in der Fachrichtung Archiv

Tabellarische Darstellung der Ausbildung siehe Seite 110.

Seit 1998 gibt es die duale Ausbildung zur Fachangestellten für Medien- und Informationsdienste, abgekürzt FAMI. Die Fachrichtung Archiv ist eine von 5 Fachrichtungen. Für die Ausbildung zur FAMI ist keine besondere schulische Voraussetzung gefordert, jedoch sollte zumindest ein qualifizierender Hauptschulabschluss gegeben sein. Duale Ausbildung heißt, dass die praktische Ausbildung in einem Betrieb, die theoretische Ausbildung in der Berufsschule stattfindet. Ausbildungsbetrieb kann jedes größere Archiv sein, z.B. ein Stadtarchiv, ein größeres Firmenarchiv oder Pressearchiv. Die Ausbildung dauert 3 Jahre, eine Verkürzung ist im Einzelfall bei sehr guten Leistungen und entsprechender Vorbildung möglich, bei Realschulabsolventen auf 2 1/2 Jahre, bei Abiturienten auf 2 Jahre.

Die theoretische Ausbildung erfolgt meist im Blockunterricht in Bezirksfachklassen, d.h. alle FAMI einer Region werden zu einer Klasse zusammengefasst und besuchen in Blöcken von etwa 3 bis 4 Wochen Dauer die ganze Woche über die Berufsschule. Die theoretische Ausbildung ist im 1. Jahr gemeinsam für alle 5 Fachrichtungen, im 2. und 3. Ausbildungsjahr wird sie zunehmend fachrichtungsspezifischer. Etwa zwei Drittel der schulischen Ausbildung ist gemeinsam für alle Fachrichtungen, etwa ein Drittel auf das Archiv bezogen. Nach eineinhalb Jahren gibt es eine Zwischenprüfung, die Abschlussprüfung ist am Ende der Ausbildung.

Fachangestellte für Medien- und Informationsdienste der Fachrichtung Archiv übernehmen Akten und Registraturen in Behörden, sind in der

---

[1] Zur Verwendung der weiblichen Form der Berufsbezeichnungen im gesamten Kapitel 4 siehe Vorwort

Berufsfelder, Tätigkeitsbereiche, Ausbildungsgänge

Lage, handschriftliche Aufzeichnungen zu lesen und auch ältere Texte inhaltlich zu verstehen, bewerten ihre Archivwürdigkeit, erschließen diese Materialien mit modernen Formen der Informationstechnik, präsentieren besonders interessante Quellen, werten Dokumente zusammenfassend aus und gewährleisten, dass das Archivgut auf Dauer gesichert ist.

Die Bewerbung um einen Ausbildungsplatz ist an den Ausbildungsbetrieb zu richten, d.h. an ein Staats-, Landes-, Kreis- oder städtisches Archiv, ein Kirchen-, Adels-, Wirtschafts- oder Firmenarchiv, das Archiv einer größeren Einrichtung oder Behörde oder an ein Presse-, Rundfunk- oder Fernseharchiv. Nach Abschluss des Lehrvertrags meldet der Ausbildungsbetrieb die Auszubildenden bei der Berufsschule an. Auszubildende erhalten eine Ausbildungsvergütung, sie müssen jedoch die Fahrt zum Betrieb und zur Berufsschule sowie die Kosten für Unterkunft und Lebenshaltung am Ort des Ausbildungsbetriebs und am Ort der Berufsschule selbst bezahlen.

Die meisten Fachangestellten für Medien- und Informationsdienste werden in der Fachrichtung Bibliothek ausgebildet. Deshalb ist die Ausbildung im Kapitel 4.2 a) ausführlicher beschrieben, siehe Seite 38. Neben den dort genannten gemeinsam für alle fünf Fachrichtungen vermittelten Kenntnissen und Fertigkeiten umfasst die archivspezifische Ausbildung

- Übernahme von Schriftgut und anderen Informationsträgern,
- Erschließung der Archivalien,
- technische Bearbeitung und Aufbewahrung sowie
- Informationsvermittlung und Benutzungsdienst.

Die auf Seite 125 bis 127 für die FAMI-Ausbildung genannten zuständigen Stellen gelten auch für die Fachrichtung Archiv.

4.1 b) Archivsekretärin

Ausbildungsstätte:

München, Bayerische Archivschule bei der Generaldirektion der Staatlichen Archive Bayerns, siehe S. 111

Eine verwaltungsinterne Ausbildung für Archivarinnen des mittleren Dienstes gibt es nur in Bayern. Die Ausbildung dauert 2 Jahre. Nach erfolgreich abgeschlossener Ausbildung und der Übernahme auf eine

Planstelle lautet die Amtsbezeichnung Archivsekretärin bzw. Archivsekretär. Der Beamtendienstrang des Sekretärs hat nichts mit dem Beruf der Sekretärin bzw. des Sekretärs zu tun.

In Bayern war die mittlere Archivlaufbahn im Jahr 1973 mit dem Ziel eingerichtet worden, Archivarinnen auszubilden, die den gehobenen Archivdienst bei der Erfassung, Übernahme, Ordnung und Verzeichnung moderner Aktenbestände des 19. und 20. Jahrhunderts, beim Auskunftsdienst und bei der Benutzerbetreuung, soweit sie sich auf die genannte Schriftgutüberlieferung beziehen, entlasten können. Auch im Bereich der archivischen Sammlungstätigkeit (Druckschriften, Plakate, Bilder u.ä.) sind die Archivsekretärinnen bei Erwerb, Erschließung und Benutzung beteiligt. Sie müssen zudem in unterschiedlichem Ausmaß Aufgaben im Verwaltungsbereich eines Archivs übernehmen. Oft üben sie Mischfunktionen aus, so z.B. wenn sie Aufsicht im Lesesaal führen oder die Kanzlei und die Lichtbildstelle leiten. Sie sind auch in der Lage, kleinere Archive selbständig zu führen.

Ein weiteres wichtiges Tätigkeitsfeld ist die behördliche Schriftgutverwaltung, der Registraturdienst in größeren Behörden. Dort haben sie alle Aufgaben eines Registrators (Aktenbildung, Aktenordnung, Aktenverwaltung und -verwahrung, Aktenbereitstellung, Vorbereitung der Aktenaussonderung usw.) zu erfüllen.

Die Ausbildung zur Archivsekretäranwärterin setzt Realschulabschluss oder eine gleichwertige Vorbildung voraus, eventuell reicht auch ein guter qualifizierender Hauptschulabschluss. Außerdem ist Fertigkeit im Maschinenschreiben erforderlich. Die Anwärterinnen für den mittleren Archivdienst (Archivsekretäranwärterinnen) werden eingestellt durch die Generaldirektion der Staatlichen Archive Bayerns oder durch die Träger der Kommunal- und Kirchenarchive. Für die Anzahl der Bewerber, die zum Vorbereitungsdienst zugelassen werden können, sind die vorhandenen Ausbildungsplätze und der erkennbare Bedarf in den bayerischen Archiven und Behördenregistraturen entscheidend. Vorbereitungsdienste finden in der Regel alle zwei Jahre statt. Der Termin für die Einreichung des Zulassungsantrags wird rechtzeitig vorher im Bayerischen Staatsanzeiger (Beilage zur Bayerischen Staatszeitung) öffentlich bekanntgemacht.

Der Vorbereitungsdienst besteht aus zwei theoretischen Fachlehrgängen (insgesamt acht Monate) und einem berufspraktischen Ausbildungsabschnitt (16 Monate). In den Fachlehrgängen werden folgende

Berufsfelder, Tätigkeitsbereiche, Ausbildungsgänge

Fächer unterrichtet: Bayerische Verfassungs- und Verwaltungsgeschichte des 19. und 20. Jahrhunderts; Staatsbürgerkunde; Aktenkunde der Neuzeit; deutsche Schriftkunde seit 1800; Archivverwaltungspraxis; Registratur- und Verwaltungstechnik; öffentliches Dienstrecht; Wirtschafts- und Haushaltsführung; Kostenwesen. Während der praktischen Ausbildung (an der Generaldirektion der Staatlichen Archive Bayerns, am Bayerischen Hauptstaatsarchiv und am Staatsarchiv München) lernen die Anwärterinnen die Bewältigung einfacher Ordnungs- und Verzeichnungsarbeiten an jüngeren Archivbeständen, werden mit der Benutzerbetreuung, dem Magazindienst und dem einfachen Recherchendienst vertraut gemacht, praktizieren einige Zeit in Registraturen und werden in die Verwaltungsaufgaben eingeführt.

4.1 c) Diplom-Archivarin (FH), Archivarin des gehobenen Dienstes

Ausbildungsstätten:

Marburg,	Archivschule Marburg, Institut für Archivwissenschaft, Fachhochschule für Archivwesen, siehe S. 113
München,	Bayerische Beamtenfachhochschule, Fachbereich Archiv- und Bibliothekswesen, siehe S. 116
Potsdam,	Fachhochschule Potsdam, Fachbereich Informationswissenschaft, siehe S. 118

Die Archivarin des gehobenen Dienstes erhält eine Fachausbildung, die in erster Linie auf die Bedürfnisse solcher Archive abgestimmt ist, in denen überwiegend behördliches Schriftgut aus vergangenen Jahrhunderten dauernd aufbewahrt wird, die aber auch laufend Ablieferungen moderner Akten entgegennehmen und auf ihre historisch wertvollen, d.h. „archivwürdigen" Anteile hin prüfen.

Hieraus erklären sich die wichtigsten Aufgabengebiete der Archivarin:

- Erfassung und Übernahme, Wertung und Auslese moderner Massenakten,
- Ordnung und Verzeichnung,
- Auskunftsdienst und Benutzerbetreuung.

Weitere Tätigkeitsbereiche können sich aus der zunehmenden Verpflichtung zur Öffentlichkeitsarbeit (Mitarbeit bei der Vorbereitung von Ausstellungen) ergeben, ferner bei der Durchführung von EDV-Projekten, der Sicherungs- und Ersatzverfilmung oder der Anlage von Ergänzungsdokumentationen (z.B. Zeitungsausschnittsammlungen).

Die Ausbildung erfolgt verwaltungsintern in 3 Jahren oder durch ein achtsemestriges Studium an der Fachhochschule Potsdam. Voraussetzung ist Hochschulreife, Fachhochschulreife oder ein als gleichwertig anerkannter Bildungsstand. Für die verwaltungsinterne Ausbildung ergeben sich die Einstellungsvoraussetzungen aus den Ausbildungs- und Prüfungsordnungen der Länder und des Bundes. Die Einstellung von Anwärterinnen für den gehobenen Archivdienst (Archivinspektoranwärterinnen) erfolgt durch die verschiedenen Archivverwaltungen der Länder und des Bundes oder durch Kommunal- und Kirchenarchive. Die Auszubildenden werden einem Ausleseverfahren unterzogen, für die Dauer der Ausbildung in das Beamtenverhältnis auf Widerruf berufen, erhalten Anwärterbezüge und haben darüber hinaus Anspruch auf sonstige im öffentlichen Dienst übliche Leistungen (z.B. Urlaubsgeld, Beihilfe in Krankheitsfällen). Die Bedingungen und die Ausbildung sind jedoch in den einzelnen Bundesländern und im Bund teilweise recht unterschiedlich. Meist besteht die Ausbildung aus einem 3 bis 6 Monate dauernden Studium an der Verwaltungsfachhochschule des jeweiligen Bundeslandes bzw. des Bundes, aus 12- bis 15-monatiger praktischer Tätigkeit im Archiv und aus einem 18 Monate dauernden Lehrgang in der Archivschule.

Die theoretische Ausbildung erfolgt in Bayern an der Bayerischen Archivschule. Alle anderen Bundesländer und der Bund – ausgenommen Hamburg und Saarland, dort gibt es keine spezielle Ausbildung für den gehobenen Archivdienst – entsenden ihre Anwärterinnen an die Archivschule Marburg.

Wichtige Fächer der Ausbildung sind Staats- und Verwaltungsrecht, öffentliches Finanz- und Haushaltswesen, Verwaltungsbetriebslehre; Kommunalrecht, Dienst- und Arbeitsrecht, Privatrecht, Wirtschaftslehre; deutsche Geschichte, Landesgeschichte, deutsche Verfassungs-, Verwaltungs- und Rechtsgeschichte, Kirchengeschichte, Währungen, Maße und Gewichte, Genealogie und Heraldik; Quellenkunde, Lesen und Interpretieren lateinischer, französischer und deutscher Schriftstücke; Archivtypologie, Dokumentations- und Ordnungslehre, Schriftgutübernahme, Archivtechnik, Archivgeschichte; Museums- und Bibliothekskunde, Information und Dokumentation, elektronische Datenverarbeitung.

Berufsfelder, Tätigkeitsbereiche, Ausbildungsgänge

Seit Herbst 1992 gibt es das achtsemestrige Studium zur Diplom-Archivarin (FH) an der Fachhochschule Potsdam. Dieses Studium ist breiter angelegt als die verwaltungsinterne Ausbildung. Bei diesem Studium wird Wert auf die Integration von Archiv-, Bibliotheks- und Dokumentationswesen gelegt. Deshalb haben Diplom-Archivarinnen, Diplom-Bibliothekarinnen und Diplom-Dokumentarinnen ein gemeinsames dreisemestriges Grundstudium, allerdings erfolgt auch schon während des Grundstudiums eine Vertiefung im Archivwesen. Zwischen dem 2. und 3. Semester ist ein sechswöchiges Praktikum abzuleisten, außerdem ist das 4. Semester ein Praxissemester. Während des viersemestrigen Hauptstudiums muss neben Archiv als Hauptfach entweder Bibliothek oder Dokumentation als Nebenfach gewählt werden. Das Studium endet mit der Fachhochschul-Diplomprüfung.

Für das Studium an der Fachhochschule Potsdam kann man sich direkt bei der Ausbildungsstätte bewerben. Für die verwaltungsinterne Ausbildung werden die Stellen öffentlich ausgeschrieben, z.B. im "Staatsanzeiger" des jeweiligen Bundeslandes, zuweilen auch in Anzeigen in Tageszeitungen.

Die Berufsbezeichnung lautet nach erfolgreich abgeschlossener Ausbildung „Diplom-Archivarin (FH)". Nach Übernahme in ein dauerndes Beamtenverhältnis lautet die (erste) Amtsbezeichnung „Archivinspektorin".

4.1 d) Archivarin des höheren Dienstes

Ausbildungsstätten:

Marburg,	Archivschule Marburg, Institut für Archivwissenschaft, siehe S. 120
München,	Bayerische Archivschule bei der Generaldirektion der Staatlichen Archive Bayerns, siehe S. 122

Die Ausbildung bereitet auf die berufliche Tätigkeit einer wissenschaftlichen Archivarin im öffentlichen Archivwesen vor. Sie soll hierfür durch ausgewogene wissenschaftliche und anwendungsbezogene Lehre die fachlichen Kenntnisse, Fähigkeiten und Methoden vermitteln und zur verantwortlichen Wahrnehmung der archivarischen Aufgaben in der Erfassung, Wertung und Erschließung des älteren wie neueren und neuesten staatlichen und nichtstaatlichen Archivguts befähigen. Im übrigen kann auf die Aufgaben der Archivarin des gehobenen Dienstes verwiesen werden, lediglich dass die dort geschilderten Aufgaben von der Archivarin des höheren Dienstes mit einer höheren, wissenschaftlichen Verantwortung wahrgenommen werden. Insbesondere das Archivgut des Mittelalters ist dem höheren Archivdienst anvertraut.

Die Ausbildung für den höheren Archivdienst ist derzeit nur verwaltungsintern möglich, nachdem das Studium der Archivwissenschaft am Institut für Geschichtswissenschaften der Humboldt-Universität zu Berlin 1992 für neue Studierende geschlossen wurde.

Die Einstellung von Anwärterinnen des höheren Archivdienstes (Archivreferendarinnen) geschieht durch die Archivverwaltungen der Länder, des Bundes, sowie durch einzelne Kommunal- bzw. Kirchenverwaltungen. Zu gegebener Zeit werden die Anwärterinnen abgeordnet an die Archivschule Marburg, Institut für Archivwissenschaft, ausgenommen Bayern.

Die Archivverwaltungen der Länder und des Bundes setzen in ihren Ausbildungs- und Prüfungsordnungen für den höheren Archivdienst unterschiedliche Maßstäbe für die von den Bewerberinnen um eine Archivreferendarstelle vorzuweisenden Studienabschlüsse an. Teils wird nur eine das Studium der Geschichte oder Rechtswissenschaften abschließende Universitäts- oder Hochschulprüfung (Promotion, zum Teil auch Magisterexamen) **oder** eine Erste Staatsprüfung gefordert (Bund, Baden-Württemberg, Bayern, Bremen, Hamburg, Hessen, Saarland), teils wird eine abgeschlossene Promotion **und** eine Erste Staatsprüfung verlangt (Berlin, Niedersachsen, Nordrhein-Westfalen, Rheinland-Pfalz und Schleswig-Holstein). Im allgemeinen haben jedoch nur Promovierte eine Chance auf Einstellung. Kenntnisse der lateinischen und französischen Sprache werden vorausgesetzt.

In Bayern dauert die Ausbildung zweieinhalb Jahre und erfolgt nicht in Marburg, sondern an der Bayerischen Archivschule in München. Ansonsten dauert die Ausbildung der Anwärterinnen für den höheren Archivdienst zwei Jahre und gliedert sich in einen halbjährigen praktischen Vorbereitungsdienst und einen eineinhalb Jahre umfassenden wissenschaftlichen Lehrgang. Während des praktischen Vorbereitungsdienstes soll die Anwärterin in die vielfältigen Aufgaben des Archivdienstes eingeführt und dazu angehalten werden, bestehende Lücken in ihrer Vorbildung zu schließen. Der wissenschaftliche Lehrgang der Archivschule Marburg, Institut für Archivwissenschaft, besteht aus drei Ausbildungsabschnitten in Marburg und einem Ausbildungsabschnitt am Bundesarchiv in Koblenz. Die in Vorlesungen und Übungen behandelten Lehrfächer sind vor allem Archivwissenschaft mit Archivgeschichte und Archivtechnik, historische Hilfswissenschaften des Mittelalters und der Neuzeit (mit paläographischen Übungen an lateinischen, mittelhochdeutschen, französischen und neuzeitlichen deutschen Schriftstücken) und in archivbezogener Auswahl Verfassungs- und Verwaltungsgeschichte, geschichtliche Landeskunde und Territorialgeschichte, Rechtsgeschichte des Mittelalters und der Neuzeit sowie Rechts- und Verwaltungskunde. Praktische Übungen dienen vor allem der Einarbeitung in die archivische Ordnungs- und Verzeichnungstechnik sowie in archivisches Restaurieren und Fotografieren. Besichtigungen (z.T. im Rahmen von Studienfahrten) gelten Kulturdenkmälern, Archiven, Registraturen und sonstigen Dokumentationsstellen des In- und Auslandes.

Am Ende des Lehrgangs folgt die Archivarische Staatsprüfung, die aus einem schriftlichen und mündlichen Teil besteht. Das Zeugnis über diese Prüfung verleiht die Berechtigung zur Führung der Bezeichnung „Assessorin des Archivdienstes". Nach der Übernahme in ein dauerndes Beamtenverhältnis lautet die erste Amtsbezeichnung „Archivrätin".

4.2 Bibliothek

4.2 a) Fachangestellte für Medien- und Informationsdienste (FAMI) Fachrichtung Bibliothek

Tabellarische Darstellung der Ausbildung siehe Seite 124.

Seit 1998 gibt es den Lehrberuf „Fachangestellte für Medien- und Informationsdienste", abgekürzt FAMI. Möglich sind die 5 Fachrichtungen Archiv, Bibliothek, Information und Dokumentation, Bildagentur und seit 2000 die Fachrichtung Medizinische Dokumentation. Der 1975 eingeführte Lehrberuf der „Assistentin an Bibliotheken" ist in der Fachrichtung Bibliothek der FAMI aufgegangen.

Eine bestimmte Vorbildung ist nicht vorgeschrieben, jedoch werden nur Absolventen mit zumindest qualifizierendem Hauptschulabschluss die Anforderungen der Ausbildung schaffen. Die Ausbildung dauert 3 Jahre.

Sie kann bei Realschulabschluss auf 2 1/2 Jahre, bei Abiturientinnen auf 2 Jahre verkürzt werden, falls die Auszubildende wirklich gute Leistungen zeigt.

Bei der FAMI der Fachrichtung Bibliothek wird der Berufsausbildungsvertrag in der Regel mit einer Stadt, Gemeinde oder Firma als dem Träger der Bibliothek abgeschlossen. Es handelt sich um einen Ausbildungsgang, der für die Tätigkeiten in öffentlichen Bibliotheken, in wissenschaftlichen Bibliotheken, in staatlichen Fachstellen, in privaten Bibliotheken, Firmenbibliotheken und den verschiedenen Sonderformen des Bibliothekswesens qualifiziert. Staatliche Fachstellen sind vor allem für die Beratung und Betreuung kleiner, oft nebenamtlich geleiteter Bibliotheken zuständig.

Die Ausbildung zur Fachangestellten für Medien- und Informationsdienste ist eine duale Ausbildung (siehe Seite 22), d.h. die praktische Ausbildung erfolgt in einer Bibliothek als Lehrbetrieb und die theoretische Ausbildung in der Berufsschule. Während ein Lehrbetrieb nur Auszubildende einer Fachrichtung hat, werden für die theoretische Ausbildung in der Berufsschule alle 5 Fachrichtungen stärker zusammengefasst. Reicht die Anzahl der Auszubildenden aus, um in einer Stadt oder einem Landkreis eine Fachklasse zu bilden, so gehen die Auszubildenden etwa 3 Tage je Woche zur praktischen Ausbildung in ihre Bibliothek als Lehrbetrieb und etwa 2 Tage je Woche in die Berufsschule. Ist die Anzahl der Auszubildenden zu klein für eine örtliche Berufsschulklasse, so werden regionale Fachklassen oder eine Fachklasse für ein ganzes Bundesland gebildet. Bei Bezirks- und Landesfachklassen erfolgt die theoretische Ausbildung in Blöcken von etwa 3 bis 4 Wochen Dauer. Dann ist der Berufsschule ein Internat oder Übernachtungsheim angeschlossen.

Von der theoretischen Ausbildung in der Berufsschule sind etwa zwei Drittel gemeinsam für alle Fachrichtungen, etwa ein Drittel ist spezifisch für die jeweilige Fachrichtung. Im 1. Ausbildungsjahr ist die theoretische Ausbildung gemeinsam für alle fünf Fachrichtungen, im 2. und 3. Ausbildungsjahr ist sie zunehmend speziell für die Fachrichtung.

Kenntnisse und Fertigkeiten gemeinsam für alle 5 Fachrichtungen sind:

– Stellung, Rechtsform, Organisation und Aufgaben des Ausbildungsbetriebes,
– Berufsbildung, arbeits- und sozialrechtliche Grundlagen,

Berufsfelder, Tätigkeitsbereiche, Ausbildungsgänge

- Sicherheit und Gesundheitsschutz bei der Arbeit,
- Umweltschutz,
- Beschaffung, Erschließung und Bereitstellung,
- Kommunikation und Kooperation,
- Arbeitsorganisation und Bürowirtschaft,
- Informations- und Kommunikationssysteme sowie
- Öffentlichkeitsarbeit und Werbung.

Den Auszubildenden der Fachrichtung Bibliothek werden folgende fachrichtungsspezifische Kenntnisse und Fertigkeiten vermittelt:

- Erwerbung,
- Erschließung,
- Bearbeitung von Medien, Bestandspflege sowie
- Benutzungsdienst und Informationsvermittlung.

Nach eineinhalb Jahren ist eine Zwischenprüfung, am Ende der Ausbildung die Abschlussprüfung zu absolvieren. Beide Prüfungen werden von der Berufsschule und einer von der „zuständigen Stelle" einberufenen Prüfungskommission abgenommen.

Gesteuert wird die Ausbildung zur FAMI durch die von der jeweiligen Landesregierung festgelegte „zuständige Stelle", dort sind auch nähere Informationen über den Beruf erhältlich. Die Anschriften der zuständigen Stellen sind auf den Seiten 125 bis 127 angegeben.

4.2 b) Bibliothekssekretärin

Ausbildungsstätten für die theoretische Ausbildung:

Hannover,	Niedersächsische Bibliotheksschule, siehe S. 129
Karlsruhe,	Badische Landesbibliothek, siehe S. 132
München,	Bayerische Staatsbibliothek / Bayerische Bibliotheksschule, siehe S. 134

Die Beamtenlaufbahn des mittleren Dienstes an wissenschaftlichen Bibliotheken ist vor etwa 35 Jahren eingeführt worden. Nach erfolgreich abgeschlossener Ausbildung und Übernahme auf eine Planstelle lautet die Amtsbezeichnung „Bibliothekssekretärin". Der Beamtendienstrang „Sekretär" hat nichts mit dem Beruf der Sekretärin bzw. des Sekretärs zu tun. Das Aufgabengebiet der Bibliothekssekretärin erstreckt sich auf alle einfacheren bibliothekarischen Arbeiten, die in wissenschaftlichen Bibliotheken vorkommen. Dazu gehören vor allem Arbeiten in der Erwerbung (z.B. Vorakzession, Führung der Erwerbungskarteien), alphabetische Katalogisierung und bibliographische Ermittlungen in einfacheren Fällen sowie Tätigkeiten bei den Benutzungsdiensten wie Ausleihe, Fernleihe, Signierdienst, einfache Recherchen an Katalogen, Aufsicht in Lesesälen, Auskunftserteilung. Hinzu kommen Aufgaben in der Magazinverwaltung und in Sonderabteilungen.

Zulassungsvoraussetzung für die Ausbildung im mittleren Dienst an Bibliotheken ist der Realschulabschluss oder der qualifizierende Hauptschulabschluss. Die Ausbildungsteilnehmerinnen sind Beamtinnen auf Widerruf im Vorbereitungsdienst (verwaltungsinterne Ausbildung) und führen die Dienstbezeichnung „Bibliothekssekretäranwärterin".

Die Ausbildung zur Bibliothekssekretärin dauert zwei Jahre, in Baden-Württemberg eineinhalb Jahre. Das Schwergewicht liegt auf der praktischen Ausbildung in der Bibliothek. Ein Zeitanteil von insgesamt etwa einem halben Jahr ist dem theoretischen Unterricht gewidmet. Bei den Lehrfächern stehen die Bibliotheksverwaltungsfächer (Erwerbung, Katalogkunde, Benutzung) sowie alphabetische Katalogisierung, Bibliographie und Publikationen im Vordergrund. Die theoretische Ausbildung findet in einigen Ländern an einer Bibliotheksschule oder bibliothekarischen Fachhochschule, in anderen Ländern an einer Ausbildungsbibliothek statt.

In Bayern wurde die Ausbildung für den mittleren Bibliotheksdienst auch auf das öffentliche Bibliothekswesen ausgedehnt, d.h. die Ausbildung qualifiziert dort für die Arbeit sowohl in wissenschaftlichen als auch in öffentlichen Bibliotheken. Zu den oben genannten Lehrfächern kommen dort weitere, auf das öffentliche Bibliothekswesen bezogene Fächer hinzu. Der Tätigkeitsbereich der so ausgebildeten Bibliothekssekretärinnen erstreckt sich auch auf die Verwaltung kleiner öffentlicher Bibliotheken in dezentralen Bibliothekssystemen.

Berufsfelder, Tätigkeitsbereiche, Ausbildungsgänge

4.2 c) Diplom-Bibliothekarin (FH) und verwandte Studiengänge

Ausbildungsstätten:

Berlin,	Humboldt-Universität zu Berlin, Philosophische Fakultät I, Institut für Bibliothekswissenschaft: Magister- und Promotionsstudium Bibliotheks- und Informationswissenschaft, siehe S. 136
Bonn,	Fachhochschule für das öffentliche Bibliothekswesen: Diplom-Bibliothekarin (FH) an öffentlichen Bibliotheken, siehe S. 138
Darmstadt,	Fachhochschule Darmstadt, Fachbereich Informations- und Wissensmanagement: Diplom-Informationswirtin (FH) Schwerpunkt Bibliothek, siehe S. 172
Frankfurt,	Bibliotheksschule in Frankfurt a.M.: Diplom-Bibliothekarin (FH) an wissenschaftlichen Bibliotheken, siehe S. 140
Hamburg,	Fachhochschule für angewandte Wissenschaften Hamburg, Fachbereich Bibliothek und Information: Diplom-Bibliothekarin (FH), siehe S. 141
Köln,	Fachhochschule Köln, Fachbereich Informationswissenschaft: Diplom-Bibliothekarin (FH), siehe S. 143
Leipzig,	Hochschule für Technik, Wirtschaft und Kultur Leipzig (FH), Fachbereich Buch und Museum: Diplom-Bibliothekarin (FH), siehe S. 145
München,	Bayerische Beamtenfachhochschule, Fachbereich Archiv- und Bibliothekswesen: Diplom-Bibliothekarin (FH) an wissenschaftlichen Bibliotheken, siehe S. 147
Potsdam,	Fachhochschule Potsdam, Fachbereich Informationswissenschaften: Diplom-Bibliothekarin (FH), siehe S. 149
Stuttgart,	Fachhochschule Stuttgart, Hochschule der Medien, Fachbereich Information und Kommunikation: Diplom-, Bachelor- und Masterstudium (FH) Bibliotheks- und Medienmanagement, siehe S. 151 und Master-Aufbaustudium Musikinformationsmanagement, siehe S. 160

Bibliothek

Früher gab es nur spezielle Ausbildungsgänge zur Diplom-Bibliothekarin an öffentlichen Bibliotheken und getrennt davon zur Diplom-Bibliothekarin an wissenschaftlichen Bibliotheken. Von diesen speziellen Ausbildungsgängen gibt es nur noch das Studium zur Diplom-Bibliothekarin (FH) an öffentlichen Bibliotheken in Bonn und die verwaltungsinterne Ausbildung zum Diplom-Bibliothekar (FH) an wissenschaftlichen Bibliotheken in München. Alle anderen Ausbildungsgänge qualifizieren gleichermaßen für die Tätigkeiten in öffentlichen und in wissenschaftlichen Bibliotheken. Darüber hinaus strebt die Ausbildung an der Fachhochschule Potsdam die Integration der archivarischen, bibliothekarischen und dokumentarischen Berufe an, d.h. das Grundstudium ist gemeinsam für Archiv, Bibliothek und Dokumentation und erst nach der Vordiplomprüfung wird aus den Bereichen Archiv, Bibliothek und Dokumentation ein Hauptfach und ein Nebenfach ausgewählt.

Öffentliche Bibliotheken werden meist von Städten, Gemeinden, Landkreisen oder Kirchen getragen. Im Vordergrund steht die Analyse der Benutzer, der Noch-nicht-Benutzer und ihrer Bedürfnisse sowie daraus abgeleitet Bestandsaufbau, Bestandserschließung und Bestandsvermittlung. Bestandsaufbau ist die Auswahl und der Kauf der anzuschaffenden Bücher und anderer Bibliotheksmaterialien im Hinblick auf Leserkreis und Benutzungszweck. Die Bestandserschließung ist vor allem die formale und inhaltliche Aufbereitung des Bestandes durch Titelaufnahme, Klassifizierung und Schlagwortzuteilung. Die Bestandsvermittlung erfolgt durch geeignete Formen der Präsentation, durch Veranstaltungen innerhalb und außerhalb der Bibliotheken für einzelne Benutzergruppen und durch die Ausleihe. Gemäß dem Ziel der öffentlichen Bibliotheken, alle Altersstufen und Gruppen der Bevölkerung anzusprechen, spielen Auskunft, Beratung und Öffentlichkeitsarbeit eine wichtige Rolle. Besondere Arbeitsgebiete sind Kinder- und Jugendbibliotheken, ländliche Bibliothekssysteme, Schulbibliotheken, Musikbibliotheken, Fahrbüchereien, staatliche Fachstellen und die soziale Bibliotheksarbeit, d.h. die bibliothekarische Betreuung von Menschen in besonderen Lebenssituationen und von bestimmten sozialen Gruppen.

Wissenschaftliche Bibliotheken sind meist Staats- oder Landesbibliotheken, Universitätsbibliotheken oder Fach- und Firmenbibliotheken. Sie haben die Aufgabe, die für Wissenschaft und Berufsausübung erforderliche Literatur zu sammeln, zu erschließen und an fachkundige Benutzer zu vermitteln. Schwerpunkte der Arbeit sind die Erschließung der eigenen Bestände und der Nachweis und die Beschaffung von Literatur und

Berufsfelder, Tätigkeitsbereiche, Ausbildungsgänge

Medien aus anderen Bibliotheken. Dabei haben die Artikel in den wissenschaftlichen Zeitschriften zentrale Bedeutung.

Der Schwerpunkt der Tätigkeit der Diplom-Bibliothekarin an öffentlichen Bibliotheken liegt im Bestandsaufbau und der Bestandsvermittlung, während die Diplom-Bibliothekarin an wissenschaftlichen Bibliotheken ihren Schwerpunkt in der Bestandserfassung und Bestandserschließung hat. Zusätzlich wird das Berufsbild der Diplom-Bibliothekarin an öffentlichen Bibliotheken von dem Umstand mitbestimmt, dass es im öffentlichen Bibliothekswesen keinen höheren Dienst als eigenen Berufszweig gibt. Deshalb werden häufig auch die leitenden Stellen im öffentlichen Bibliothekswesen aus den Reihen der Diplom-Bibliothekarinnen besetzt. Für die Leitung großer Bibliotheken werden allerdings meist Bewerberinnen mit Universitätsabschluss bevorzugt.

An wissenschaftlichen Bibliotheken sind Diplom-Bibliothekarinnen für schwierige Arbeiten in allen Bereichen des wissenschaftlichen Bibliothekswesens zuständig, soweit nicht spezielle fachwissenschaftliche Kenntnisse erforderlich sind. Zu ihren Tätigkeiten gehören in erster Linie die Mitwirkung bei der Literaturbeschaffung, die formale Katalogisierung spezieller Publikationsformen und fremdsprachiger Literatur, bibliographische Ermittlungen vor allem in schwierigen Fällen, sachliche Literaturerschließung (Schlagwortgebung und Klassifikation) in einfacheren Fällen sowie Auskunftserteilung und Informationsarbeit. Hinzu kommen organisatorische Aufgaben im Benutzungsbereich, Tätigkeiten in Sonderabteilungen, bei der elektronischen Datenverarbeitung sowie Koordinierungsaufgaben in Verbundsystemen oder universitären Bibliothekssystemen. An den großen Staats- und Universitätsbibliotheken sind die Tätigkeiten spezialisierter, während an kleineren und mittleren Bibliotheken die Möglichkeit besteht, umfassendere Aufgabenbereiche zu übernehmen oder den Bibliotheksbetrieb selbständig zu leiten. Erfahrene Diplom-Bibliothekarinnen können in großen wissenschaftlichen Bibliotheken die Leitung von Arbeitsgruppen und Dienststellen übernehmen.

Die Ausbildung zur Diplom-Bibliothekarin setzt Fachhochschulreife oder Abitur voraus. Das Fachhochschulstudium zur Diplom-Bibliothekarin dauert 7 bis 8 Semester. Die meisten Ausbildungsgänge schulen speziell für eine Tätigkeit im öffentlichen Dienst, andere gleichermaßen auch für eine Tätigkeit in Wirtschaft, Industrie und Verbänden. Die verwaltungsinterne Ausbildung für den gehobenen Bibliotheksdienst an wissenschaftlichen Bibliotheken in Bayern dauert 3 Jahre.

Wichtige Lehrfächer sind Schrift-, Buch- und Bibliotheksgeschichte, Bestandsaufbau, -erschließung und -vermittlung, Bibliographie und Auskunftsdienst, Bibliotheksbetriebslehre, Bibliothekspolitik und Bibliothekssoziologie, Literatur- und Publikationskunde, wissenschaftskundliche Überblicke, Dokumentations- und Ordnungslehre, elektronische Datenverarbeitung sowie Fremdsprachen. Vereinzelt wird zusätzlich das Kurzstudium eines Wissenschaftsfaches betrieben, gegebenenfalls in Verbindung mit der örtlichen Universität. In allen Ausbildungsgängen ist 1 Praxissemester enthalten, hinzu kommen bis zu 12 Wochen weitere Praktika. Die verwaltungsinterne Ausbildung in München hat 13 Wochen Berufspraxis. Die Ausbildungsgänge haben eine Zwischenprüfung, im Rahmen der Abschlussprüfung ist eine Diplomarbeit zu erstellen. Diplom-Bibliothekarinnen, die sich auf den Dienst in Musikbibliotheken spezialisieren wollen, können an der Hochschule der Medien in Stuttgart ein dreisemestriges Aufbaustudium Musikinformationsmanagement absolvieren, siehe S. 160.

Diplom-Bibliothekarinnen sind meist im Angestelltenverhältnis beschäftigt. Eine verwaltungsinterne Ausbildung für die gehobene Beamtenlaufbahn an Bibliotheken gibt es nur noch in Bayern.

4.2 d) Wissenschaftliche Bibliothekarin (höherer Bibliotheksdienst)

Ausbildungsstätten:

Allgemeine Darstellung siehe S. 153.

Berlin,	Humboldt-Universität zu Berlin, Philosophische Fakultät I, Institut für Bibliothekswissenschaft: Aufbaustudium Wissenschaftlicher Bibliothekar, siehe S. 154
Köln,	Fachhochschule Köln, Fachbereich Informationswissenschaft: Master-Aufbaustudium Bibliotheks- und Informationswissenschaft, siehe S. 156
München,	Bayerische Staatsbibliothek / Bayerische Bibliotheksschule: Verwaltungsinterne Ausbildung für den höheren Bibliotheksdienst, siehe S. 158

Die wissenschaftliche Bibliothekarin (beamtenrechtlich ist dies der höhere Bibliotheksdienst) ist fast ausschließlich an wissenschaftlichen Bibliotheken tätig und hat teils wissenschaftliche, teils organisatorische Aufgaben. Sie ist meist als Fachreferentin z.B. für Biomedizin, Ingenieurswesen oder Orientalistik für den Bestandsaufbau, d.h. für die Auswahl der anzuschaffenden wissenschaftlichen Literatur, für die Sacherschließung dieser Literatur und für die fachliche Informationsarbeit in bestimmten Wissenschaftsfächern zuständig. Dazu kommt heute die Durchführung von Online-Literaturrecherchen durch Abfragen von EDV-Datenbanken. Es handelt sich hier um Tätigkeiten, für die in einem Universitätsstudium erworbene fachwissenschaftliche Kenntnisse erforderlich sind. Daneben erfüllt die Bibliothekarin des höheren Dienstes meist auch Verwaltungs- und Organisationsaufgaben in Bibliotheks- und Verbundsystemen oder ist die Leiterin einer wissenschaftlichen Bibliothek oder einer Abteilung. Außerdem kommen vielfältige Sonderaufgaben in Betracht, z.B. in Spezialabteilungen, bei der elektronischen Datenverarbeitung, als Dozentin in bibliothekarischen Ausbildungsstätten, bei der Buch-, Bibliotheks- und Benutzerforschung.

Bisher waren wissenschaftliche Bibliothekarinnen meist als Beamtinnen tätig, sie wurden bei der Einstellung auf Lebenszeit zu Bibliotheksrätinnen ernannt. Zur Ausbildung für den höheren Dienst an wissenschaftlichen Bibliotheken konnte zugelassen werden, wer ein abgeschlossenes Universitätsstudium hatte. Je nach Fachgebiet und Bundesland war außer dem Universitätsabschluss durch Staats- bzw. Diplomprüfung zusätzlich die Promotion erforderlich. Besondere wissenschaftliche Leistungen stellten eine zusätzliche Qualifikation dar. Während der anschließenden verwaltungsinternen Ausbildung waren die Teilnehmerinnen Beamte auf Widerruf im Vorbereitungsdienst und führen die Dienstbezeichnung „Bibliotheksreferendarin". Die Ausbildung in den Fächern des Bibliothekswesens dauerte zwei Jahre, außerdem sollte die Bibliotheksreferendarin auch während der bibliothekarischen Ausbildung ihre fachwissenschaftlichen Studienfächer weiter pflegen.

Diese verwaltungsinterne Ausbildung für die höhere Beamtenlaufbahn an wissenschaftlichen Bibliotheken gibt es nur noch in München. In den anderen Bundesländern und beim Bund wird sie ersetzt durch das Aufbaustudium zum Wissenschaftlichen Bibliothekar an der Humboldt-Universität zu Berlin oder das Master Aufbaustudium Bibliotheks- und Informationswissenschaft der Fachhochschule Köln. Schwerpunkte der Ausbildung sind Information, Bibliothek, Gesellschaft; Wirtschaft, Management, Organisation; Informationserschließung, Information Retrieval;

Informationsressourcen und Informationsdienstleistungen; Medien und Medienmarkt; Informationstechnologie sowie eine Vertiefung z.B. in Leitungs- und Planungsfunktionen. Die Bibliotheken gehen auch zunehmend dazu über, ihre Wissenschaftlichen Bibliothekare als Angestellte zu führen. Dann ist ein abgeschlossenes wissenschaftliches Studium ausreichend. Sucht eine wissenschaftliche Bibliothek einen Fachreferenten so wird sie Bewerber mit einem geeigneten Fachstudium und Berufserfahrung bevorzugen. Allerdings sind Kenntnisse aus dem Bibliotheks- und Informationswesen auch stets erwünscht.

4.3 Buchwissenschaft

Ausbildungsstätten:

Erlangen, Friedrich-Alexander-Universität Erlangen-Nürnberg: Magister- und Promotionsstudium Buchwissenschaft, siehe S. 162

Mainz, Johannes-Gutenberg-Universität Mainz: Magister- und Promotionsstudium Buchwissenschaft, siehe S. 164

München, Ludwig-Maximilians-Universität München, Institut für Deutsche Philologie: Diplomstudium Buchwissenschaft, siehe S. 166, Aufbaustudium Buchwissenschaft siehe S. 168

Während die im Kapitel 4.2 dargestellten Ausbildungsgänge direkt auf eine praktische Berufsausübung in einer Bibliothek zielen, sind die an den drei oben genannten Universitäten eingerichteten Hauptfachstudiengänge der Buchwissenschaft nicht direkt mit einem bestimmten Beruf verknüpft. Das Hauptfachstudium dieser Fächer führt zu einer durch eine Hochschulprüfung (Magisterprüfung oder Promotion) nachgewiesenen wissenschaftlichen Qualifikation. Absolventinnen eines Studiums der Buchwissenschaft werden jedoch Aussicht auf eine diesem Studium entsprechende Tätigkeit meist nur dort haben, wo nicht die Regelungen des öffentlichen Dienstrechts gelten, z.B. in Firmen-, Verbands- und Vereinsbibliotheken, in Verlagen, in Organisationen und wissenschaftlichen Einrichtungen des Buchhandels, in kirchlichen Bibliotheken oder fachspezifischen Dokumentationsstellen. Da die beruflichen Möglichkeiten sehr begrenzt sind, ist vor Studienbeginn eine eingehende Beratung empfehlenswert.

Zum Buchwesen rechnet man alle Sachverhalte und Probleme, die mit der Entstehung, Herstellung und Verbreitung von Büchern zu tun haben, also mit dem Vermittlungsprozess von Literatur jeglicher Art zwischen Autoren und Lesern. Wichtige Teilgebiete sind: Autor und literarische Produktion; Buchherstellung einschließlich Typographie, Schriftsatz, Illustration, Buchdruck, Einband; Verlagswesen und Buchhandel; Bibliothekswesen; Rezeption des Buches und Leserforschung. Dabei bildet die Geschichte des Buchwesens einen besonderen Schwerpunkt.

Das Diplomstudium in München setzt eine abgeschlossene Lehre als Buchhändler voraus und führt zu dem Abschluss Diplombuchhändler. An der gleichen Institution gibt es auch ein zweisemestriges Aufbaustudium Buchwissenschaft. Wahlpflichtfächer und sonstige Lehrveranstaltungen aus dem Gebiet der Buch- und Bibliothekswissenschaft gibt es auch an vielen anderen Universitäten, oft werden sie von der jeweiligen Universitätsbibliothek veranstaltet. Einzelheiten dazu sind in diesem Wegweiser nicht enthalten, sie müssen den Vorlesungsverzeichnissen der einzelnen Hochschulen entnommen werden. Die informations- und dokumentationswissenschaftlichen Studiengänge werden im Kapitel 4.4d dieses Wegweisers behandelt.

4.4 Information und Dokumentation

4.4 a) Fachangestellte für Medien- und Informationsdienste (FAMI) Fachrichtung Information und Dokumentation und in der Fachrichtung Bildagentur

Tabellarische Darstellung der Ausbildung siehe S. 170.

Zu den Aufgaben einer Fachangestellten für Medien- und Informationsdienste (FAMI) in der Fachrichtung Information und Dokumentation gehört das Herausfinden der ein bestimmtes Thema behandelnden Schriften oder Fakten; das Bestellen von Literatur und Schriftstücken in Bibliothek, Archiv, Buchhandel, beim Herausgeber oder beim Verfasser; das Organisieren und Durchführen von Umläufen; das formale Erfassen von Dokumenten und Daten nach vorgegebenen Regeln, das Führen und

Information und Dokumentation

Benutzen großer Dokumentensammlungen; das Eingeben von Daten in EDV-Anlagen sowie die Kontrolle und Korrektur der gespeicherten Daten; das Erteilen von Auskünften; das Betreuen von Dokumentensammlungen einschließlich Ausleihe und Wiedereinstellung und schließlich praktische Arbeiten wie Vervielfältigen, Verpacken, Adressieren und Versenden. Die FAMI kann alle praktischen Dokumentationstätigkeiten ausführen, für die keine fachwissenschaftlichen Kenntnisse erforderlich sind. Die FAMI in der Fachrichtung Bildagentur führt ähnliche Tätigkeiten aus, jedoch bezogen auf Bilder und die dazugehörigen Texte.

Die wichtigsten Beschäftigungsstellen für die Fachangestellte für Medien- und Informationsdienste der Fachrichtung Information und Dokumentation sind Fachinformations- und Dokumentationszentren in Wissenschaft und Technik, Informationsstellen bei Presse, Rundfunk, Fernsehen und Verlagen; betriebliche Informationsstellen in der Großindustrie, beim Handel, bei Versicherungen und Verbänden sowie bei Informationseinrichtungen der öffentlichen Verwaltung, Polizei und Bundeswehr. Dort arbeitet die FAMI in einem Teilbereich selbständig, meist jedoch als Mitglied einer Arbeitsgruppe. FAMI der Fachrichtung Bildagentur arbeiten bei Bildagenturen, die Bilder und Veröffentlichungsrechte vermitteln und verleihen, Bildstellen, Museen, aber auch in Pressearchiven und wissenschaftlichen Bildarchiven. Die Selektion der Bilder erfolgt sowohl nach formalen Kriterien, z.B. ein Bild des früheren Bundespräsidenten Theodor Heuss, als auch nach inhaltlichen Kriterien wie z.B. Art des Motivs, Stimmung, Aussage oder Entstehungsgeschichte.

Die meisten Fachangestellten für Medien- und Informationsdienste werden in der Fachrichtung Bibliothek ausgebildet. Deshalb ist die Ausbildung im Kapitel 4.2a ausführlicher beschrieben (siehe S. 38). Dort sind auch die in der Ausbildung vermittelten Kenntnisse und Fertigkeiten aufgezählt, zusätzlich werden für die Fachrichtung Information und Dokumentation vermittelt:

- Beschaffung,
- Erschließung verschiedener Arten von Dokumenten,
- Verwaltung und Pflege von Datenspeichern,
- Informationsvermittlung und Informationsdienstleistungen sowie
- Marketing.

Berufsfelder, Tätigkeitsbereiche, Ausbildungsgänge

Für die Fachrichtung Bildagentur werden folgende spezifische Kenntnisse und Fertigkeiten vermittelt:

- Beschaffung von Bildern,
- Erschließung der Bilder und Bildinhalte,
- Aufbewahrung und technische Bearbeitung,
- Bildvermittlung sowie
- Marketing.

Die von Seite 125 bis 127 aufgezählten zuständigen Stellen gelten auch für die Fachrichtung Information und Dokumentation und für die Fachrichtung Bildagentur.

4.4 b) Informationsassistentin

Ausbildungsstätte:

Frankfurt, Deutsche Gesellschaft für Informationswissenschaft und Informationspraxis e.V. (DGI), siehe S. 171

Mitarbeiterinnen aus Wirtschaft, Handel, Medien und Verwaltung, die für ihre Tätigkeit eine zusätzliche Qualifikation im Informationsbereich wünschen, können sich berufsbegleitend bei der Deutschen Gesellschaft für Informationswissenschaft und Informationspraxis zur Informationsassistentin schulen lassen. Die Ausbildung umfasst 3 Blöcke von zusammen 8 Wochen, die innerhalb von 3 Monaten abgehalten werden. Mit der erfolgreichen Abschlussprüfung wird das von der Deutschen Gesellschaft für Informationswissenschaft und Informationspraxis ausgestellte Zertifikat Informationsassistent erworben.

Die Tätigkeit der Informationsassistentin ist vielseitig. Sie setzt gründliche Kenntnisse der Methoden und der Technik der Dokumentation voraus, verlangt zuverlässiges, sauberes und genaues Arbeiten, erfordert Fertigkeiten im Umgang mit Computern (PC), EDV-Druckern, Kopier- und Druckgeräten, Mikroverfilmungs- und Rückvergrößerungsgeräten. Um den Überblick zu wahren und mit den Benutzern der Dokumentation zusammenarbeiten zu können, muss die Informationsassistentin geistig beweglich und aufgeschlossen sein und breitgefächerte Interessen haben.

Information und Dokumentation

4.4 c) Diplom-Dokumentarin (FH), Diplom-Informationswirtin (FH) und verwandte Studiengänge

Ausbildungsstätten:

Darmstadt, Fachhochschule Darmstadt, Fachbereich Informations- und Wissensmanagement: Diplom-Informationswirtin (FH) mit Schwerpunkt Bibliothek, Chemie-Information, Medieninformation oder Wirtschaftsinformation, siehe S. 172

Hamburg, Hochschule für Angewandte Wissenschaften Hamburg, Fachbereich Bibliothek und Information: Diplom-Dokumentarin (FH) Fachrichtung Mediendokumentation, siehe S. 175

Hannover, Fachhochschule Hannover, Fachbereich Informations- und Kommunikationswesen: Diplom-Informationswirtin (FH), siehe S. 177

Köln, Fachhochschule Köln, Fachbereich Informationswissenschaft: Diplom-Informationswirtin (FH), siehe S. 184

Köthen, Hochschule Anhalt (FH): Diplom-Informatiker (FH) Information Management, siehe S. 188

Potsdam, Fachhochschule Potsdam, Fachbereich Informationswissenschaften: Diplom-Dokumentar (FH), siehe S. 189

Stuttgart, Fachhochschule Stuttgart, Hochschule der Medien, Fachbereich Information und Kommunikation: Bachelorstudium Informationsdesign, siehe S. 195, Diplom- und Masterstudium (FH) Informationswirtschaft, siehe S. 196

Diplom-Dokumentarinnen und Diplom-Informationswirtinnen sind vorwiegend in der Literaturdokumentation, zunehmend auch in der Fakten- oder Datendokumentation tätig. Zu ihren Aufgaben gehören:

- Der Erwerb auch schwierig zu beschaffender Literatur wie Instituts-, Kongress- und Forschungsberichte, Patentschriften, Datenblätter,

- die inhaltliche Analyse von Aufsätzen, Berichten, Tabellen- und Nachschlagewerken,

- die Schlagwort- und Deskriptorenzuteilung,

Berufsfelder, Tätigkeitsbereiche, Ausbildungsgänge

- die Betreuung von Deskriptoren- und Dokumentenspeichern als EDV-gespeicherte Datenbanken,
- das Recherchieren in selbst gefüllten Speichern, in gekauften Verzeichnissen (CD-ROM) und über das Internet in Datenbanken auf fremden EDV-Anlagen,
- die Betreuung und Beratung der Benutzer,
- die Herausgabe von Informationsdiensten sowie
- der Aufbau und der Betrieb von EDV-gestützten Informationssystemen.

Diplom-Dokumentarinnen und Diplom-Informationswirtinnen arbeiten in Spezialbibliotheken, Dokumentationsstellen, Literaturdokumentationsstellen und in anderen Dokumentationseinrichtungen oder leiten diese. Diese Dokumentationsstellen sind selbständige Einrichtungen oder eingebettet in größere Organisationen wie z.B. Universitätsbibliotheken, Forschungsinstitute, Rundfunk- und Fernsehanstalten, Verlage, Verbände, politische Parteien und Organisationen, große Firmen der Pharma-Industrie, Chemie-Industrie, Computer-Industrie, Kfz-Industrie usw.

Voraussetzung für die Ausbildung zur Diplom-Dokumentarin und Diplom-Informationswirtin ist Abitur oder Fachhochschulreife. Die Ausbildung erfolgt jetzt nur noch als 8-semestriges Fachhochschulstudium, hat zwei Praxissemester oder ein Praxissemester und Praktika in den Semesterferien. Praktikumsstellen sind Forschungseinrichtungen, Dokumentationsstellen und Bibliotheken.

Wichtige Fächer der theoretischen und praktischen Ausbildung zur Diplom-Dokumentarin und Diplom-Informationswirtin sind: Beschaffung und Erwerbung von Schriften, Dokumenten und Objekten; formale und inhaltliche Erschließung von Dokumenten und Objekten aller Art; Aufbau, Pflege und Verwaltung dokumentarischer Informationsspeicher; Handhabung konventioneller dokumentarischer und bibliothekarischer Speicher; Retrieval und Informationsvermittlung mit konventionellen (Bibliographien, Karteien, Kataloge etc.) und DV-gestützten (Datenbanken, Online-Retrieval) Informationsmitteln; Umgang mit Computern, Grundlagen der Datenverarbeitung, Programmieren in Kommandosprachen; Umgang mit Anwendungsprogrammen; deskriptive Statistik und graphische Darstellung; Struktur, Planung und Organisation des Bibliotheks- und Dokumentationswesens; Betriebslehre der Informations- und Dokumentations-Einrichtungen; Typologie und Praxis von Informationsdienstleistungen; neue Medien und Technologien der Information und Kommunikation; Informationsrecht und Recht am Arbeitsplatz; Wissenschaftskunde; Fremdsprachen; Informations- und Kommunikationspsychologie und -soziologie.

Diplom-Dokumentarinnen und Diplom-Informationswirtinnen sind Angestellte im öffentlichen Dienst, bei halbstaatlichen oder privaten Einrichtungen oder in der Industrie. Die früher verwaltungsintern ausgebildeten Diplom-Dokumentarinnen führen, falls sie auf eine Beamtenstelle eingestellt wurden, als ihre (erste) Amtsbezeichnung „Bibliotheksinspektorin".

Die Ausbildungsstätten für Diplom-Dokumentarinnen in Darmstadt, Hamburg, Köln und Potsdam bilden auch Diplom-Bibliothekarinnen aus. An der Fachhochschule Potsdam haben Diplom-Archivare, Diplom-Bibliothekare und Diplom-Dokumentare ein gemeinsames dreisemestriges Grundstudium, allerdings ist die Fachrichtung Dokumentation bereits bei der Bewerbung festzulegen. An der Fachhochschule Stuttgart gibt es die Studiengänge Informationsdesign und Informationswirtschaft.

An der Fachhochschule Darmstadt gibt es ein achtsemestriges Studium zur Diplom-Informationswirtin und an der Fachhochschule Hamburg gibt es das ebenfalls achtsemestrige Studium zur Diplom-Dokumentarin Fachrichtung Mediendokumentation. In Darmstadt muss man sich nach dem zweisemestrigen Grundstudium für eine der Fachrichtungen Bibliothek, Chemieinformation, Medieninformation oder Wirtschaftsinformation entscheiden. Diese Studiengänge und die Berufstätigkeit der Absolventinnen haben zwar viele Gemeinsamkeiten mit der Diplom-Dokumentarin, sind aber weniger am Bibliothekswesen und der Literaturdokumentation und dafür stärker an der Daten- und Faktendokumentation orientiert. Hinzu kommen die Fachkenntnisse im Anwendungsgebiet, die für anspruchsvolle Daten- und Faktendokumentationen unerlässlich sind.

Diplom-Dokumentarinnen und Diplom-Informationswirtinnen der Fachrichtung Medien- oder Wirtschaftsinformation arbeiten in Informations- und Dokumentationsstellen von Verlagen, Zeitungen, Rundfunk- und Fernsehanstalten, Nachrichtenagenturen, Pressestellen von Industriefirmen, Verwaltungs- und Regierungsstellen, bei Verbänden, Banken, Forschungseinrichtungen usw. Sie analysieren Informationsdefizite; kennen und erschließen Informationsquellen und -kanäle; erstellen, pflegen und nutzen Datenbanken, Presse-, Bild- und Filmarchive und verdichten schließlich die recherchierten Daten und Fakten zu Expertisen. Sie erschließen die umfangreichen Zeitungsarchive, die Archive

Berufsfelder, Tätigkeitsbereiche, Ausbildungsgänge

der Rundfunk- und Fernsehanstalten, Bild- und Filmarchive und bereiten diese dokumentarisch auf. Dazu benötigen sie Fachwissen aus dem bearbeiteten Fachgebiet, also den Medien (Bücher, Zeitschriften, Zeitungen, Filme, Fernsehen, Werbung) und der Wirtschaft.

Diplom-Informationswirtinnen der Fachrichtung Chemiedokumentation arbeiten meist in den großen Firmen der forschenden Chemieindustrie, aber auch an Chemischen Instituten. Eine eigene Fachrichtung Chemiedokumentation ist notwendig wegen der unübersehbaren Fülle an chemischen Verbindungen, zur Darstellung deren Summen- und Strukturformeln, der Angaben ihrer Eigenschaften einschließlich ihrer Gefährlichkeit und Giftigkeit sowie der Herstellungs-, Lagerungs- und Verarbeitungsrichtlinien. Hinzu kommt eine sehr umfangreiche chemische Literatur.

4.4 d) Informationswissenschaft als Haupt- oder Nebenfach im Magister- und Promotionsstudium

Ausbildungsstätten:

Düsseldorf, Heinrich-Heine-Universität, Institut für Sprache und Information, Abteilung Informationswissenschaft: Informationswissenschaft als Nebenfach im Bachelor- und Magisterstudium, Promotionsstudium, siehe S. 174

Hildesheim, Universität Hildesheim: Bachelorstudium Informationsmanagement / Informationstechnologie, siehe S. 179 und Magisterstudium Internationales Informationsmanagement, siehe S. 181

Koblenz, Universität Koblenz-Landau: Bachelor- und Masterstudium Informationsmanagement, siehe S. 183

Köln, Universität zu Köln, Philosophische Fakultät: Magisterstudium Informationsverarbeitung, siehe S. 186

Regensburg, Universität Regensburg, Philosophische Fakultät, Sprach- und Literaturwissenschaften, Lehrstuhl für Informationswissenschaft: Magister- und Promotionsstudium Informationswissenschaft, siehe S. 191

Saarbrücken, Universität des Saarlandes, Fachrichtung Informationswissenschaft: Magisterstudium Informationswissenschaft, siehe S. 193

Information und Dokumentation

Einige Universitäten bieten einen Studiengang Informationswissenschaft, Informationsmanagement, Informationstechnologie oder Informationsverarbeitung an. Bei diesen Studiengängen handelt es sich weniger um eine direkte Berufsausbildung, vielmehr ergeben sich je nach Universität unterschiedliche Schwerpunkte, ja die einzelne Studentin kann zum Teil ihre eigenen Schwerpunkte bilden. In der Regel dauert das Studium bis zum Magister etwa 8, bis zur Promotion etwa 12 bis 14 Semester.

Schwerpunkte der informationswissenschaftlichen Studiengänge sind Informationswissenschaftliche Methoden, Grundlagen und Verfahrensweisen praktischer Information und Dokumentation, informationswissenschaftliche Methodik, Informationslinguistik, Informationsnetzwerke und Informationsbanken, soziale und psychische Faktoren der Information und Kommunikation, Datenverarbeitung und Programmierung, Informationsmanagement, Fachinformationssysteme, Publikumsinformationssysteme und Informationsindustrie.

Den Absolventinnen bieten sich zwar interessante und vielfältige Möglichkeiten, andererseits müssen sie selbst nach einer geeigneten Berufstätigkeit entsprechend ihrer Fähigkeiten suchen. Vorwiegend arbeiten die Absolventinnen bei der Entwicklung von Datenbank- und Retrieval-Systemen, bei der maschinellen Bearbeitung von Texten sowie in Forschung und Lehre. Entsprechende Stellen bieten sich bei großen privaten oder staatlichen Dokumentationsvorhaben, in der Computer-Industrie, bei Verlagen sowie in der Forschung und Lehre.

Die Universität Düsseldorf bietet Informationswissenschaft im Rahmen aller Magisterstudiengänge der Philosophischen Fakultät als Nebenfach an. Wichtige Stoffgebiete sind: Informations- und Dokumentationsmethodologie der Literaturdokumentation und der Datendokumentation, Informationstechnologie, Informationsorganisation und Ökonomie, Informationssoziologie, Informationsrecht und -politik sowie bibliothekswissenschaftliche Stoffgebiete. Im Promotionsstudium kann Informationswissenschaft sowohl als Haupt-, als auch als Nebenfach gewählt werden.

Die Universität Hildesheim bietet ein sechssemestriges Bachelorstudium Informationsmanagement/Informationstechnologie an, das auch Informationswissenschaft, Fachkommunikation, mathematische Methoden und Betriebswirtschaft enthält. Außerdem gibt es an der Universität Hildesheim ein neunsemestriges Magisterstudium Internationales Informationsmanagement mit den Schwerpunkten angewandte Sprach- und Informationswissenschaft.

Die Universität Koblenz hat ein sechssemestriges Bachelorstudium Informationsmanagement. Das anschließende 4 semestrige Masterstudium ist international ausgerichtet, ein erheblicher Teil der Lehrveranstaltungen wird in englischer Sprache gehalten.

Im Magisterstudium an der Philosophischen Fakultät zu Köln kann Informationsverarbeitung als Hauptfach oder als Nebenfach gewählt werden. An den Universitäten Regensburg und Saarbrücken kann Informationswissenschaft im Magister- und im Promotionsstudium als Haupt- oder Nebenfach studiert werden.

4.4 e) Informationswissenschaftliche Ergänzungs- und Aufbaustudiengänge

Ausbildungsstätten:

Ansbach, Fachhochschule Ansbach: Ergänzungsstudium Information und Multimedia, siehe S. 198

Ilmenau, Technische Universität Ilmenau, Fakultät für Wirtschaftswissenschaften, Institut für Wirtschaftsinformatik: Weiterbildungsstudium Wirtschafts- und Fachinformation, siehe S. 200

Konstanz, Universität Konstanz, Fachbereich Informatik und Informationswissenschaft: Master Aufbaustudium Information Engineering Schwerpunkt Informationswissenschaft, siehe S. 202

Potsdam, Fachhochschule Potsdam, Institut für Information und Dokumentation: Berufsbegleitende Fortbildung zum Wissenschaftlichen Dokumentar (Information Specialist), siehe S. 204

Bei der inhaltlichen Erschließung und der themenspezifischen Informationstätigkeit ist das Fachwissen und die genaue Kenntnis des Informationsbedarfs des Benutzers gleichermaßen wichtig wie die dokumentarischen Kenntnisse. Dies gilt z.B. für innerbetriebliche Dokumentationsstellen, die wichtige Firmen- oder Institutsmitarbeiter laufend oder auf Anfrage mit genau der richtigen Information zu beliefern haben. Bei Stellenbesetzungen in diesem Bereich wird deshalb das Fachwissen und der Einblick in die Arbeit der Informationsbenutzer und das daraus resultierende Erkennen ihrer Informationsbedürfnisse maßgebend sein. Deshalb sind Fachwissenschaftler – z.B. Ingenieure, Physiker, Chemiker, Biologen, aber auch Geisteswissenschaftler – mit einer Zusatzausbildung in Information und Dokumentation durchaus gefragt.

An der Fachhochschule Ansbach ist ein viersemestriges Ergänzungsstudium Information und Multimedia möglich. Dieses Studium ist berufsbegleitend mit Tele-Teaching und Präsenztagen am Freitagnachmittag und Samstag. Schwerpunkte sind Informationstechnik, Medientechnik, Informationsdienste, Netze und Multimedia-Applikation.

Die Technische Universität Ilmenau in Thüringen bietet ein dreisemestriges Weiterbildungsstudium Wirtschafts- und Fachinformation an. Auch dieses ist berufsbegleitend. Es umfasst 8 selbständig zu bearbeitende Lehrmodule und 5 dreitägige Präsenzkurse. Das Studium verbindet Informatik und Informationswissenschaft und hat seinen Schwerpunkt in Datenbanken, Information-Retrieval, Daten- und Faktendokumentation für Handel, Banken und Industrie.

An der Universität Konstanz wird Information Engineering mit dem Schwerpunkt Informationswissenschaft als viersemestriges Master-Aufbaustudium angeboten. Schwerpunkte des Studiums sind Referenz- und Faktenretrieval, Informationsdienstleistungen, Informationsmarkt, Datenbanksysteme, Informations- und Kommunikationstechnologien, Informationslinguistik, Intelligente Informationssysteme, Büroinformations- und -kommunikationssysteme. Auf experimentelles und empirisches Arbeiten innerhalb von Projektkursen wird großer Wert gelegt.

Die berufsbegleitenden Jahreslehrgänge für wissenschaftliche Dokumentare in Potsdam vermitteln praxisbezogenes Wissen und praxisbezogene Methoden der Information und Dokumentation. Voraussetzung für die Teilnahme ist ein abgeschlossenes Hochschulstudium und eine einjährige Tätigkeit in einer Informations- oder Dokumentationseinrichtung. Der Lehrgang gliedert sich in 8 Lehrabschnitte zu jeweils zwei Wochen verteilt über ein Kalenderjahr. Der Lehrgang schließt mit einer Abschlussprüfung ab.

Berufsfelder, Tätigkeitsbereiche, Ausbildungsgänge

4.5 Medizinische Dokumentation

**4.5 a) Fachangestellte für Medien und Informationsdienste (FAMI)
Fachrichtung Medizinische Dokumentation**

Tabellarische Darstellung der Ausbildung siehe S. 206.

Seit dem Sommer 2000 gibt es bei der Ausbildung zur Fachangestellten für Medien- und Informationsdienste (FAMI) auch die Fachrichtung Medizinische Dokumentation. Die Voraussetzungen, Dauer, Art und Abschluss der Ausbildung entsprechen den anderen Fachrichtungen. FAMI der Fachrichtung Medizinische Dokumentation sind tätig in Krankenhäusern und anderen Einrichtungen des Gesundheitswesens, in Universitätskliniken, medizinischen Forschungseinrichtungen sowie bei pharmazeutischen Unternehmen. Sie erfassen und erschließen Operationsberichte, Narkoseprotokolle, Konsiliarberichte, Arztbriefe und andere ärztliche Berichte, klassifizieren Befunde, Diagnosen, Therapien, Medikationen, Operationen, Komplikationen und Symptome, dokumentieren Daten aus klinischen Studien zur Arzneimittelprüfung, Arzneimittelüberwachung und Therapieerprobung, sie selektieren Daten und bereiten sie auf z.B. zur Behandlung, Abrechnung und Forschung sowie für das medizinische Qualitätsmanagement, sie führen einfache statistische Auswertungen durch und präsentieren die Ergebnisse, entwerfen und erproben Erfassungsschemata, Erhebungsbogen und Datenstrukturen, leiten die Patientenaufnahme und Krankenaktenarchive und führen patientennahe Verwaltungsaufgaben durch.

Die meisten Fachangestellten für Medien- und Informationsdienste werden in der Fachrichtung Bibliothek ausgebildet. Deshalb ist die Ausbildung in Kapitel 4.2a ausführlicher beschrieben (siehe S. 38). Neben den dort genannten, in allen fünf Fachrichtungen vermittelten Kenntnissen und Fertigkeiten werden in der Fachrichtung Medizinische Dokumentation spezifisch behandelt:

– Allgemeine Kenntnisse der Medizin und ihrer Terminologie,

– Sammlung, Erfassung und Strukturierung medizinischer Befunde und Informationen,

– Erschließung und Verschlüsselung von Befunden, Diagnosen, Arzneimitteln, Operationen, medizinischer Verfahren und Therapien,

– Verwaltung und Pflege größerer Datenbestände,

Medizinische Dokumentation

- Erstellung von Statistiken sowie
- Erbringen von Informationsdienstleitungen.

Die von Seite 125 bis 127 genannten für die FAMI-Ausbildung zuständigen Stellen gelten auch für die Fachrichtung Medizinische Dokumentation.

4.5 b) Medizinische Dokumentationsassistentin

Ausbildungsstätten:

Berlin, Dr. Weiss & Partner GmbH, Institut für Fort- und Weiterbildung, siehe S. 207

Braunschweig, Oskar-Kämmer-Schule, Gemeinnützige Schulgesellschaft mbH, Bereich Gesundheitswesen und EDV, siehe S. 208

Bremen, Institut für berufliche Integration und Pflegepädagogik, e.V., siehe S. 210

Dresden, Institut für Bildung und Beratung GmbH, Berufsfachschule für Medizinische Dokumentation, siehe S. 211

Görlitz, Berufsschule für Ergotherapie, Rettungsassistenz und Medizinische Dokumentation, siehe S. 212

Halberstadt, FIT-Ausbildungs-Akademie gGmbH, siehe S. 213

Halle, Medizinische Berufsfachschule an der Medizinischen Fakultät der Martin-Luther-Universität Halle-Wittenberg, siehe S. 215

Berufsbildende Schulen V für Gesundheit, Körperpflege und Sozialpädagogik, siehe S. 217

CELOOK GmbH, siehe S. 218

Heidelberg, SRH Learnlife, Berufsfachschule für Medizinische Dokumentation, siehe S. 219

Berufsfelder, Tätigkeitsbereiche, Ausbildungsgänge

Klötze,	Berufsbildende Schulen Altmarkkreis Salzwedel, siehe S. 221
Leipzig,	Berufliches Schulzentrum 9 (Gesundheit und Sozialwesen) der Stadt Leipzig, Berufsfachschule für Medizinische Dokumentation, siehe S. 222
Magdeburg,	Berufsbildende Schule VIII für Gesundheits- und Sozialberufe „Dr. Otto Schlein", siehe S. 223
	FIT-Ausbildungs-Akademie gGmbH, siehe S. 224
Merseburg,	CELOOK GmbH, siehe S. 226
Salzwedel,	Berufsbildende Schulen Altmarkkreis Salzwedel, siehe S. 227
Schönebeck,	Oskar-Kämmer-Schule, Gemeinnützige Schulgesellschaft mbH, siehe S. 228
Trier,	Euro-Schulen Trier, siehe S. 230
Weißenfels,	CELOOK GmbH, siehe S. 231
Zwickau,	Berufsfachschule der KOMPAKT gGmbH, siehe S. 232

Der Beruf der Medizinischen Dokumentationsassistentin gehört zum Gesundheitswesen, eine reguläre Vollzeitausbildung gibt es seit 1983. Die Medizinische Dokumentationsassistentin wirkt mit bei der Führung von medizinischen Basis- und Spezialdokumentationen, der Erstellung von Statistiken, beim Einsatz der Datenverarbeitung in der Medizin und bei der medizinischen Literaturdokumentation. Dabei übernimmt sie Aufgaben der Datenerfassung, der Datenkontrolle, der Verschlüsselung von Diagnosen und medizinischen Prozeduren, der Textverarbeitung, der Informationsspeicherung, der Archivierung und der Informationswiedergewinnung. Die Tätigkeit der Medizinischen Dokumentationsassistentin gewinnt weiter an Bedeutung, weil in Zukunft die Abrechnung der Krankenhausbehandlung nicht mehr nach Verweildauer, sondern nach einem pauschalierten Entgeltsystem erfolgt, das die Krankheit, die durchgeführten Operationen und andere medizinische Maßnahmen berücksichtigt. Dies erfordert einen beachtlichen, zusätzlichen Dokumentationsaufwand.

Medizinische Dokumentation

Für ihre Arbeit setzt die Medizinische Dokumentationsassistentin dokumentarische Verfahren, Methoden der deskriptiven Statistik und EDV-Programme ein. Im Krankenhaus, aber auch in großen Arztpraxen, ist die Medizinische Dokumentationsassistentin für die Patientenaufnahme, die Anlage, Führung und Betreuung der Krankenakten, die Archivierung der Krankenakten und für die Mikroverfilmung der Krankenunterlagen zuständig. Dabei ist hervorzuheben, dass die Bestände der Krankenaktenarchive eines Universitätsklinikums zahlenmäßig oft die medizinischen Bestände einer Universitätsbibliothek übersteigen. Weitere Aufgaben der Medizinischen Dokumentationsassistentin im Krankenhaus sind vielfältige Datenerfassungsaufgaben, die Pflege der Daten in Datenbanken, die Datensicherung, die Vorlage der richtigen Information zum richtigen Zeitpunkt am richtigen Ort sowie die Benutzung von EDV-Anlagen in der Diagnostik, Therapie und Forschung. In der pharmazeutischen Industrie übernimmt die Medizinische Dokumentationsassistentin die laufende Überwachung (Monitoring) therapeutischer Studien und die Erfassung, Kontrolle und Präsentation von Daten, die bei der pharmakologischen, toxikologischen und klinischen Prüfung von Arzneimitteln entstehen. Sie arbeitet jedoch auch bei der statistischen Auswertung dieser Daten mit. Die gleichen Tätigkeiten wie im Krankenhaus und wie in der pharmazeutischen Industrie kann die Medizinische Dokumentationsassistentin auch in der medizinischen Forschung, bei klinischen Studien, in der Epidemiologie, bei Krankheitsregistern und in ärztlichen oder medizinischen Organisationen ausüben. Schließlich kann die Medizinische Dokumentationsassistentin auch in medizinischen Spezialbibliotheken und Literaturdokumentationsstellen eingesetzt werden.

Voraussetzung für die Zulassung ist der Realschulabschluss oder ein gleichwertiger Bildungsabschluss. Die Medizinische Dokumentationsassistentin erhält in ihrem Beruf Einblick in viele persönliche Daten und unterliegt der ärztlichen Schweigepflicht. Deshalb wird zusätzlich die gesundheitliche Eignung für diesen Beruf verlangt, Personen mit bestimmten psychischen Erkrankungen sind ungeeignet.

Die Ausbildung dauert insgesamt 2 oder 3 Jahre, lediglich in Berlin gibt es eine Umschulung von einjähriger Dauer ohne Praktikum. Die Ausbildung erfolgt an öffentlichen Schulen, es gibt aber auch zahlreiche private Schulen, die überwiegend vom Arbeitsamt geförderte Umschüler haben. In der Ausbildung sind Praktika mit einer Gesamtdauer von sechs bis acht Monaten enthalten. Die Praktika werden abgeleistet in Patientenaufnahmen, Krankenaktenarchiven, Klinikverwaltung, in Einrichtungen für

Berufsfelder, Tätigkeitsbereiche, Ausbildungsgänge

Medizinische Dokumentation, Informatik und Statistik, in medizinischen Forschungseinrichtungen, in der pharmazeutischen Industrie, in Tumorzentren und verschiedenen Abteilungen großer Kliniken.

Die Fächer der Ausbildung gliedern sich in die fünf Hauptfachgruppen:

Medizin: Anatomie, Physiologie, Terminologie, Krankheitslehre, Pharmakologie,

Dokumentation: Dokumentations- und Ordnungslehre, Medizinische Dokumentation, Verschlüsselung von Befunden, Diagnosen und Prozeduren, Bibliothekswesen, Literaturdokumentation,

Statistik: Beschreibende Statistik, Graphik und Präsentationstechnik, statistische Auswertesysteme,

Datenverarbeitung: Textverarbeitung, Datenerfassung und Datenträger, Programmierung, Gebrauch von Betriebssystemen und Datenbanken und

Organisation: Krankenhausorganisation, Patientenaufnahme, Krankenaktenarchivierung, Berufs- und Gesetzeskunde, ärztliche Schweigepflicht und Datenschutz, Fachenglisch, Maschinenschreiben.

Die Medizinische Dokumentationsassistentin ist im öffentlichen Dienst oder in der Industrie als Angestellte tätig. Die Berufsaussichten sind gut, deshalb gibt es viele Umschüler.

4.5 c) Zertifikat Medizinische Dokumentation

Die Deutsche Gesellschaft für Medizinische Informatik, Biometrie und Epidemiologie (GMDS) und der Deutsche Verband Medizinscher Dokumentare (DVMD) vergeben das Zertifikat Medizinische Dokumentation. Dieses Zertifikat ermöglicht Medizinischen Dokumentationsassistentinnen – und in Zukunft voraussichtlich auch Fachangestellten für Medien- und Informationsdienste Fachrichtung Medizinische Dokumentation – berufsbegleitend dieses Zertifikat zu erwerben und damit einer Medizinischen Dokumentarin gleichgestellt zu werden. Voraussetzung für eine Bewerbung ist eine mindestens zweijährige einschlägige Berufsausbildung (insbesondere als Medizinische Dokumentationsassistentin), eine mindestens dreijährige Berufstätigkeit in der medizinischen Dokumentation und eine ausreichende berufsbegleitende Fortbildung als Selbststudium und als Teilnahme an anerkannten Weiterbildungsveranstaltungen. Medizinische Dokumentationsassistentinnen, die sich um das Zertifikat Medizinische Dokumentation bewerben wollen, senden ihren Lebenslauf mit beruflichem Werdegang, die Kopien der bisher erworbenen Zeugnisse und eine Beschreibung ihrer bisherigen Berufstätigkeit an den Zertifikatsausschuss der GMDS. Dort werden die noch zu erbringenden Fortbildungsmaßnahmen festgelegt und ein Betreuer benannt. Gemeinsam mit dem Betreuer ist das Thema einer Studienarbeit festzulegen und diese Studienarbeit auszuarbeiten. Einzelheiten des Zertifikaterwerbs können, ausgehend von der Homepage der GMDS, unter folgender Internetadresse eingesehen werden: http://www.gmds.de/texte/onlinedocs/zertifikate/zert_medizinische_dokumentation.htm

4.5 d) Medizinische Dokumentarin

Ausbildungsstätten:

Freiburg,	Deutsche Angestellten Akademie im Bildungswerk der Deutschen Angestellten Gewerkschaft e.V., Schule für Medizinische Dokumentation, siehe S. 233
Gießen,	Universität Gießen, Institut für Medizinische Informatik, Schule für Medizinische Dokumentation, siehe S. 235
Greifswald,	Berufliche Schule am Klinikum der Ernst-Moritz-Arndt-Universität, siehe S. 237
Marburg,	Deutsche Angestellten Akademie, Schule für Medizinische Dokumentation, siehe S. 241
Rostock,	Internationaler Bund - Medizinische Bildungsakademie Rostock, siehe S. 243
	Europäische Wirtschafts- und Sprachakademie, siehe S. 244
Ulm,	Universitätsklinikum Ulm, Akademie für Medizinische Berufe, Schule für Medizinische Dokumentation, siehe S. 245

Berufsfelder, Tätigkeitsbereiche, Ausbildungsgänge

Eine reguläre Ausbildung zur Medizinischen Dokumentarin wurde in der Bundesrepublik 1969 begonnen, jedoch gibt es in den USA den Beruf des Health Record Administrators schon seit 1929. Notwendig wurde er durch die Fortschritte der medizinischen Früherkennung, Diagnostik und Therapie, durch die auch in der Medizin fortschreitende Spezialisierung und Arbeitsteilung und durch den intensiven Computereinsatz.

Im Team mit den Ärzten und anderen Fachberufen des Gesundheitswesens ist die Medizinische Dokumentarin für die medizinisch-klinische Dokumentation, die Informationsverarbeitung und die statistische Auswertung zuständig und verantwortlich. Ihre wichtigsten Tätigkeitsbereiche sind:

- Dokumentation im Krankenhaus: Die entstehenden Daten, Befunde, Diagnosen usw. sind regelmäßig zu erfassen, zu sammeln, zu erschließen, zu ordnen, zu speichern, zu ergänzen, weiterzuleiten, zu verteilen und schließlich wiederzufinden und auszuwerten. Diese Tätigkeit wird enorm an Bedeutung gewinnen, weil ab 2003 oder 2004 die stationäre Krankenhausbehandlung nicht mehr nach Pflegetagen abgerechnet wird, sondern jeder Patient entsprechend seiner Einweisungsdiagnose, seinen Begleiterkrankungen und den durchgeführten diagnostischen und therapeutischen Maßnahmen einschließlich Operationen einer Diagnosis Related Group zugeordnet und abgerechnet wird. In der klinischen Dokumentation werden sowohl einfache Hilfsmittel wie Formulare als auch Einzelplatz-Computer (PC), große EDV-Anlagen und EDV-Netzwerke eingesetzt.

- Spezialdokumentationen: Für zahlreiche Vorhaben der medizinischen Forschung, der Arzneimittelzulassung und -überwachung, der Umweltuntersuchung, der Epidemiologie und anderer Bereiche sind spezielle Dokumentationen erforderlich.

- Monitoring: Laufende Überwachung und Koordination klinisch-wissenschaftlicher Studien.

- Statistische Auswertungen: Bei der Datengewinnung sind statistische Erhebungs- und Versuchspläne einzuhalten. Die in einer Dokumentation eingespeicherten Daten werden nicht nur einzeln für die Behandlung des Patienten wiedergewonnen, sondern auch mit statistischen Schätz- und Testverfahren ausgewertet.

- Medizinische Datenverarbeitung: Die Datenspeicherung, -wiedergewinnung und die statistische Auswertung erfolgt heute mit dem Computer. Zu den Tätigkeiten der Medizinischen Dokumentarin gehört zusätzlich der Betrieb von Computern zur Diagnostik, Therapie, Patientenüberwachung, Labordaten-Verarbeitung, Krankenhausverwaltung, Forschung und anderer Einsatzgebiete.

- Medizinische Literaturdokumentation: Zur inhaltlichen Erschließung medizinischer Literatur, zum Betreuen medizinischer Fachbibliotheken und für Literaturrecherchen in gekauften Speichern (CD-ROM) und in zentralen EDV-Datenbanken werden gleichermaßen medizinische und dokumentarische Kenntnisse benötigt.

Medizinische Dokumentarinnen arbeiten vor allem in Universitätskliniken, Tumorzentren, Spezialkliniken, in Universitäts- und Forschungsinstituten für medizinische Dokumentation, Informatik, Statistik und Epidemiologie, im öffentlichen Gesundheitswesen, bei Betriebsärzten und Berufsgenossenschaften, in Versicherungsanstalten und nicht zuletzt in der pharmazeutischen Industrie. Sie leiten dort Dokumentationsabteilungen, übernehmen selbständig größere Teilaufgaben oder sind einem Arzt, Biometriker, Mathematiker oder einem medizinischen Informatiker zugeordnet.

Voraussetzung für die Ausbildung ist Abitur oder Fachhochschulreife, in Einzelfällen auch ein guter Realschulabschluss. Im Auswahlverfahren werden Schulnoten, einschlägige Berufserfahrung, soziale Härte und zum Teil der persönliche Eindruck und soziales Engagement berücksichtigt. Der Beruf erfordert Zuverlässigkeit, Dauerbelastbarkeit und Freude an formalen Vorgängen und an formalem Denken. Neben der Genauigkeit im Detail muss die Medizinische Dokumentarin den Überblick über den gesamten Informationsfluss behalten, sich flexibel in die sehr unterschiedlichen Arbeitsweisen von Medizin, Informatik und Mathematik einordnen können und auch organisatorisches Geschick haben. Die Medizinische Dokumentarin unterliegt ebenso wie die Medizinische Dokumentationsassistentin der ärztlichen Schweigepflicht. Deshalb müssen die Bewerberinnen auch gesundheitlich für den Beruf geeignet sein, Personen mit bestimmten psychischen Erkrankungen eignen sich nicht.

Die Ausbildung dauert insgesamt drei Jahre. Die Auszubildenden sind Studentinnen, es besteht Anwesenheitspflicht, die Ferien entsprechen etwa den Ferien der Gymnasien. Der erste Ausbildungsabschnitt umfasst Unterricht und Übungen und dauert 12 Monate. Der zweite Ausbildungsabschnitt dauert insgesamt 18 Monate, enthält drei Praktika von je 2 Monaten Dauer und themenbezogene Arbeitsgruppen. Der dritte

Ausbildungsabschnitt besteht aus einem sechsmonatigem Praktikum, dem Erstellen einer Studienarbeit und einem Kolloquium. Jeder Ausbildungsabschnitt wird mit einer Teilprüfung abgeschlossen.

Die Unterrichts- und Übungsfächer gliedern sich in die fünf Hauptfachgruppen:

Medizin: Anatomie, Physiologie, Terminologie, Krankheitslehre, Pharmakologie, Laboratoriumsmedizin,

Dokumentation: Dokumentations- und Ordnungslehre, Literaturdokumentation, Medizinische Dokumentation und Informatik, Verschlüsselung von Befunden, Diagnosen und Prozeduren,

Statistik: Mathematik und Wahrscheinlichkeitsrechnung, beschreibende medizinische Statistik, statistische Schätz- und Testverfahren, Statistiksoftware, klinische und epidemiologische Studien,

Informatik: Textverarbeitung, Einführung in die Informatik, Datenerfassung und Datenspeicherung, Programmierung, Betriebssysteme und Netze sowie

Organisation, Beruf und Recht: Krankenhausbetriebslehre, Berufs- und Gesetzeskunde, Fachenglisch, Arbeits- und Präsentationstechniken, Projektarbeit.

Der Unterricht erfolgt vorwiegend durch nebenamtliche Dozenten und ist deshalb besonders praxisnah. Die Praktika finden meist dort statt, wo Absolventinnen der Ausbildungsstätte tätig sind. Die ersten drei Praktika sind den Gebieten klinische Dokumentation, Statistik und Informatik zugeordnet, beim letzten Praktikum werden Wünsche und Vertiefungsgebiete der Studentinnen berücksichtigt.

Die Medizinische Dokumentarin ist Angestellte im öffentlichen Dienst, in der Industrie, bei Ärzten oder bei Verbänden. Die Berufsaussichten sind sehr gut, seit der Schaffung des Berufes vor knapp 35 Jahren konnten in keinem Jahr alle offenen Stellen besetzt werden.

Medizinische Dokumentation

4.5 e) Diplom-Dokumentarin (FH), Fachrichtung Medizin und Fachrichtung Biowissenschaften

Ausbildungsstätten:

Hannover,   Fachhochschule Hannover, Fachbereich Informations- und Kommunikationswesen: Diplom-Dokumentarin (FH) Fachrichtung Biowissenschaften, siehe S. 239

Ulm,   Fachhochschule Ulm, Fachbereich Informatik: Diplom-Dokumentarin (FH) Fachrichtung Medizin, siehe S. 247

Seit dem Wintersemester 1996/97 gibt es an der Fachhochschule Ulm im Fachbereich Informatik den Studiengang Medizinische Dokumentation und Informatik. Voraussetzung für die Zulassung ist die allgemeine oder fachgebundene Hochschulreife, die Fachhochschulreife oder ein vergleichbarer Schulabschluss. Das Studium dauert insgesamt 8 Semester, davon ist das 4. und das 7. Semester ein Praxissemester. Die Ausbildungsinhalte sind ähnlich wie bei der Medizinischen Dokumentarin (siehe S. 66) mit etwas größerem Anteil an Informatik. Es wird mit einer Fachhochschul-Diplomarbeit abgeschlossen und führt zu der Bezeichnung Diplom-Dokumentarin (FH) Fachrichtung Medizin.

Diplom-Dokumentarinnen der Fachrichtung Biowissenschaften werden seit dem Wintersemester 1980/81 im Fachbereich Informations- und Kommunikationswesen der Fachhochschule Hannover ausgebildet. Auch hier ist allgemeine oder fachgebundene Hochschulreife, Fachhochschulreife oder ein vergleichbarer Bildungsstand Voraussetzung für die Zulassung. Die Bezeichnung Biowissenschaftliche Dokumentation wurde gewählt, um deutlich zu machen, dass die Absolventinnen des Studienganges für die Ausübung dokumentarischer Tätigkeiten im gesamten Bereich der Biowissenschaften (über die Medizin hinaus) Qualifikationen erwerben. Eine wesentliche Grundlage dazu ist – neben der Vermittlung der grundsätzlichen Terminologie – die Auseinandersetzung mit Inhalten der Medizin, der Biologie, der Chemie, der Produktionswissenschaften und der angrenzenden Wissenschaftsbereiche. Sie dient der Schaffung einer fachwissenschaftlichen Grundlage für die Bewältigung spezifischer Dokumentationsprobleme im biowissenschaftlichen Bereich. Zulassungsvoraussetzungen sind Hochschulreife oder Fachhochschulreife, das Studium dauert 8 Semester. Das 4. Semester ist Praxissemester, es folgen 2 Semester Hauptstudium mit Projektarbeit und ein weiteres

Praxissemester. Der Abschluss des Studiums führt zu der Bezeichnung Diplom-Dokumentarin (FH) Fachrichtung Biowissenschaften.

Aufgaben der Diplom-Dokumentarin Fachrichtung Medizin oder Fachrichtung Biowissenschaften sind die Erfassung, Sammlung, Speicherung und Vermittlung von Daten in Zusammenhang mit Dokumentationen und statistischen Auswertungen in sehr unterschiedlichen medizinischen oder biowissenschaftlichen Bereichen. Weiterer zentraler Tätigkeitsbereich ist die Literaturdokumentation. Neben der inhaltlichen Erschließung von Fachliteratur steht dabei die Durchführung von Literaturrecherchen in lokalen und überregionalen Datenbanken im Vordergrund.

Dokumentarinnen der Fachrichtung Medizin oder der Fachrichtung Biowissenschaften haben vielfältige Einsatzmöglichkeiten. Sie arbeiten in Universitäts- und Forschungsinstituten für Biometrie, medizinische Informatik und medizinische Dokumentation, in Tumorzentren, in Einrichtungen des Umweltschutzes und anderen medizinischen oder biowissenschaftlichen Institutionen mit dokumentarischen Tätigkeitsbereichen. Breite Einsatzmöglichkeiten ergeben sich auch in der pharmazeutischen Industrie. Hier werden insbesondere Aufgaben in der Literaturdokumentation, der Arzneimittelregistrierung und bei der Planung, Überwachung und statistischen Auswertung von Tierversuchen und klinischen Studien im Rahmen der Arzneimittelprüfung und -überwachung übernommen.

Zentrale Lehrbereiche sind Medizin (Studium an der Fachhochschule Ulm) bzw. Biowissenschaften (Studium an der Fachhochschule Hannover), Information und Datenverarbeitung, Statistik sowie natürlich Dokumentation, Informationsdienstleistungen und Informationsvermittlung.

Am Fachbereich Informations- und Kommunikationswesen der Fachhochschule Hannover werden auch Diplom-Informationswirtinnen (FH) ausgebildet, das Studium der Fachrichtung Biowissenschaften bietet deshalb viele Bezüge zum Bereich Information und Dokumentation. Das Studium an der Fachhochschule Ulm erfolgt im Fachbereich Informatik, deshalb ist dort mehr Bezug zur Informatik, Datenbanktechnologie und Datendokumentation gegeben.

Die Diplom-Dokumentarinnen (FH) Fachrichtung Medizin oder Fachrichtung Biowissenschaften sind Angestellte im öffentlichen Dienst, in der Industrie oder bei Verbänden. Die Berufsaussichten sind gut.

4.6 Medizinische Informatik

4.6 a) Diplom-Informatikerin der Medizin

Ausbildungsstätten:

Dortmund, Fachhochschule Dortmund, Fachbereich Informatik: Bachelor- und Masterstudium (FH) Medizinische Informatik, siehe S. 249

Gießen, Fachhochschule Gießen-Friedberg, Fachbereich Krankenhaus- und Medizintechnik, Umwelt- und Biotechnologie und Fachbereich Mathematik, Naturwissenschaften und Informatik: Diplom-Medizininformatiker (FH), siehe S. 251

Heidelberg/ Universität Heidelberg, Medizinische Fakultät und Fach-
Heilbronn, hochschule Heilbronn, Fachbereich Medizinische Informatik: Universitätsstudium Diplom-Informatiker der Medizin, siehe S. 253

Heidenheim, Berufsakademie Heidenheim: Diplom-Ingenieur (BA) Medizinisches Informationsmanagement, siehe S. 255

Innsbruck, Private Universität für Medizinische Informatik und Technik Tirol (UMIT): Bachelor- und Masterstudium Medizinische Informatik, siehe S. 257

Leipzig, Universität Leipzig, Fakultät für Mathematik und Informatik: Diplom-Informatiker Studienrichtung Medizinische Informatik, siehe S. 259

Stralsund, Fachhochschule Stralsund, Fachbereich Elektrotechnik und Informatik: Bachelor- und Masterstudium (FH) Medizininformatik, siehe S. 261

Informatikstudiengänge mit Neben- oder Anwendungsfach Medizin, siehe S. 263

Die Ausbildung zur Diplom-Informatikerin der Medizin wurde in diesen Ausbildungswegweiser aufgenommen, weil dieser Beruf viele Berührungspunkte zur medizinischen Dokumentation hat. Medizinische Dokumentation ist überwiegend Datendokumentation und diese wiederum ist eng mit dem Informatikgebiet der Datenbanken verflochten. Medizinische Dokumentation ist auch intensiv in den Betriebsablauf der Kliniken und Praxen integriert, auch das ergibt eine enge Verflechtung von Dokumentation und Medizininformatik in den Klinikinformationssystemen.

Der Beruf der Diplom-Informatikerin der Medizin wurde für die speziellen Aufgaben der Datenverarbeitung in der Medizin geschaffen. Die Aufgaben dieses Berufes sind dreifach: Zunächst ist die Informatik in der Medizin anzuwenden. Dann ist die Informatik für die medizinischen Anforderungen weiterzuentwickeln, also die Informatik an die Medizin heranzuführen. Schließlich sind medizinische Vorgänge und Verfahren zu formalisieren und zu algorithmisieren, es handelt sich also um ein Heranführen der Medizin an die Informatik. Diplom-Informatikerinnen der Medizin sind in Universitätskliniken, in Medizinischen Forschungsinstituten, in der Computer- und Pharmaindustrie und in Instituten für Medizinische Dokumentation, Informatik und Statistik tätig.

Zu unterscheiden ist die duale Ausbildung an der Berufsakademie(BA) Heidenheim, das Fachhochschulstudium in Dortmund, Gießen und Stralsund, das universitäre Studium in Heidelberg/Heilbronn, Innsbruck und Leipzig. Bei der dualen Ausbildung zur Diplom-Ingenieurin (BA) Medizinisches Informationsmanagement gehen die Auszubildenden jedes Halbjahr 14 Wochen in das Unternehmen (Firma, Krankenhaus) und 12 Wochen an die Berufsakademie Heidenheim. Die Ausbildung dauert 3 Jahre. Die Fachhochschulen Dortmund und Stralsund bieten sowohl ein sechs- bis siebensemestriges Bachelor-Studium der Medizinischen Informatik an als auch daran anschließend ein drei- bis viersemestriges Masterstudium. Das achtsemestrige Studium der Medizinischen Informatik an der Fachhochschule Gießen-Friedberg führt zu der Bezeichnung Diplom-Medizininformatikerin (FH). Die universitären Studiengänge in Heidelberg/Heilbronn und in Leipzig dauern 9 bis 10 Semester und führen zu der Bezeichnung Diplom-Informatikerin der Medizin bzw. Diplom-Informatikerin Studienrichtung Medizinische Informatik. Die 2001 gegründete Private Universität für Medizinische Informatik und Technik Tirol in Innsbruck bietet ein sechssemestriges Bachelorstudium der Medizinischen Informatik an sowie daran anschließend ein 3 bis 4 Semester dauerndes Masterstudium. Die Informatikstudiengänge, in denen Medizin als Nebenfach angeboten wird, sind zwar auf Seite 263 aufgezählt, werden aber in diesem Ausbildungswegweiser nicht mehr behandelt, siehe dazu Lit. 9.2 bis Lit. 9.15.

Die Inhalte dieser Ausbildungsgänge variieren deutlich, jedoch umfasst die Ausbildung meist Grundlagen in Mathematik, Naturwissenschaft, Technik und Medizin, dann die wichtigsten Gegenstände der Informatik wie theoretische und praktische Informatik, Datenbanken, Kommunikation und Netze und schließlich Medizinische Informatik, Signal- und Bildverarbeitung, Krankenhausinformationssysteme. Hinzu können kommen Krankenhausbetriebslehre, Medizinische Dokumentation, Medizinische Statistik und Biometrie, Betriebswirtschaftslehre und andere Ergänzungsfächer.

Medizininformatikerinnen werden als Angestellte in Krankenhäusern, Einrichtungen des Gesundheitswesens, bei Forschungsprojekten, in der Pharmaindustrie und der Medizingerätetechnik beschäftigt.

4.6 b) Zertifikat Medizinische Informatik und Zertifikat Medizinische Biometrie

Die Deutsche Gesellschaft für Medizinische Informatik, Biometrie und Epidemiologie (GMDS) und die Gesellschaft für Informatik (GI) vergeben gemeinsam das „**Zertifikat Medizinischer Informatiker**". Voraussetzung für den Erwerb des Zertifikats ist ein abgeschlossenes Hochschulstudium der Informatik oder der Medizin und eine fünfjährige Berufserfahrung in dem Gebiet der medizinischen Informatik. Die Berufserfahrung muss auch eine Weiterbildung zur Ergänzung des Universitätsabschlusses beinhalten. Die Weiterbildung konzentriert sich somit bei Ärztinnen auf das Gebiet der Informatik, bei Informatikerinnen auf das Gebiet der Medizin. Das Zertifikat bescheinigt seiner Inhaberin, dass sie auf dem Gebiet der medizinischen Informatik kompetent ist, schwierige Aufgaben selbständig bearbeiten kann und für Leitungsaufgaben qualifiziert ist. Weitere Informationen siehe Lit. 6.5, Lit. 6.6 und
http://www.gmds.de/texte/zertifikate-weiteres.html#mi

Die Deutsche Gesellschaft für Medizinische Informatik, Biometrie und Epidemiologie (GMDS) und die Deutsche Region der Internationalen Biometrischen Gesellschaft vergeben gemeinsam das „**Zertifikat Biometrie in der Medizin**". Voraussetzung für den Erwerb des Zertifikats ist ein erfolgreich abgeschlossenes Studium der Medizin, der Statistik oder der Mathematik und eine fünfjährige praktische Tätigkeit und theoretische Weiterbildung. Die theoretische Weiterbildung hat bei Mathematikerinnen ihren Schwerpunkt in der Medizin, in angewandter Statistik, den speziellen Verfahren der Biometrie in der Medizin, den numerischen Verfahren und der medizinischen Informationsverarbeitung. Bei Ärztinnen konzentriert sich die Weiterbildung auf mathematische Grundlagen, Verfahren der mathematischen Statistik, den speziellen Verfahren der Biometrie in der Medizin, den numerischen Verfahren und der medizinischen Informationsverarbeitung. Das Zertifikat weist seine Inhaberin als kompetente Medizin-Statistikerin und Biometrikerin aus und bescheinigt ihr, Leitungsfunktionen auf diesem Gebiet ausüben zu können. Weitere Einzelheiten siehe: http://www.gmds.de/texte/onlinedocs/zertifikate/zert_biometrie_in_ der_medizin.htm

Schließlich wird noch der Vollständigkeit wegen auf das „Zertifikat Epidemiologie" verwiesen, siehe
http://www.gmds.de/texte/zertifikate-weiteres.html#epi

Die Zertifikate werden nicht durch ein Studium an einer Ausbildungsstätte erworben. Die Ausbildung erfolgt vielmehr individuell im Rahmen eines Arbeits- oder Praktikantenverhältnisses. Die jeweilige Betreuerin sollte Inhaberin des angestrebten Zertifikats sein. Für die Zertifikate wurde jeweils ein Anerkennungsausschuss von den Fachgesellschaften eingesetzt, die das Zertifikat verleihen. Die Bewerberin für das Zertifikat stellt zusammen mit ihrer Betreuerin einen Ausbildungsplan zusammen und legt diesen dem Anerkennungsausschuss vor. Genehmigt der Anerkennungsausschuss den Ausbildungsplan und hat die Zertifikat-Bewerberin diesen Ausbildungsplan absolviert, so prüft der Anerkennungsausschuss die Qualifikation der Bewerberin und entscheidet über die Erteilung des Zertifikats.

4.6 c) Aufbaustudium Medizininformatik für Medizinerinnen

Ausbildungsstätten:

Berlin, Technische Fachhochschule Berlin, Fachbereich Informatik: Aufbaustudium für Medizinerinnen zur Diplom-Medizininformatikerin (FH), siehe S. 265

Heidelberg, Ruprecht-Karls-Universität Heidelberg, Medizinische Fakultät: Master Aufbaustudium für Medizinerinnen Informationsmanagement, siehe S. 267

Wer sich als Ärztin oder Zahnärztin intensiver in Medizinische Informatik einarbeiten will kann in Heidelberg/Heilbronn in einem dreisemestrigen Aufbaustudium Informationsmanagement den Master of Science der Medizinischen Fakultät der Universität Heidelberg erwerben oder an der Technischen Fachhochschule Berlin ein sechssemestriges berufsbegleitendes Abendstudium der Medizininformatik absolvieren mit dem Abschluss Diplom-Medizininformatik (FH). Schließlich können Ärztinnen nach der Weiterbildungsordnung die Zusatzbezeichnung „Medizinische Informatik" erwerben, dies wird hier nicht beschrieben.

4.7 Computerlinguistik

4.7 a) Bachelor-, Diplom-, Magister- und Promotionsstudium

Ausbildungsstätten:

Erlangen,	Friedrich-Alexander-Universität Erlangen-Nürnberg, Abteilung für Computerlinguistik: Bachlor-, Magister- und Promotionsstudium Linguistische Informatik, siehe S. 269
Freiburg,	Albert-Ludwig-Universität Freiburg, Deutsches Seminar I, Institut für Sprache und Ältere Literatur, Linguistische Informatik und Computerlinguistik: Nebenfach Linguistische Informatik / Computerlinguistik beim Magister- oder Promotionsstudium, siehe S. 271
Heidelberg,	Ruprecht-Karls-Universität Heidelberg, Neuphilologische Fakultät, Lehrstuhl für Computerlinguistik: Magister- und Promotionsstudium Computerlinguistik, siehe S. 273
Leipzig,	Universität Leipzig, Fakultät für Mathematik und Informatik: Diplom-Informatiker Studienrichtung Linguistische Informatik, S. 275
München,	Ludwig-Maximilians-Universität München, Philosophische Fakultät für Sprach- und Literaturwissenschaft II, Centrum für Informations- und Sprachverarbeitung: Magister- und Promotionsstudium Computerlinguistik, siehe S. 277

Berufsfelder, Tätigkeitsbereiche, Ausbildungsgänge

Potsdam, Universität Potsdam, Computerlinguistik am Institut für Linguistik: Diplom- und Magisterstudium Computerlinguistik, siehe S. 279

Saarbrücken, Universität des Saarlandes, Institut für Computerlinguistik: Diplom- und Promotionsstudium Computerlinguistik, siehe S. 280

Stuttgart, Universität Stuttgart, Fakultät Philosophie, Institut für Maschinelle Sprachverarbeitung: Diplom-Linguist (Computerlinguistik), siehe S. 282

Universität Stuttgart, Fakultät Informatik: Diplom-Informatiker mit Nebenfach Computerlinguistik, siehe S. 284

Trier, Universität Trier, Fachbereich II (Sprachen), Linguistische Datenverarbeitung: Magister- und Promotionsstudium Linguistische Datenverarbeitung, siehe S. 286

Universität Trier, Fachbereich IV (Wirtschaftswissenschaften, Mathematik, Informatik), Abteilung Informatik: Diplom-Informatiker mit Nebenfach Computerlinguistik, siehe S. 288

Tübingen, Eberhard-Karls-Universität Tübingen, Neuphilologische Fakultät, Seminar für Sprachwissenschaften: Internationales Bachelor- und Magisterstudium Computerlinguistik, siehe S. 289

Die wichtigsten Hilfswissenschaften des Informations- und Dokumentationswesens sind die allgemeine Sprachwissenschaft und die Informatik. Die Sprache hat für die Dokumentation eine überragende Bedeutung für die Festlegung von verbindlichen Benennungen und die Definition von Begriffen. Für eine konkrete Dokumentation zu einem bestimmten Thema ist ein definiertes und normiertes Vokabular notwendig, das als Klassifikation, Ordnungssystem, Thesaurus oder anspruchsvoll als Dokumentationssprache bezeichnet wird. Notwendig ist die Übertragung von Sachverhalten und Suchfragen, die in natürlicher Sprache beschrieben sind, in die Dokumentationssprache. Sachverhalte müssen also im Ordnungssystem abgebildet werden. Die modernen Verfahren der Dokumentation versuchen, die in natürlicher Sprache geschriebenen Sachverhalte maschinell in der Dokumentationssprache abzubilden oder natürlichsprachliche Texte direkt dokumentarisch zu verwenden. Dies ist ein sehr anspruchsvolles Vorhaben, erforderlich sind schwierige und aufwendige EDV-Programme.

Aus der Verarbeitung der natürlichen Sprache mit Methoden der Informatik ist das Fachgebiet der „Computerlinguistik", auch als „linguistische Datenverarbeitung" bezeichnet, entstanden. Die Grundlagen dafür können vielleicht als „linguistische Informationswissenschaft" bezeichnet werden. Die Computerlinguistik ist für das Informations- und Dokumentationswesen von entscheidender Bedeutung geworden, von ihr werden die wichtigsten Entwicklungen in der Theorie des Informationswesens erwartet. Die Weiterentwicklung der Linguistik, der Informatik und speziell der Computerlinguistik werden in Zukunft sicherlich die Dokumentationspraxis erheblich verändern. Dies zeigt auch die heutige Bedeutung der Suchmaschinen im World Wide Web des Internets.

Die linguistische Datenverarbeitung hat – wie schon der Name sagt – ihre Wurzeln einerseits in der allgemeinen Sprachwissenschaft und Linguistik und andererseits in der Informatik. Deshalb ist es nicht verwunderlich, dass dieses Grenzgebiet von beiden Seiten angegangen wird. Auch die Ausbildung in linguistischer Datenverarbeitung erfolgt einerseits dadurch, dass allgemeine Sprachwissenschaftler und Linguisten sich zusätzlich mit Informatik beschäftigen und andererseits sich Informatiker zusätzlich mit Linguistik beschäftigen. Die von der Sprachwissenschaft herkommenden Ausbildungsgänge führen hauptsächlich zum Magister artium oder zur Promotion zum Dr. phil.; die von der Informatik herkommenden Ausbildungsgänge zum Diplom-Informatiker. Ein Bachelor-, Diplom-, Magister- oder Promotionsstudium einer sprachlich-philologisch oder philosophisch orientierten Fakultät mit Computerlinguistik als Hauptoder als Nebenfach gibt es in Erlangen, Freiburg, Heidelberg, München, Potsdam, Saarbrücken, Stuttgart, Trier und Tübingen. Studiengänge einer Informatikfakultät mit der Studienrichtung oder dem Nebenfach Computerlinguistik gibt es in Leipzig, Stuttgart und Trier. An den Universitäten Stuttgart und Trier gibt es also sowohl den linguistischen als auch den Informatikschwerpunkt der Computerlinguistik.

Wichtige Fächer der Computerlinguistik sind Textaufbereitung, Textverarbeitung, Algorithmen zur inhaltlichen Analyse von Texten, Erstellung und Gebrauch maschinengeeigneter Wörterbücher, Sprachgenerierung, Simulation natürlich-sprachlicher Dialoge, computerunterstützter Unterricht, maschinelles Indexieren, maschinenunterstützte und maschinelle

Sprachübersetzung und schließlich Suchstrategien in aufbereiteten oder unbearbeiteten Freitexten.

Zweifellos ist die Computerlinguisitk ein hochinteressantes und diffiziles Forschungsgebiet, während die praktische Anwendung der linguistischen Datenverarbeitung erst jetzt vor allem mit der Suche in großen Literaturdokumentationssystemen und im Internet praktische Bedeutung erlangt hat. Demzufolge ist in diesem Gebiet der Anteil an Wissenschaftlern und Forschern groß, der Gesamtbedarf jedoch eher gering. Dies wird sich jedoch mit zunehmender Praxisreife der entwickelten Verfahren ändern und den Gesamtbedarf an Fachleuten der Computerlinguistik deutlich erhöhen.

Die Abgrenzung der Computerlinguistik von der Informationswissenschaft ist unscharf, siehe auch Kapitel 4.4d.

4.7 b) Zusatzqualifikation

Während eines regulären Studiums der Computerlinguistik kann die Zusatzbezeichnung „European Master in Language and Speech" erworben werden, siehe Seite 291. Diese Zusatzbezeichnung kann an vielen Europäischen Universitäten – darunter 4 deutsche Universitäten – erworben werden. Studieninhalte sind theoretical linguistics, phonetics and phonology, cognitive models for speech and language processing, natural language processing, speech signal processing, statistical pattern recognition and language engineering applications. Ziel der Zusatzqualifikation ist auch das Gewinnen von Auslandserfahrungen und die europäische Zusammenarbeit.

4.7 c) Ergänzungs- und Aufbaustudium

Ausbildungsstätten:

Göttingen, Georg-August-Universität Göttingen, Philosophische Fakultät: Ergänzungsstudium Linguistische Datenverarbeitung, siehe S. 293

München,	Ludwigs-Maximilians-Universität München, Philosophische Fakultät für Sprach- und Literaturwissenschaft II, Centrum für Informations- und Sprachverarbeitung: Aufbaustudium Computerlinguistik, siehe S. 295
Würzburg,	Universität Würzburg Institut für Deutsche Philologie: Bereich Linguistische Informations- und Textverarbeitung: Aufbaustudium Textverarbeitung und Aufbaustudium EDV-Philologie, siehe S. 296

Computerlinguistik kann auch eine interessante und wichtige Ergänzung für Sprachwissenschaftler und Philologen sein, ebenso für Informatiker. Die Aufbaustudiengänge setzen ein abgeschlossenes sprachwissenschaftliches Studium oder ein Informatikstudium voraus und dauern zwischen 2 und 4 Semestern.

4.8 Museum

4.8a) Museums- und Ausstellungstechnikerin

Ausbildungsstätte:

Gelsenkirchen,	Hans-Schwier-Berufskolleg, Fachschule für Technik, siehe S. 298

Die Ausbildung zur Museums- und Ausstellungstechnikerin wurde 1997 erstmals eingerichtet. Voraussetzung ist eine mehrjährige Berufstätigkeit in einem handwerklichen Beruf. In einer zweijährigen schulischen Ausbildung werden Fächer wie z.B. Kunst- und Kulturgeschichte, Museologie, Dokumentation und Fremdsprachen, aber auch Verpackungs-, Magazinierungs- und Transporttechnik unterrichtet.

4.8b) Diplom-Museologin (FH)

Ausbildungsstätten:

Berlin,	Fachhochschule für Technik und Wirtschaft Berlin, Fachbereich Gestaltung, siehe S. 299

Berufsfelder, Tätigkeitsbereiche, Ausbildungsgänge

Leipzig, Hochschule für Technik, Wirtschaft und Kultur Leipzig (FH), Fachbereich Buch und Museum, siehe S. 301

Die Ausbildung zur Diplom-Museologin (FH) gibt es in Leipzig schon seit 1954. Die Museologin arbeitet in den Magazinen und Ausstellungen aller Museumsgattungen, also z.B. in historischen Museen, Kunstmuseen, technischen Museen, Handwerksmuseen usw. Sie inventarisiert, katalogisiert, ordnet, verwaltet, sichert, pflegt, erschließt und präsentiert die Museumssammlungen. Dazu erstellt sie z.B. Verzeichnisse, Kataloge, Dokumentationen, entwickelt aber auch Magazinierungsmethoden, betreut den Leihverkehr, erstellt Fotodokumentationen der Bestände und verwaltet diese. Weiterhin gehört zu ihrem Aufgabengebiet die Konzeption und die Organisation von Ausstellungen sowie alle weiteren Maßnahmen der Öffentlichkeitsarbeit. Die Diplom-Museologin kann kleinere Museen leiten oder in großen Museen die Leitung von Sachgebieten übernehmen.

4.9 Informatik und andere Berufsfelder

Grob formuliert ist die Informatik die Wissenschaft vom Computer und der Lösung von Problemen mit Computern und Automaten. Für die Dokumentation ist der Computer mit großem Abstand das wichtigste Hilfsmittel geworden. Schon daraus ergeben sich viele Berührungspunkte von Dokumentation und Informatik.

Das Studium der Informatik ist nicht Gegenstand dieses Wegweisers. Dieser Wegweiser enthält lediglich die Studiengänge für Medizinische Informatik (siehe Kapitel 4.6) und für Computerlinguistik (siehe Kapitel 4.7), weil sie mit der Informationswissenschaft und dem Information Retrieval eng verflochten sind.

An einer ganzen Reihe von Fachhochschulen und Universitäten haben jedoch die Studentinnen der Informatik die Möglichkeit, sich in ein Gebiet der Informatik zu vertiefen, das im Grenzbereich zwischen Informatik und Dokumentation liegt, z.B. in Kommunikationswissenschaft, Datenbanken, Informationssysteme, Information Retrieval, Analyse und Übersetzung formaler Sprachen, Linguistik. Interessentinnen am Studium der Informatik werden die Studien- und Forschungsführer zur Informatik (Lit. 9.1 bis Lit. 9.19) empfohlen.

5 Literaturhinweise

Im folgenden werden Hinweise auf Bücher, Broschüren und Zeitschriftenaufsätze zur Berufsfindung und zur Ausbildung im Informationswesen gegeben. Außerdem sind einzelne einführende Lehrbücher genannt für Interessenten, die sich mit einem Bereich intensiver auseinandersetzen wollen.
Die „Blätter zur Berufskunde" können nicht nur im Buchhandel, sondern auch bei der Berufsberatung der Arbeitsämter bestellt werden. Bücher können im Buchhandel gekauft oder in einer Bibliothek ausgeliehen werden. Zeitschriftenaufsätze sind am besten in wissenschaftlichen Bibliotheken (z.B. Universitäts-, Landes- und Staatbibliotheken), aber auch in allen Bibliotheken, die an der Fernleihe teilnehmen, erhältlich. Broschüren, die einen einzelnen Ausbildungsgang betreffen, sind meist bei der Ausbildungsstätte am besten zu bekommen.

Wer weitere Literatur zum Informationswesen und speziell zur Ausbildung im Informationswesen sucht, benutzt am besten die online zugreifbaren Datenbanken BILBIODATA und INFODATA. BIBLIODATA hat den Schwerpunkt im Bibliothekswesen, INFODATA im Dokumentationswesen. Beide Datenbanken sind z.b. über den Datenbankanbieter STN in Karlsruhe erreichbar und kostenpflichtig:
http://www.stn-international.de

5.1 Archiv

Lit.1.1: Schelo, P.: Beamter / Beamtin bei Behörden der Länder (mittlerer nichttechnischer Dienst). Kapitel Archivdienst.
In: Bundesanstalt für Arbeit (Hrsg.): Blätter zur Berufskunde; Band 2 – VII A23.
Bielefeld; Bertelsmann Verlag; 2. Aufl. 1999; 148 Seiten; ISBN=3-7639-2762-X

Lit.1.2: Pröbstle, R.: Diplom-Archivar/in (FH), Archivar (gehobener Dienst).
In: Bundesanstalt für Arbeit (Hrsg.): Blätter zur Berufskunde; Band 2 – X A 30.
Bielefeld; Bertelsmann Verlag; 7. Aufl. 1998; 92 Seiten; ISBN=3-7639-2720-4

Literaturhinweise

Lit.1.3: Menne-Haritz, A.: Archivar / Archivarin (höherer Dienst).
In: Bundesanstalt für Arbeit (Hrsg.): Blätter zur Berufskunde;
Band 3 - X A 01
Bielefeld; Bertelsmann Verlag; 5. Aufl. 1997; 48 Seiten;
ISBN=3-7639-2683-6

Lit.1.4: Rumschöttel, H.: Tätigkeiten im öffentlichen Archivwesen: Die Laufbahnen des höheren, gehobenen und mittleren Archivdienst und ihre Unterschiede.
Archiv-Mitteilungen 42 (1993); Heft 3; S. 80

Lit.1.5: Beck, F.; Brachmann, B.; Hempel, W. (Hrsg.): Archivische Berufsbilder und Ausbildungsanforderungen.
Potsdam; Verlag für Berlin-Brandenburg, 1996; 178 Seiten;
ISBN=3-930850-25-7

Lit.1.6: Schmeißer, Ch.: Die Ausbildung des mittleren Archivdienstes bei den öffentlichen Archiven in Bayern.
Archivpflege in Westfalen und Lippe 49 (1999), S. 26-28

Lit.1.7: Verein Deutscher Archivare (Hrsg.): Diplom-Archivarin, Diplom-Archivar heute. Das Berufsbild des gehobenen Archivdienstes.
München; Verlag der Generaldirektion der staatlichen Archive Bayerns; 1993; 104 Seiten; ISBN=3-921635-26-8

Lit. 1.8: Archivista docet: Beiträge zur Archivwissenschaft und ihres interdisziplinären Umfeldes.
Potsdam; Verlag für Berlin-Brandenburg, 1999;
ISBN=3-930850-86-9

Lit. 1.9: Franz, E.: Einführung in die Archivkunde.
Darmstadt; Primus Verlag. 5. Aufl. 1999, 161 Seiten.
ISBN=3-89678-318-1

Lit. 1.10: Schockenhoff, V.: Cientia emergente: Zur Situation der Archivwissenschaft im wiedervereinigten Deutschland.
In: Schröder, Th. (Hrsg): Festschrift Norbert Henrichs. Auf dem Weg zur Informationskultur. Wa(h)re Information?
Düsseldorf; ULB, 2000. S. 229-237

Lit.1.11: Degreif, D.; Dohm, P.; Gross, R.; Korte-Böger, A.: 50 Jahre
Verein deutscher Archivare. Bilanz und Perspektiven des
Archivwesens in Deutschland.
In: Nordrhein-Westfälisches Hauptstaatsarchiv Verlag (Hrsg.):
Respublica. Beiband 2, Referate des 67. Deutschen Archivtages.
1998, ISBN=3-87710-186-0

5.2 Bibliothek

Blätter zur Berufskunde

Lit.2.1: Holste-Flinspach, K.; Müller, H.: Anerkannte Ausbildungsberufe,
geregelt durch das Berufsbildungsgesetz: Fachangestellter /
Fachangestellte für Medien- und Informationsdienste.
In: Bundesanstalt für Arbeit (Hrsg.): Blätter zur Berufskunde;
Band 1 – X A 103.
Bielefeld; Bertelsmann Verlag; 1999; 40 Seiten;
ISBN=3-7639-2822-7

Lit.2.2: Schelo, P.: Beamter/Beamtin bei Behörden der Länder (mittlerer
nichttechnischer Dienst). Kapitel Bibliotheksdienst.
In: Bundesanstalt für Arbeit (Hrsg.): Blätter zur Berufskunde;
Band 2 – VII A23.
Bielefeld; Bertelsmann Verlag; 2. Aufl. 1999; 148 Seiten;
ISBN=3-7639-2762-X

Lit.2.3: Umlauf, K.: Diplom-Bibliothekar / Diplom-Bibliothekarin an öffent-
lichen Bibliotheken.
In: Bundesanstalt für Arbeit (Hrsg.): Blätter zur Berufskunde;
Band 2 – X B31.
Bielefeld; Bertelsmann Verlag; 8. Aufl. 1996; 52 Seiten;
ISBN=3-7639-2553-8

Lit.2.4: Nafzger-Glöser, J.: Diplom-Bibliothekar / Diplom-Bibliothekarin
(gehobener Dienst an wissenschaftlichen Bibliotheken).
In: Bundesanstalt für Arbeit (Hrsg.): Blätter zur Berufskunde;
Band 2 – X B 30.
Bielefeld; Bertelsmann Verlag; 7. Aufl. 1998; 64 Seiten;
ISBN=3-7639-2502-3

Literaturhinweise

Lit.2.5: Frankenberger, R.: Bibliothekar / Bibliothekarin (höherer Dienst an wissenschaftlichen Bibliotheken).
In: Bundesanstalt für Arbeit (Hrsg.): Blätter zur Berufskunde; Band 3 – X B01.
Bielefeld; Bertelsmann Verlag; 6. Aufl. 1994; 44 Seiten
ISBN=3-7639-2684-4

Ausbildung allgemein

Lit. 2.6: Bundesinstitut für Berufsbildung (Hrsg.): Erläuterungen zur Verordnung über die Berufsausbildung zum / zur Fachangestellten für Medien- und Informationsdienste in den Fachrichtungen Archiv, Bibliothek, Information und Dokumentation, Bildagentur, Medizinische Dokumentation.
Nürnberg, Bildung und Wissen Verlag, 2. Aufl. 2001,
ISBN=3-8214-7123-9

Lit. 2.7. Holste-Flinspach, K.: Anderthalb Jahre Ausbildung zum Fachangestellten für Medien- und Informationsdienste. Eine Zwischenbilanz.
Buch und Bibliothek 52 (2000); Heft 2; S. 137 – 140

Lit. 2.8: Jänsch, W.: Bibliothekarische Ausbildung im Umbruch.
Bibliotheksdienst 34 (2000); S. 980 – 990

Lit. 2.9: Hobohm, H.-C: Managementausbildung für Spezialbibliothekare – neue Anforderungen, neue Modelle?
In: Reich, M. (Hrsg): 50 Jahre ASpB – Dienstleistungen für die Zukunft, S. 187-205
Karlsruhe; Arbeitsgemeinschaft d Spezialbibliotheken (AspB), 1997

Lit. 2.10: Kommission für Ausbildungsfragen des Vereins Deutscher Bibliothekare: Positionspapier zu einer verwaltungsexternen Ausbildung Wissenschaftlicher Bibliothekare.
Bibliotheksdienst 33 (1999); S. 761 – 770

Lit. 2.11: Der Höhere Dienst an deutschen Bibliotheken: Modelle für eine künftige Ausbildung im europäischen Kontext. Leipzig 20. + 21. November 2000.
Zeitschrift für Bibliothekswesen und Bibliographie 48 (2001), Heft 2

Lit. 2.12: Bundesvereinigung Deutscher Bibliotheksverbände e.V. (Hrsg.): Berufsbild 2000. Bibliotheken und Bibliothekare im Wandel.
Berlin, Dinges & Frick Verlag; 2.unverändert. Nachdruck 2000; 128 Seiten; ISBN=3-934997-01-5

Texte zu einzelnen Ausbildungsstätten

Lit. 2.13: Schmidt, S.: Mindestalter achtzehn und Primanerzeugnis.
75 Jahre bibliothekarische Ausbildung in Bonn – Teil 1.
Kath. öffentl. Bibliothek (KÖB) 10 (1996), Heft 2; S. 1-13

Lit. 2.14: Schmidt, S.: Eine der kleinsten Fachhochschulen der Welt.
75 Jahre bibliothekarische Ausbildung in Bonn – Teil 2.
Kath. öffentl. Bibliothek (KÖB) 10 (1996), Heft 3; S. 1-14

Lit. 2.15: Fachhochschule Hamburg, Fachbereich Bibliothek und Information (Hrsg.): BiblioNota. 50 Jahre bibliothekarische Ausbildung – 25 Jahre Fachbereich Bibliothek und Information.
Münster; Waxmann; 1995; 293 Seiten; ISBN=3-89325-356-4

Lit. 2.16: Hobohm, H.-C.: Zur Ausbildung von Diplombibliothekaren für den Dienst an öffentlichen Bibliotheken an der FH Potsdam.
Weitblick, 1997, H. 3, S. 20-24.

Lit. 2.17: Czudnochowski-Pelz: Learning by doing. Vom Studiengang Bibliothekswesen zum Studiengang Bibliotheks- und Informationsmanagement.
Bibliotheksdienst 31 (1997), S. 1269 – 1283

Lit. 2.18: Jank, D.: Neue Formen einer integrierten Ausbildung von Archivaren, Bibliothekaren und Dokumentaren im „Potsdamer Modell".
In: Neubauer, W. (Hrsg): Deutscher Dokumentartag 1995. Zukunft durch Information, S. 291 – 297.
Franfurt am Main; DGD-Schrift 2 (1995), ISBN=3-925474-28-5

Literaturhinweise

Nachschlagewerke

Lit. 2.19: Gundel, R.; Jahn, G.; Mautrich, M.: Pfirsich, V.:
Arbeitsvorgänge in öffentlichen Bibliotheken (AVÖB).
Beschreibung und Bewertung nach dem Bundes-
Angestelltentarifvertrag (BAT).
Berlin; Verlag des Deutschen Bibliotheksinstituts, 1999;
202 Seiten; ISBN=3-87068-990-0

Lit.2.20: Bibliotheks Taschenbuch 2002.
Bad Honnef; Verlag Bock und Herchen; 22. Aufl. 2001;
352 Seiten; ISBN=3-88347-219-0

Lit.2.21: Verein Deutscher Bibliothekare (Hrsg.): Jahrbuch der deutschen
Bibliotheken; Band 59; 2001/02 (erscheint alle 2 Jahre; enthält
Anschriften und Angaben zur Größe und zum Personal der Bibliotheken).
Wiesbaden; Harrassowitz-Verlag; 2001; ISSN=0075-2215

Lit. 2.22: Verein der Diplom-Bibliothekare an wissenschaftlichen Bibliotheken / Verein der Bibliothekare und Assistenten (Hrsg): Arbeitsvorgänge in wissenschaftlichen Bibliotheken (AVWB). Beschreibung und Bewertung nach dem Bundes-Angestelltentarifvertrag (BAT).
Berlin; Verlag des Deutschen Bibliothekinstituts; 2000;
230 Seiten; ISBN=3-87068-625-1

Einführung ins Fachgebiet

Lit.2.23: Jochum, U.: Kleine Bibliotheksgeschichte.
Stuttgart; Reclam-Verlag; 1993; 232 Seiten;
ISBN=3-15-008915-8 (= Reclams Universalbibliothek Nr. 8915)

Lit.2.24: Hacker, R.: Bibliothekarisches Grundwissen.
München; K.G. Saur-Verlag; 7. Aufl. 2000; 368 Seiten;
ISBN=3-598-11394-3

Lit.2.25: Thun, H.-P.: Eine Einführung in das Bibliothekswesen der Bundesrepublik Deutschland.
Berlin; Deutsches Bibliotheksinstitut; 1995; 47 Seiten;
ISBN=3-87068-486-0

Lit.2.26: Liebers, G.: Funktion und Gestalt der Bibliothek.
Frankfurt, Berlin, Bern, Wien; Lang-Verlag; 2000; 408 Seiten;
ISBN=3-631-32397-2

Lit. 2.27: VdDB (Hrsg.): Innenansichten – Aussenansichten. 50 Jahre Verein der Diplom-Bibliothekare an wissenschaftlichen Bibliotheken.
In: Zeitschrift für Bibliothekswesen und Bibliographie, Sonderh. 71
Frankfurt am Main; Klostermann Verlag; 1998;
ISBN=3-465-02708-6

5.3 Buchwissenschaft

Lit.3.1: Sauppe, E.: Wörterbuch des Bibliothekswesens unter Berücksichtigung der bibliothekarisch wichtigen Terminologie des Informations- und Dokumentationswesens, des Buchwesens, der Reprographie und der Datenverarbeitung.
München; K.G. Saur Verlag; 2. Aufl. 1996; 388 Seiten;
ISBN=3-598-11316-1

Lit. 3.2: Funke, F.: Buchkunde.
München; Saur Verlag; 6. Aufl. 1998; 396 Seiten;
ISBN=3-598-11390-0

Literaturhinweise

5.4 Information und Dokumentation

Blätter zur Berufskunde

Lit. 4.1: Littig, P.: Berufe zu einzelnen Wirtschaftszweigen oder
Berufsbereichen: Berufe in der Informationstechnik (IT).
In: Bundesanstalt für Arbeit (Hrsg.): Blätter zur Berufskunde
Band 0 – 2200.
Bielefeld; Bertelsmann Verlag; 4. Aufl. 1999; 304 Seiten,
ISBN=3-7639-2771-9

Lit.4.2: Anders, M.: Diplom-Dokumentar / Diplom-Dokumentarin.
In: Bundesanstalt für Arbeit (Hrsg.): Blätter zur Berufskunde;
Band 2 – X C 30.
Bielefeld; Bertelsmann Verlag; 5. Aufl. 1994; 45 Seiten,

Ausbildung allgemein

Lit. 4.3: Müller, K.; Häussler, J.; Sonnek, W.: Die Ausbildungsberufe der
Informations- und Telekommunikationstechnik (IT-Berufe).
In: Institut der deutschen Wirtschaft (Hrsg.): Beiträge zur
Gesellschafts- und Bildungspolitik 241;
Köln; Deutscher Instituts-Verlag; 2. Aufl. 2000;
ISBN=3-602-24993-X

Lit. 4.4: Bischoff, R.; Klein, U.; Meuser, T.: Studienführer IT an
Fachhochschulen. Studieren mit erfolgreicher Praxis.
Wiesbaden; Vieweg-Verlag; 2002, 210 Seiten;
ISBN=3-528-05783-1

Lit. 4.5: Jäger, M.; Jäger, W. (Hrsg.): Studienführer Neue Medien.
Frankfurt a.M.; Verlag der Frankfurter Allgemeinen Zeitung;
2000; 325 Seiten; ISBN 3-933180-62-7

Lit. 4.6: Jäger, M.; Jäger, W. (Hrsg.): Studienführer Neue Medien.
Karriere zwischen Bits und Bytes.
Stuttgart, Köln; Lexika /KNO Verlag; 2000; 325 Seiten;
ISBN=3-89694-263-4

Lit. 4.7: Karriereführer Informationstechnologie, Berufseinstieg für
Hochschulabsolventen.
Köln; Schirmer Verlag, 2001, 128 Seiten.
ISBN=3-931400-36-0

Lit. 4.8: Püttjer, Chr.; Maisberger, P.; Hönicker, I.: Karriereführer
Informationstechnologie 2001. Berufseinstieg für
Hochschulabsolventen.
Köln; Schirmer Verlag, 2001, 112 Seiten.
ISBN=3-931400-40-9

Lit. 4.9: Hennings, R-D.: Berufsbilder in Information, Dokumentation und
Bibliotheken.
NfD 48 (1997); S. 273 – 280

Lit. 4.10: Krauß-Leichert, U.; Schmidt, R.: Mediendokumentation, ein
europäischer Studiengang.
In: Neubauer, W. (Hrsg.): 18. Online-Tagung der DGD.
Proceedings, S. 375-387.
Frankfurt a.M.; DGD-Schrift 1996. ISBN=3-925474-29-3

Lit. 4.11: Englert, H.; Lange, E.; Nürnberger, A.; Schmitt, H.: Medien-
archivar/Medienarchivarin, Mediendokumentar/Mediendokumen-
tarin. Ein Beitrag zum Berufsbild.
Info 7 (Informationen aus der Fachgruppe Presse-, Rundfunk-
und Filmarchivare) 3 (1988); Heft 1; S. 10-22

Lit. 4.12: Sachau, M.: Start up im Medien-Informationsmanagement.
Chancen, Strategien und Erfolge diplomierter Mediendoku-
mentare und –dokumentarinnen.
Potsdam; Verlag für Berlin-Brandenburg; 2001; 136 Seiten;
ISBN=3-935035-20-9

Lit. 4.13: Schlögl, C.; Voglmayr, B.: Welche Informationsmanager braucht
die Wirtschaft?
NfD 50 (1999), S. 211 - 216

Lit. 4.14: Seeger, T.; Kluck, M.: Das Berufsbild Informationsarbeit.
NfD 46 (1995); S. 13-23

Literaturhinweise

Lit. 4.15: Seeger, T.: Zum Stand der Professionalisierung: Beruf und
Ausbildung in Deutschland.
In: Buder, M.; Rehfeld, W.; Seeger, T.; Strauch, D. (Hrsg.):
Grundlagen der praktischen Information und Dokumentation;
S. 927-944.
München; K.G. Saur-Verlag; 4. Aufl. 1997; ISBN=3-598-11310-2

Lit. 4.16: Schröder, T.A.: Informationswissenschaftliche Ausbildung in
Europa. Stand und Perspektiven.
In: Seeger, T. (Hrsg.): Aspekte der Professionalisierung des
Berufsfeldes; S. 261-272.
Konstanz; Universitätsverlag (UVK); 1995; ISBN=3-87940-550-6

Lit. 4.17: Poetzsch, E. (Hrsg): Mobilisierungskampagne zur Imageförderung dokumentarischer Berufsbilder.
Potsdam; Verlag für Berlin-Brandenburg, 1997.
ISBN=3-930850-75-3

Lit. 4.18: Meyriat, J.: Diplomas and certification of information
professionals in eight European Countries. A comparative study.
Documentaliste. Sciences de l'information 36 (1999); Nr. 2; S.
113 – 116; ISSN=0012-4508

Texte zu den einzelnen Ausbildungsstätten

Lit. 4.19: Kind, J; Weigend, A.: Informationsspezialisten Darmstädter
Prägung. Ergebnisse der Absolventenbefragung 2000.
NfD 52 (2001), S. 41

Lit. 4.20: Knorz, G.: Zehn Jahre Fachbereich Information und
Dokumentation an der Fachhochschule Darmstadt.
NfD 46 (1995); S. 311-315

Lit. 4.21: Otto, Ch.; Buck, H.: Informations- und Wissensmanagement an
der FH Darmstadt.
NfD 53 (2002), S. 45-46

Lit. 4.22: Schmidt, R.: Informationsarbeit und Medienvielfalt – Der
Hamburger Studiengang Mediendokumentation.
NfD 45 (1994); S. 1-10

Lit. 4.23: Krauß-Leichert, U.: Multimedia: Chancen für Informations-
spezialisten.
B.I.T: online. Zeitschrift für Bibliothek, Information und
Technologie 3 (2000), S. 211-212

Lit. 4.24: Manecke, H.-J.: Vom Pilotprojekt zur Serienreife: Weiterbildung
„Wirtschafts- und Fachinformation" in Ilmenau.
Password 7 (1995), Heft 8, S. 12

Lit. 4.25: Osswald, A.: Informationswirte: Vermittler zwischen Wirtschaft
und Wissen.
In: Schmidt, R. (Hrsg.): 21. Online-Tagung der DGI. Aufbruch ins
Wissensmanagement. Proceedings. S. 408-415.
Franfurt a. M.; DGI-Schrift; 1999; ISBN=3-925474-39-0

Lit. 4.26: Zimmermann, H.H.: Information als Wissenstransfer. Zur
informationswissenschaftlichen Lehre und Forschung in
Saarbrücken.
In: Seeger, T. (Hrsg.): Aspekte der Professionalisierung des
Berufsfeldes Information; S. 349-360
Konstanz; Universitätsverlag (UVK); 1995; ISBN=3-87940-550-6

Lit. 4.27: Bertram, J.; Thomas Chr.: Berufsbilder in der Informations-
gesellschaft: Wissenschaftliche Dokumentare der neunziger
Jahre. Eine Befragung der Absolventen des Instituts für Informa-
tion und Dokumentation.
In: Materialien zur Information und Dokumentation, Bd. 14.
Potsdam; Verlag für Berlin-Brandenburg 2001;
ISBN=3-935035-22-5

Lit. 4.28: Poetzsch, E.: Die Ausbildungsangebote der Fachhochschule
Potsdam für den Archiv-, Bibliotheks- und Dokumentations-
bereich.
Weitblick online 2000, H2,
http://dbv-berlin.zlb.de/weitblick/archiv/2000/2/durchblick.htm

Lit. 4.29: Hitzenberger, L.; Krause, J.; Womser-Hacker, C.: Die
Informationswissenschaft an der Universität Regensburg.
In: Seeger, T. (Hrsg.): Aspekte der Professionalisierung des
Berufsfeldes Information. S. 343-348.
Konstanz; Universitätsverlag (UVK); 1995; ISBN=3-87940-550-6

Literaturhinweise

Nachschlagewerke

Lit. 4.30: Wörterbuch Informationstechnik, Neue Berufe.
Braunschweig; Westermann Schulbuchverlag; 2002.
ISBN=3-14-222516-1

Einführung in das Fachgebiet

Lit. 4.31: Buder, M.; Rehfeld, W.; Seeger, T.; Strauch, D. (Hrsg.):
Grundlagen der praktischen Information und Dokumentation.
München; K.G. Saur-Verlag; 4. Aufl. 1997; 1069 Seiten;
ISBN=3-598-11310-2

Lit. 4.32: Henrichs, N.: Informationswissenschaft. In: Buder, M.; Rehfeld,
W.; Seeger, T.; Strauch, D. (Hrsg.): Grundlagen der praktischen
Information und Dokumentation. S. 945-957;
München; K.G. Saur-Verlag; 4. Aufl. 1997; ISBN=3-598-11310-2

Lit. 4.33: Gaus, W.: Dokumentations- und Ordnungslehre. Theorie und
Praxis des Information Retrieval.
Berlin, Heidelberg; Springer-Verlag; 4. Aufl. 2002;
ISBN=3-540-43505-0

Lit. 4.34: Grimm; Häberle, Schiemann et al: Informationstechnik und
Kommunikationstechnik Fachwissen IT-Berufe.
Haan-Gruiten; Europa-Lehrmittel-Verlag, 2. Aufl. 2001,
448 Seiten; ISBN=3-8085-3612-8

Lit. 4.35: Kuhlen, R. et al. (Hrsg.): Information Engineering. Proceedings
des 4. Konstanzer Informationswissenschaftlichen Kolloquiums
(KIK).
Konstanz; Universitätsverlag Konstanz (UVK), 1999.
ISBN=3-87940-699-5

Lit. 4.36: Lange, E. (Hrsg.): Information als Wert, Information als Ware.
Zum Selbstverständnis der Medienarchive in sparsamen Zeiten.
Baden-Baden; Nomos-Verlagsgesellschaft; 1995; 310 Seiten;
ISBN=3-7879-3805-9

5.5 Medizinische Dokumentation

Lit. 5.1: Gaus, W.: Medizinischer Dokumentationsassistent / Medizinische Dokumentationsassistentin.
In: Bundesanstalt für Arbeit (Hrsg.): Blätter zur Berufskunde;
Band 2 – X C 25.
Bielefeld; Bertelsmann Verlag; 5. Aufl. 1998; 32 Seiten;
ISBN=3-7639-2728-X

Lit. 5.2: Gaus, W.: Medizinischer Dokumentar / Medizinische Dokumentarin.
In: Bundesanstalt für Arbeit (Hrsg.): Blätter zur Berufskunde;
Band 2 - X C 35.
Bielefeld; Bertelsmann Verlag; 3. Aufl. 1998; 32 Seiten;
ISBN=3-7639-2555-4

Lit. 5.3: Empfehlungen für den Einsatz von Dokumentaren im DRG-Umfeld.
Forum der Medizin-Dokumentation und Medizin-Informatik
3 (2001), S. 75-76

Lit. 5.4: Wege, H.; Haag, HP.; Hawig, I.: Auswertungen der Marktanalyse für die Medizinische Dokumentation (Teil 1).
Forum der Medizin-Dokumentation und Medizin-Informatik
3 (2001), S. 77-81

Lit. 5.5: Wege, H.; Haag, HP.: Auswertungen der Marktanalyse für die Medizinische Dokumentation (Teil 2).
Forum der Medizin-Dokumentation und Medizin-Informatik
3 (2001), S. 112-116

Lit. 5.6: Hellmann, W.; Wolters, E.: Informationen zum Diplom-Studiengang Biowissenschaftliche Dokumentation.
Hannover; Selbstverlag der Fachhochschule Hannover (zu beziehen über die Fachhochschule Hannover, Fachbereich Informations- und Kommunikationswesen, Anschrift siehe S. 239)

Lit. 5.7: Gaus, W.; Kratzer, K.: Die Ausbildung in Medizinischer Dokumentation an der Fachhochschule Ulm und an der Schule für Medizinische Dokumentation des Universitätsklinikums Ulm.
Praxis Medizinischer Dokumentation (PMD) 15 (1995),
S. 101-104

Literaturhinweise

Lit. 5.8: Gaus, W.; Kugelmann, M.: Medizinische Dokumentation. Entwicklung, heutiger Stand, Perspektiven. 25 Jahre Schule für Medizinische Dokumentation Ulm.
Ulm; Universitätsverlag; 1994; 462 Seiten;
ISBN=3-89559-221-8

Lit. 5.9: Leiner, F.; Gaus, W.; Haux, R. et al: Medizinische Dokumentation. Lehrbuch und Leitfaden für die Praxis.
Stuttgart; Schattauer-Verlag; 3. Aufl. 1999; 226 Seiten;
ISBN 3-7945-2031-9

5.6 Medizinische Informatik

Lit. 6.1: Elsässer, K.-H. et al.: Medizin-Informatiker / Medizin-Informatikerin.
In: Bundesanstalt für Arbeit (Hrsg.): Blätter zur Berufskunde; Band 3 – I A 04.
Bielefeld; Bertelsmann Verlag; 3. Aufl. 1996; 63 Seiten
ISBN 3-7639-2577-5

Lit. 6.2: Hofestädt, R.: Bioinformatik 2000. Forschungsführer Informatik in den Biowissenschaften.
Berlin; Biocom; 1999; 144 Seiten; ISBN=3-928383-11-6

Lit. 6.3: Trampisch, H.J. et al. (Hrsg.): Praxis-, Studien- und Forschungsführer Medizinische Informatik, Biometrie und Epidemiologie.
Stuttgart, Jena; Gustav Fischer Verlag; 2. Aufl. 1995;
ISBN=3-437-00854-4

Lit. 6.4: Kälble, K.; Troschke, J.: Studienführer Gesundheitswissenschaften.
In: Schriftenreihe der Deutschen Koordinationsstelle Gesundheitswissenschaften / Public Health in Deutschland
Band 9.
Freiburg; Verlag der Universität Freiburg; 1998; 280 Seiten;
ISBN=3-9803627-8-7

Lit. 6.5: Möhr, J.R.: Zertifikat Medizinischer Informatiker.
Stuttgart; Schattauer Verlag; 2. Aufl. 1979;
ISBN=3-7945-0710-X

Lit. 6.6: Michaelis, J.: Zertifikat Biometrie in der Medizin.
Stuttgart; Schattauer Verlag; 1982; 13 Seiten
ISBN=3-7945-0841-6

Lit. 6.7: Dugas, M; Schmidt, K.: Medizinische Informatik und
Bioinformatik. Ein Kompendium für Studium und Praxis.
Berlin; Springer Verlag; 2002; ISBN=3-540-42568-3

Lit. 6.8: Lehmann, T.; Meyer zu Bexten, E.: Handbuch der Medizinischen
Informatik.
München; Carl Hanser Verlag; 2002; ca. 700 Seiten;
ISBN=3-446-21589-1

5.7 Computerlinguistik

Lit. 7.1: Hess, W. et al: Sprachwissenschaftler/-in, Computerlinguist/-in,
Phonetiker/-in.
In: Bundesanstalt für Arbeit (Hrsg.): Blätter zur Berufskunde;
Band 3 - X H 04.
Bielefeld; Bertelsmann Verlag; 4. Aufl. 1993; 76 Seiten;
ISBN=3-7639-2692-5

Lit. 7.2: Becker-Mrotzek, M.; Brünner, G.; Cölfen, H. (Hrsg.):
Linguistische Berufe. Ein Ratgeber zu aktuellen linguistischen
Berufsfeldern.
Frankfurt; Peter Lang Verlag, 2000; 148 Seiten;
ISBN=3-631-36820-8

Lit. 7.3: Nohr, H.: Automatische Indexierung. Einführung in betriebliche
Verfahren, Systeme und Anwendungen.
Potsdam; Verlag für Berlin-Brandenburg; 2001; 108 Seiten;
ISBN=3-935035-19-5

5.8 Museum

Lit. 8.1: Flügel, K.: Museologie-Studium in Leipzig.
In: Seeger, T. (Hrsg.): Aspekte der Professionalisierung des
Berufsfeldes Information; S. 399-408.
Konstanz; Universitätsverlag (UVK); 1995; ISBN=3-87940-550-6

Literaturhinweise

5.9 Übersichten, Informatik, Wirtschaftsinformatik

Übersichten

Lit. 9.1: Steuer, G.: Kompendium Information. Teil I: Archive,
Bibliotheken, Informations- und Dokumentationseinrichtungen.
Teil II: Ausbildungsstätten, Fort- und Weiterbildungsaktivitäten,
Informationsdienste, Presse- und Nachrichtenagenturen,
Verlagswesen und Buchhandel, Einrichtungen des Patent- und
Normungswesens, Publikationen.
Jülich; Forschungszentrum Jülich; 2001; 1144 Seiten;
ISBN=3-89336-286-X

Lit. 9.2: Abdelhamid, M.; Buschmann, D.; Kramer, R. et al: Gabler /MLP
Berufs- und Karriere-Planer 2001/2002: IT und e-business
Informatik, Wirtschaftsinformatik und New Economy.
Wiesbaden; Betriebswirtschaftlicher Verlag Gabler /VVA; 2. Aufl.
2001; 401 Seiten; ISBN=3-409-23641-4

Lit. 9.3: Wickel, W.: Studienführer Informatik – Mathematik – Physik.
Köln, Stuttgart; Lexika /KNO; 2001; 256 Seiten;
ISBN=3-89694-268-9

Informatik

Lit.9.4: Littig, P.: Berufe in der Informationstechnik.
In: Bundesanstalt für Arbeit (Hrsg.): Blätter zur Berufskunde;
Band 0-2200.
Bielefeld; Bertelsmann Verlag; 4. Aufl. 1999; 304 Seiten;
ISBN=3-7639-2771-9

Lit. 9.5: Koch, G.: Informatiker / Informatikerin.
In: Bundesanstalt für Arbeit (Hrsg.): Blätter zur Berufskunde;
Band 2 I A 37.
Bielefeld, Bertelsmann Verlag; 1998; 40 Seiten;
ISBN=3-7639-2297-0

Übersichten, Informatik, Wirtschaftsinformatik

Lit. 9.6: Niemeier, V.; Steimer, F.: Diplom-Informatiker / Diplom-Informatikerin (Fachhochschule) Allgemeine Informatik, Medieninformatik.
In: Bundesanstalt für Arbeit (Hrsg.): Blätter zur Berufskunde; Band 2 I A 31.
Bielefeld, Bertelsmann Verlag; 7. Aufl. 2000; 96 Seiten;
ISBN=3-7639-2864-2

Lit. 9.7: Brauer, W.: Diplom-Informatiker / Diplom-Informatikerin.
In: Bundesanstalt für Arbeit (Hrsg.): Blätter zur Berufskunde; Band 3 – I A 02.
Bielefeld; Bertelsmann Verlag; 2. Aufl. 1994; 117 Seiten

Lit. 9.8: Bischoff, R et al: Studienführer IT an Fachhochschulen.
Braunschweig; Vieweg-Verlag, 2002; ISBN 3-528-05783-1

Lit. 9.9: Bischoff, R.: Studien- und Forschungsführer Informatik, Technische Informatik, Wirtschaftsinformatik an Fachhochschulen.
Braunschweig; Vieweg-Verlag; 1995; 318 Seiten;
ISBN=3-528-05506-5

Lit. 9.10: Brauer, W.; Münch, S.: Studien- und Forschungsführer Informatik.
Berlin, Heidelberg; Springer-Verlag; 3. Aufl. 1996; 388 Seiten;
ISBN=3-540-60417-0

Lit. 9.11: Bibel, W.; Eisinger, N.; Schneeberger, J.; Siekmann, J. (Hrsg.): Studien- und Forschungsführer Künstliche Intelligenz.
Berlin, Heidelberg; Springer Verlag; 1987; 281 Seiten;
ISBN=3-540-18309-4

Lit. 9.12: Fuchs, A.; Küppers, I.; Westerwelle, A.: Berufsführer Informatik: Deutschland – Österreich – Schweiz.
Hamburg, Wien; Signum; 1999; 3000 Seiten;
ISBN=3-85436-293-5

Lit. 9.13: Hölzl, J.; Haker, Y.; Tannenberg, M.: Berufseinstiegschancen von Informatikstudierenden.
Halle; Verlag der Universität Halle-Wittenberg; 2001; 30 Seiten;
ISBN 3-86010-626-0

Literaturhinweise

Lit. 9.14: Diplom-Informatiker/ in.
Nürnberg; Bildung und Wissen Verlag; 1999; 189 Seiten;
ISBN=3-8214-8237-0

Lit. 9.15: Schweizerische Vereinigung für Datenverarbeitung;
Wirtschaftsinformatik-Fachverband (Hrsg.): Berufe der Informatik.
Zürich; vdf Hochschulverlag AG an der ETH Zürich;
5. Aufl. 2000; ISBN=3-7281-2738-8

Wirtschaftsinformatik

Lit. 9.16: Lorenz, G.: Wirtschaftsinformatiker / Wirtschaftsinformatikerin,
geprüft, staatlich geprüft, Berufsakademie (BA).
In: Bundesanstalt für Arbeit (Hrsg.): Blätter zur Berufskunde;
Band 2 I A 34.
Bielefeld, Bertelsmann Verlag; 3. Aufl. 1998; 92 Seiten;
ISBN=3-7639-2725-5

Lit. 9.17: Bischoff, R.: Diplom-Wirtschaftsinformatiker (FH) / Diplom-Wirtschaftsinformatikerin (FH).
In: Bundesanstalt für Arbeit (Hrsg.): Blätter zur Berufskunde;
Band 2 – I A 44.
Bielefeld; Bertelsmann Verlag; 2. Aufl. 1996; 118 Seiten
ISBN=3-7639-2303-9

Lit. 9.18: Mertens, P.; Ehrenberg, D.; Chamoni, P.: Studienführer Wirtschaftsinformatik.
Braunschweig, Wiesbaden; Vieweg-Verlag; 3. Aufl. 2002;
396 Seiten, ISBN=3-528-25539-0

Lit. 9.19: Lehner, F.; Igl, G.; Schmidt, M.: Berufsbilder und
Berufschancen für Wirtschaftsinformatiker.
Verlag der Universität Regensburg, Lehrstuhl für Wirtschaftsinformatik III; 4. Aufl. 1999; 43 Seiten; ISBN=3-932345-33-9

6 Berufs- und Amtsbezeichnungen

Berufs- und Amtsbezeichnungen

Anwärter	Ausbildungsteilnehmer bei der sogenannten „verwaltungsinternen" Ausbildung des mittleren oder gehobenen Dienstes (s. Kapitel 3.1). Sie sind Beamte auf Widerruf im Vorbereitungsdienst, das Beamtenverhältnis endet meist automatisch mit Beendigung der Ausbildung. Anwärter erhalten als Gehalt sogenannte Anwärterbezüge. Anwärter für den höheren Dienst heißen Referendare. s. Archivsekretäranwärter s. Archivinspektoranwärter s. Bibliothekssekretäranwärter s. Bibliotheksinspektoranwärter s. Referendar
Archivar	Sammelbezeichnung für die Berufe des Archivwesens s. Archivsekretär, Kapitel 4.1b s. Diplom-Archivar, Kapitel 4.1c s. Archivar des höheren Dienstes, Kapitel 4.1d
Archivar des gehobenen Dienstes	s. Kapitel 4.1c
Archivar des höheren Dienstes	s. Kapitel 4.1d
Archivassessor	in Bayern Bezeichnung für einen Assessor des Archivdienstes s. Archivar des höheren Dienstes, Kapitel 4.1d
Archivassistent	Frühere Berufsbezeichnung eines Archivars des mittleren Dienstes. Heute lautet die Bezeichnung Archivsekretär. s. Kapitel 4.1b

Berufs- und Amtsbezeichnungen

Archivinspektor	Amtsbezeichnung eines beamteten Archivars des gehobenen Dienstes in der Besoldungsgruppe A9 s. Archivar des gehobenen Dienstes, Kapitel 4.1c
Archivinspektoranwärter	Ausbildungsteilnehmer bei der verwaltungsinternen Ausbildung zum Archivar des gehobenen Dienstes s. Archivar des gehobenen Dienstes, Kapitel 4.1c s. Anwärter
Archivrat	Amtsbezeichnung eines beamteten Archivars des höheren Dienstes der Besoldungsgruppe A13 s. Archivar des höheren Dienstes, Kapitel 4.1d
Archivreferendar	Amtsbezeichnung eines Archivars des höheren Dienstes während der Ausbildung, d.h. während des Vorbereitungsdienstes s. Archivar des höheren Dienstes, Kapitel 4.1d s. Referendar
Archivsekretär	Amtsbezeichnung eines Beamten im mittleren Archivdienst, Besoldungsgruppe A6 s. Kapitel 4.1b
Archivsekretäranwärter	Ausbildungsteilnehmer bei der verwaltungsinternen Ausbildung zum Archivsekretär s. Anwärter s. Archivsekretär, Kapitel 4.1b
Assessor des Archivdienstes	Archivar des höheren Dienstes nach abgeschlossener Ausbildung s. Archivar des höheren Dienstes, Kapitel 4.1d

Berufs- und Amtsbezeichnungen

Assessor des Bibliotheksdienstes	Bibliothekar des höheren Dienstes nach abgeschlossener Ausbildung s. Wissenschaftlicher Bibliothekar, Kapitel 4.2d
Assistent	s. Archivsekretär, Kapitel 4.1b s. Bibliothekssekretär, Kapitel 4.2b s. Fachangestellter für Medien- und Informationsdienste (FAMI), siehe Abschnitte 4.1a, 4.2a, 4.4a, 4.5a s. Informationsassistent, Kapitel 4.4b s. Medizinischer Dokumentationsassistent, Kapitel 4.5b
Ausstellungstechniker	s. Museums- und Ausstellungstechniker, Kapitel 4.8a
Bachelor	Erster berufsqualifizierender Studienabschluss in Großbritannien und USA. Auch deutsche Fachhochschulen und Universitäten führen zunehmend den international vergleichbaren Studienabschluss Bachelor und den darauf aufbauenden Studienabschluss Master ein.
Bibliothekar	Sammelbezeichnung für die Berufe des gehobenen und höheren Bibliotheksdienstes s. Diplom-Bibliothekar, Kapitel 4.2c s. Wissenschaftlicher Bibliothekar, Kapitel 4.2d Die folgenden Berufe haben zwar mit Büchern und dem Bibliothekswesen zu tun, gehören aber nicht zu den Bibliothekaren im engeren Sinne: Bibliothekssekretär, Kapitel 4.2b Fachangestellter für Medien- und Informationsdienste, Fachrichtung Bibliothek, Kapitel 4.2a Bibliothekswissenschaftler, Kapitel 4.2c Buchwissenschaftler, Kapitel 4.3

Berufs- und Amtsbezeichnungen

Bibliotheksassessor	in Bayern Bezeichnung für einen Assessor des Bibliotheksdienstes s. Wissenschaftlicher Bibliothekar, Kapitel 4.2d
Bibliotheksassistent	Frühere Berufsbezeichnung eines Bibliothekars des mittleren Dienstes. Heute lautet die Bezeichnung Bibliothekssekretär. s. Kapitel 4.2b
Bibliotheksinspektor	Amtsbezeichnung eines beamteten Diplom-Bibliothekars der Besoldungsgruppe A9 s. Diplom-Bibliothekar, Kapitel 4.2c
Bibliotheksinspektoranwärter	Ausbildungsteilnehmer bei der „verwaltungsinternen" Ausbildung zum Diplom-Bibliothekar s. Diplom-Bibliothekar, Kapitel 4.2c s. Anwärter
Bibliotheksrat	Amtsbezeichnung eines beamteten Bibliothekars des höheren Dienstes der Besoldungsgruppe A13 s. Wissenschaftlicher Bibliothekar, Kapitel 4.2d
Bibliotheksreferendar	Amtsbezeichnung eines Bibliothekars des höheren Dienstes während der Ausbildung, d.h. während des Vorbereitungsdienstes s. Wissenschaftlicher Bibliothekar, Kapitel 4.2d s. Referendar
Bibliothekssekretär	Amtsbezeichnung eines Beamten im mittleren Bibliotheksdienst, Besoldungsgruppe A6 s. Kapitel 4.2b

Berufs- und Amtsbezeichnungen

Bibliothekssekretär-anwärter	Ausbildungsteilnehmer bei der verwaltungsinternen Ausbildung zum Bibliothekssekretär s. Anwärter s. Bibliothekssekretär
Bibliothekswissenschaftler	s. Kapitel 4.2c, 4.2d
Biowissenschaftlicher Dokumentar	s. Diplom-Dokumentar (FH), Fachrichtung Biowissenschaften, s. Kapitel 4.5e
Buchwissenschaftler	s. Kapitel 4.3
Chemie-Informationswirt	s. Diplom-Informationswirt, Fachrichtung Chemie, s. Kapitel 4.4c
Computerlinguist	s. Kapitel 4.7
Diplom-Archivar	Bezeichnung für einen Archivar des gehobenen Dienstes nach abgeschlossener Ausbildung s. Kapitel 4.1c
Diplom-Bibliothekar	s. Kapitel 4.2c
Diplom-Dokumentar	s. Kapitel 4.4c
Diplom-Dokumentar Fahrichtung Biowissenschaften	s. Kapitel 4.5e
Diplom-Dokumentar Fahrichtung Medizin	s. Kapitel 4.5e

Berufs- und Amtsbezeichnungen

Diplom-Informatiker Absolvent eines Informatikstudiums. Die Informatik ist die Lehre vom Computer und der Datenverarbeitung, genauer: die Wissenschaft von der systematischen, meist automatischen Verarbeitung von Information. Von den Ausbildungsgängen der Informatik werden hier nur Medizininformatik und die Computerlinguistik erwähnt, weil sie besonderen Bezug zur Dokumentation haben.
s. Kapitel 4.6 und 4.7

Diplom-Informatiker der Medizin s. Kapitel 4.6a

Diplom-Informationswirt
s. Kapitel 4.4c
s. Wissenschaftlicher Dokumentar, Kapitel 4.4e

Diplom-Linguist s. Kapitel 4.7

Dokumentar Sammelbezeichnung der Berufe des Dokumentationswesens
- s. Diplom-Dokumentar (FH), Kapitel 4.4c
- s. Diplom-Dokumentar (FH), Fachrichtung Medien-, Wirtschafts- oder Chemiedokumentation, Kapitel 4.4c
- s. Fachangestellter für Medien- und Informationsdienste
- s. Informationsassistent, Kapitel 4.4b
- s. Informationswissenschaftler, Kapitel 4.4d
- s. Wissenschaftlicher Dokumentar, Kapitel 4.4e
- s. Medizinischer Dokumentationsassistent, Kapitel 4.5b
- s. Medizinischer Dokumentar, Kapitel 4.5d
- s. Diplom-Dokumentar (FH), Fachrichtung Biowissenschaften, Kapitel 4.5e
- s. Diplom-Dokumentar (FH), Fachrichtung Medizin, Kapitel 4.5e

Berufs- und Amtsbezeichnungen

Dokumentations-assistent	s. Fachangestellter für Medien- und Informationsdienste, Kapitel 4.5a s. Medizinischer Dokumentationsassistent, Kapitel 4.5b
Dokumentations-wissenschaftler	s. Wissenschaftlicher Dokumentar, Kapitel 4.4e
Fachangestellter für Medien- und Informationsdienste	Duale Ausbildung Fachrichtung Archiv, s. Kapitel 4.1a Fachrichtung Bibliothek, s. Kapitel 4.2a Fachrichtung Information und Dokumentation und Fachrichtung Bildagentur, s. Kapitel 4.4a Fachrichtung Medizinische Dokumentation, s. Kapitel 4.5a
Fachinformator	In der DDR wurden Fach-Dokumentare als Fachinformatoren bezeichnet.
Geprüfter Archivar	Archivar des gehobenen Dienstes nach abgeschlossener Ausbildung s. Diplom-Archivar, Kapitel 4.1c
Informatiker	Sammelbezeichnung für die Berufe der Informatik s. Diplom-Informatiker, Kapitel 4.6 und 4.7 s. Diplom-Informatiker der Medizin, Kapitel 4.6a s. Computerlinguistik Kapitel 4.7
Informationsassistent	s. Dokumentationsassistent s. Seite 171
Informations-wissenschaftler	s. Kapitel 4.4d s. Computerlinguistik Kapitel 4.7
Informator	s. Fachinformator

Linguist	s. Kapitel 4.7
Magister	genauer: Magister Artium, Abschluss eines Universitätsstudiums s. Buch- und Bibliothekswissenschaft, Kapitel 4.2c, 4.2d und 4.3 s. Informations- und Dokumentationswissenschaftler, Kapitel 4.4c und 4.4d s. Computerlinguistik, Kapitel 4.7
Master	Zweiter (höherwertiger) Studienabschluss in Großbritannien und USA. Auch deutsche Fachhochschulen und Universitäten führen zunehmend den international vergleichbaren Studienabschluss „Master" ein, der auf dem ersten berufsqualifizierenden Studienabschluss als „Bachelor" aufbaut.
Mediendokumentar	s. Diplom-Dokumentar (FH), Fachrichtung Mediendokumentation, Kapitel 4.4c
Medizinischer Dokumentar	s. Kapitel 4.5d
Medizinischer Dokumentationsassistent	s. Kapitel 4.5b
Medizinischer Informatiker	s. Diplom-Informatiker der Medizin, Kapitel 4.6 und 4.7
Museologe	s. Kapitel 4.8b
Museums- und Ausstellungstechniker	s. Kapitel 4.8a

Berufs- und Amtsbezeichnungen

Musikinformations- **management**	Berufsbezeichnung nach Zusatzausbildung für Diplom-Bibliothekare an der Fachhochschule Stuttgart, Hochschule der Medien, Fachbereich Information und Kommunikation, siehe S. 160
Rat	s. Archivrat s. Bibliotheksrat
Referendar	Anwärter für den höheren Dienst. Ein Referendar hat ein abgeschlossenes Universitätsstudium, ist Beamter auf Widerruf im Vorbereitungsdienst und erhält sogenannte Referendarsbezüge. Das Referendariat endet mit der Assessorprüfung. s. Archivar des höheren Dienstes, Kapitel 4.1d s. Wissenschaftlicher Bibliothekar, Kapitel 4.2d
Sekretär	s. Archivsekretär s. Bibliothekssekretär
Sprachwissen-schaftler	s. Kapitel 4.7
Wissenschaftlicher **Archivar**	s. Archivar für den höheren Dienst, Kapitel 4.1d
Wissenschaftlicher **Bibliothekar**	s. Kapitel 4.2d s. Bibliothekswissenschaftler, Kapitel 4.2d
Wissenschaftlicher **Dokumentar**	s. Kapitel 4.4e
Wirtschafts- **dokumentar**	s. Diplom-Informationswirt(FH), Schwerpunkt Wirtschaftsinformation Kapitel 4.4c

Für Notizen

Für Notizen

7 Verzeichnis der Ausbildungsgänge

Verzeichnis der Ausbildungsgänge

Seite

Archiv

FAMI Fachrichtung Archiv; Archivsekretär.................................... 110
Diplom-Archivar (FH) 113
Archivar des höheren Dienstes 120

Bibliothek

FAMI Fachrichtung Bibliothek; Bibliothekssekretär...................... 124
Diplom-Bibliothekar (FH), Bachelor-, Diplom-, Magister- und
　Promotionsstudium... 136
Wissenschaftlicher Bibliothekar und Aufbaustudium.................... 153

Buchwissenschaft

Magister-, Diplom- und Promotionsstudium................................. 162
Aufbaustudium... 168

Information und Dokumentation

FAMI Fachrichtung Information und Dokumentation und Fach-
　richtung Bildagentur; Informationsassistent......................... 170
Diplom-Dokumentar (FH), Bachelor-, Diplom-, Master- und
　Promotionsstudium.. 172
Ergänzungs- und Aufbaustudium... 198

Medizinische Dokumentation

FAMI Fachrichtung Medizinische Dokumentation; Medizinischer
　Dokumentationsassistent 206
Medizinischer Dokumentar; Diplom-Dokumentar (FH)................. 233

Verzeichnis der Ausbildungsgänge

Medizinische Informatik

Seite

Bachelor-, Diplom- und Masterstudium 249
Diplom-Informatiker mit Nebenfach Medizin 263
Diplom- und Masteraufbaustudium für Mediziner 265

Computerlinguistik

Computerlinguistik und verwandte Fächer im Bachelor-, Magister-
und Promotionsstudium und im Informatikstudium 269
Ergänzungs- und Aufbaustudium 293

Museum

Museums- und Ausstellungstechniker 298
Diplom-Museologe 299

Die linken **Kolumnentitel** geben das Fachgebiet, die rechten das Ausbildungsniveau an.

Hinweis zur Reihenfolge: Innerhalb der einzelnen Berufe sind die Ausbildungsgänge alphabetisch nach Ortsnamen sortiert. Auch innerhalb der einzelnen Ausbildungsgänge sind Orte und Bundesländer alphabetisch geordnet. Aktivitäten auf Bundesebene sind unter dem Stichwort „Bund" alphabetisch zwischen die Länder Bremen und Hamburg eingestellt.

Zur Verwendung der **männlichen Form der Berufsbezeichnungen** in diesem Verzeichnis der Ausbildungsgänge siehe Vorwort.

Archiv

Fachangestellter für Medien- und Informationsdienste (FAMI) Fachrichtung Archiv

Ausbildung: Duale Ausbildung, d.h. praktische Ausbildung in einem Archiv als Lehrbetrieb und theoretische Ausbildung in der Berufsschule

Zulassungs-
voraussetzungen: Bestimmte Voraussetzungen werden nicht verlangt, aber meist werden nur Bewerber mit qualifizierendem Hauptschulabschluss oder vergleichbarem Leistungsstand die Ausbildung schaffen.

Bewerbung: An ein Archiv oder den Träger eines Archivs wie z.B. Bundesland, Stadt, Gemeinde, Landkreis, Kirche, Verband oder Firma. Ausbildungsbeginn ist meist nach den Sommerferien, deshalb sollte die Bewerbung spätestens etwa im März erfolgen.

Ausbildungsdauer: Insgesamt 3 Jahre. Bei Realschulabsolventen ist eine Verkürzung auf 2 1/2 Jahre, bei Abiturienten auf 2 Jahre möglich.

Bemerkung: Eine detaillierte Darstellung erfolgt für die Fachrichtung Bibliothek, siehe Seite 124

Berufs- und Fachschule

Archivsekretär
München

Ausbildungsstätte: Bayerische Archivschule bei der Generaldirektion der Staatlichen Archive Bayerns
Postfach 22 11 52, 80501 München
Telefon: (0 89) 28 63 8-24 82
Telefax: (0 89) 28 63 8-26 15
e-mail: archivschule@gda.bayern.de
Internet: http://www.gda.bayern.de

Einstellungsbehörden: Generaldirektion der Staatlichen Archive Bayerns, Postfach 22 11 52, 80501 München

nichtstaatliche Dienstherren in Bayern

Zulassungsvoraussetzungen: Abschluss der Realschule, Wirtschaftsschule oder qualifizierender Hauptschulabschluss, Fertigkeiten im Maschinenschreiben; beamtenrechtl. Voraussetzungen; Höchstalter 24 Jahre

Bewerbung: nach Ausschreibung im Bayerischen Staatsanzeiger beim Bayerischen Landespersonalausschuss, Geschäftsstelle, Postfach 22 00 35, 80535 München

Zulassungsverfahren: Ausleseverfahren für die Einstellung in Laufbahnen des mittleren nichttechnischen Dienstes mit schriftlicher Prüfung unter Berücksichtigung der Schulnoten in den Fächern Deutsch und Mathematik

Anz. Neuaufnahmen: nach Bedarf etwa 8 bis 10 alle 2 Jahre

Ausbildungsbeginn: am 1. September 2002, 2004 usw.

Status während der
Ausbildung: Archivsekretäranwärter

Ausbildungsdauer: insgesamt 2 Jahre

Archiv

Gliederung der Ausbildung:	8 Monate Theorie, 16 Monate Praktikum
Praktika:	Bayerisches Hauptstaatsarchiv (München), Staatsarchiv München
Abschlussprüfung:	Anstellungsprüfung für den mittleren Archivdienst
Literatur:	Lit. 1.6

Diplom-Archivar (FH) Marburg

Ausbildungsstätte:	Archivschule Marburg Institut für Archivwissenschaft Fachhochschule für Archivwesen Bismarckstr. 32, 35037 Marburg Sprechzeiten: Mo – Do 8:30 – 12:30, 14:00 – 15:30, Fr 8:30 – 12:00 Uhr Telefon: (0 64 21) 16 97-0 Telefax: (0 64 21) 16 97-10 e-mail: archivschule@mailer.uni-marburg.de Internet: http://www.uni-marburg.de/archivschule
Einstellungsbehörden und Ausbildungsarchive:	Landesarchivdirektion Baden-Württemberg, Eugenstr. 7, 70182 Stuttgart Senatsverwaltung für kulturelle Angelegenheiten, Brunnenstr. 188-190, 10119 Berlin Geheimes Staatsarchiv Preußischer Kulturbesitz, Archivstr. 12-14, 14195 Berlin Landesarchiv Berlin, Eichborndamm 115-121, 13403 Berlin Staatsarchiv Hamburg, Kattunbleich 19, 22041 Hamburg Senator für Bildung, Wissenschaft, Kunst und Sport, Rembertiring 8-12, 28195 Bremen als Einstellungsbehörde; Staatsarchiv Bremen, Am Staatsarchiv 1, 28203 Bremen als Ausbildungsarchiv Bundesarchiv, Potsdamer Str. 1, 56064 Koblenz Hessisches Ministerium für Wissenschaft und Kunst, Postfach 3260, 65022 Wiesbaden

Archiv

Fortsetzung der Einstellungsbehörden und Ausbildungsarchive:	Hessisches Staatsarchiv, Karolinenplatz 3, 64289 Darmstadt

Hessisches Hauptstaatsarchiv,
Mosbacher Str. 55, 65187 Wiesbaden

Kultusministerium des Landes Mecklenburg-Vorpommern, Werderstr. 124, 19055 Schwerin
als Einstellungsbehörde;
Mecklenburgisches Landeshauptarchiv Schwerin, Graf-Schack-Allee 2, 19053 Schwerin
und Vorpommersches Landesarchiv Greifswald, Martin-Andersen-Nexö-Platz 1, 17489 Greifswald
als Ausbildungsarchive

Niedersächsische Staatskanzlei,
Planckstr. 2, 30169 Hannover

Landesarchivverwaltung Rheinland Pfalz,
Karmeliterstr. 1-3, 56086 Koblenz

Nordrhein-Westfälisches Hauptstaatsarchiv,
Mauerstr. 55, 40476 Düsseldorf

Sächsisches Staatsministerium des Innern, Referat 64 (Archivwesen), Archivstr. 6, 01097 Dresden als Einstellungsbehörde,
Sächsisches Hauptstaatsarchiv, Archivstr. 14, 01097 Dresden als Ausbildungsarchiv

Ministerium des Innern des Landes Sachsen-Anhalt, Herrn Min.Rat Dr. Bogumil,
Halberstädter Str. 2, 39112 Magdeburg

Landesarchiv Magdeburg,
– Landeshauptarchiv –
Hegelstr. 25, 39104 Magdeburg

Landesarchiv Schleswig-Holstein,
Prinzenpalais, 24837 Schleswig

Thüringisches Hauptstaatsarchiv,
Marstallstr. 2, 99423 Weimar

Studium

Zulassungs-voraussetzungen:	Die Zulassungsvoraussetzungen hängen von der Einstellungsbehörde ab, meistens: Hochschulreife oder Fachhochschulreife; Kenntnisse der lateinischen und französischen Sprache; beamtenrechtl. Voraussetzungen; Höchstalter 32 Jahre (Hessen 35 Jahre), in besonderen Fällen bis zu 40 Jahre.
Bewerbung:	bis etwa September an die Einstellungsbehörde für die im darauffolgenden Jahr beginnende Ausbildung, in Baden-Württemberg bis Februar für die im gleichen Jahr beginnende Ausbildung
Zulassungsverfahren:	Auswahlverfahren durch Einstellungsbehörde
Anz. Neuaufnahmen:	ca. 20 bei allen Einstellungsbehörden zusammengenommen. Einige Einstellungsbehörden stellen nur alle 2 oder 3 Jahre ein, andere Einstellungsbehörden haben nur gelegentlich eine Stelle zu besetzen.
Ausbildungsbeginn:	1. Oktober
Status während der Ausbildung:	Archivinspektoranwärter
Ausbildungsdauer:	insgesamt 3 Jahre
Gliederung der Ausbildung:	6 Monate Einführungspraktikum, 6 Monate Grundstudium I an einer Verwaltungsfachhochschule und Praktikum, 4 Monate Grundstudium II an der Archivschule Marburg, 14 Monate Hauptstudium an der Archivschule Marburg, Zwischenprüfung, 6 Monate Schlusspraktikum
Praktikumsstelle:	Bei einem durch die Einstellungsbehörde bestimmten Ausbildungsarchiv und/oder anderen Dienststellen.
Abschlussprüfung:	Laufbahnprüfung für den gehobenen Archivdienst

Archiv

Diplom-Archivar (FH)
München

Ausbildungsstätte:	Bayerische Beamtenfachhochschule Fachbereich Archiv- und Bibliothekswesen Kaulbachstr. 11 80539 München Telefon: (0 89) 28 63 8-22 96 Telefax: (0 89) 28 63 8-26 57 e-mail: fachbereich@bib-bvb.de und archivschule@gda.bayern.de Internet: http://www.bib-bvb.de und http://www.gda.bayern.de
Einstellungsbehörden:	Generaldirektion der Staatlichen Archive Bayerns Postfach 22 11 52, 80501 München nichtstaatliche Dienstherren in Bayern
Zulassungs- voraussetzungen:	Fachhochschulreife, Latinum, Kenntnisse im Maschinenschreiben; beamtenrechtliche Voraussetzungen; Höchstalter 24 Jahre
Bewerbung:	nach Ausschreibung im Bayerischen Staatsanzeiger beim Bayerischen Landespersonalausschuss, Geschäftsstelle, Postfach 22 00 35, 80535 München; die nächste Ausschreibung ist voraussichtlich 2003, dann 2006
Zulassungsverfahren:	Ausleseverfahren für die Einstellung in Laufbahnen des gehobenen nichttechnischen Dienstes mit schriftlicher Prüfung unter Berücksichtigung der Schulnoten in den Fächern Deutsch, Mathematik und einer Fremdsprache
Anz. Neuaufnahmen:	nach Bedarf etwa 8 alle 3 Jahre
Ausbildungsbeginn:	Herbst 2004, 2007 usw.

Studium

Status während der Ausbildung:	Archivinspektoranwärter
Ausbildungsdauer:	insgesamt 3 Jahre
Gliederung der Ausbildung:	3 Monate erster Fachstudienabschnitt, 5 Monate Einführungspraktikum, 5 Monate zweiter Fachstudienabschnitt, 7 Monate Hauptpraktikum, 5 Monate dritter Fachstudienabschnitt, 6 Monate Abschlusspraktikum, 5 Monate vierter Fachstudienabschnitt
Praktika:	Bayerisches Hauptstaatsarchiv (München), Staatsarchiv München, nichtstaatliche Archive in München
Abschlussprüfung:	Anstellungsprüfung für den gehobenen Archivdienst
Bemerkungen:	Der Bayerische Landespersonalausschuss ist zuständig für die Durchführung des Ausleseverfahrens. Die Generaldirektion ist zuständig für die Einstellung, die Zuweisung der Anwärter für das Fachstudium an die Bayerische Beamtenfachhochschule, Fachbereich Archiv- und Bibliothekswesen, die Zuweisung für das berufspraktische Studium an die Ausbildungsarchive und die Durchführung der Anstellungsprüfung.

Archiv

Diplom-Archivar (FH)
Potsdam

Ausbildungsstätte:	Fachhochschule Potsdam Fachbereich Informationswissenschaften Friedrich-Ebert-Straße 4, 14467 Potsdam Sprechzeiten: täglich 9:00 – 11:00, 13:00 – 14:00 Uhr Telefon: (03 31) 5 80-15 01 Telefax: (03 31) 5 80-15 99 e-mail: abd@fh-potsdam.de Internet: http://www.fh-potsdam.de
Zulassungs- voraussetzungen:	Hochschulreife oder Fachhochschulreife, eine praktische Vorbildung oder ein Vorpraktikum ist erwünscht. Falls keine Fachhochschulreife vorliegt, kann eine Eignungsprüfung abgelegt werden.
Bewerbung:	bis 15. Juli an die Ausbildungsstätte
Anz. Neuaufnahmen:	ca. 60 Diplom-Archivare, Diplom-Bibliothekare und Diplom-Dokumentare zusammengenommen (siehe S. 149 und S. 189)
Ausbildungsbeginn:	jährlich zum Wintersemester
Ausbildungsdauer:	insgesamt 8 Semester
Gliederung der Ausbildung:	3 Semester gemeinsames Grundstudium für Diplom-Archivare, Diplom-Bibliothekare und Diplom-Dokumentare mit Vertiefung im Hauptfach, 8 Wochen Praktikum zwischen dem 2. und 3. Semester, Vordiplom-Prüfung, Praxissemester in einem Archiv, 4 Semester Hauptstudium mit dem Hauptfach Archiv und einem Nebenfach, zwischen dem 6. und 7. Semester 8 Wochen Praktikum im Nebenfach, Diplomprüfung im 7. Semester, die Diplomarbeit wird im 8. Semesters angefertigt.

Studium

Praktikumsstellen:	öffentliche Archive, Archive und Dokumentationsstellen der Wirtschaft, Medien, Parteien und Verbände, private Archive
Abschlussprüfung:	Fachhochschul-Diplomprüfung am Ende des 8. Semesters
Studienfachberatung:	Prof. Dr. Hartwig Walberg, Telefon (03 31) 5 80-15 22 e-mail: walberg@fh-potsdam.de
Literatur:	Lit. 1.8; Lit. 1.10; Lit. 2.18; Lit. 4.28
Bemerkungen:	Die Ausbildung strebt die Integration der Ausbildungsinhalte für Berufe in Archiven, Bibliotheken und Dokumentationsstellen an. Sie qualifiziert sowohl für Tätigkeiten im öffentlichen Dienst als auch in Wirtschaft und Industrie.

Durch die obligatorische Wahl eines Nebenfaches (Bibliothek, Dokumentation, Kulturarbeit, Sozialwesen) ergibt sich im Hauptstudium die Möglichkeit einer persönlichen Profilbildung.

Den Studiengang gibt es seit dem Wintersemester 1993/94.

Seit dem Sommersemester 1999 gibt es das Fernstudium Archivwesen mit dem Ziel, in Archiven tätige Personen berufsbegleitend zu qualifizieren. Die Weiterbildung dauert zwei Jahre.

Archiv

Archivar des höheren Dienstes Marburg

Ausbildungsstätte:	Archivschule Marburg Institut für Archivwissenschaft Bismarckstr. 32, 35037 Marburg Sprechzeiten: Mo – Do 8:30 – 12:30, 14:00 – 15:30, Fr 8:30 – 12:00 Uhr Telefon: (0 64 21) 16 97-0 Telefax: (0 64 21) 16 97-10 e-mail: archivschule@mailer.uni-marburg.de Internet: http://www.uni-marburg.de/archivschule
Einstellungsbehörden:	Bund, Länder, Gemeinden, Kirchen. Anschriften siehe Diplom-Archivar (FH), Archivschule Marburg, S. 113
Zulassungs- voraussetzungen:	Abgeschlossenes Hochschulstudium vorzugsweise Geschichte, Kenntnisse der lateinischen und französischen Sprache; beamtenrechtliche Voraussetzungen; Höchstalter 32 Jahre, in besonderen Fällen bis zu 40 Jahre. Diese Zulassungsvoraussetzungen sind nur als Überblick zu verstehen, sie unterscheiden sich von Einstellungsbehörde zu Einstellungsbehörde zum Teil erheblich.
Bewerbung:	an die Einstellungsbehörde
Zulassungsverfahren:	Auswahlverfahren durch die Einstellungsbehörde
Anz. Neuaufnahmen:	ca. 15 pro Jahr bei allen Einstellungsbehörden zusammengenommen
Ausbildungsbeginn:	1. Mai
Status während der Ausbildung:	Archivreferendar
Ausbildungsdauer:	insgesamt 2 Jahre

Ergänzungs- und Aufbaustudium

Gliederung der Ausbildung:	8 Monate Praktikum; 12 Monate wissenschaftlicher Lehrgang an der Archivschule Marburg, 1 Monat am Bundesarchiv in Koblenz, 2 Monate Transferphase, 1 Monat Prüfungsverfahren
Praktikumsstelle:	Bei einem durch die Einstellungsbehörde bestimmten Ausbildungsarchiv und/oder anderen Dienststellen.
Abschlussprüfung:	Archivarische Staatsprüfung

Archiv

Archivar des höheren Dienstes
München

Ausbildungsstätte:	Bayerische Archivschule bei der Generaldirektion der Staatlichen Archive Bayerns, Postfach 22 11 52, 80501 München Telefon: (0 89) 2 86 38-24 82 Telefax: (0 89) 2 86 38-26 15 e-mail: archivschule@gda.bayern.de Internet: http://www.gda.bayern.de
Einstellungsbehörden:	Generaldirektion der Staatlichen Archive Bayerns Postfach 22 11 53, 80501 München nichtstaatliche Dienstherren in Bayern
Zulassungs- voraussetzungen:	abgeschlossenes Hochschulstudium mit Schwerpunkt Geschichte oder Jura, Latinum, Kenntnisse in Französisch; beamtenrechtliche Voraussetzungen; Höchstalter 32 Jahre
Bewerbung:	nach Ausschreibung im Bayerischen Staatsanzeiger an die Einstellungsbehörde
Zulassungsverfahren:	Entscheidung der Generaldirektion der Staatlichen Archive Bayerns
Anz. Neuaufnahmen:	nach Bedarf etwa 8 bis 10 alle 2 bis 3 Jahre
Ausbildungsbeginn:	Frühjahr 2003, dann voraussichtlich 2005 oder 2006
Status während der Ausbildung:	Archivreferendar
Ausbildungsdauer:	z. Zt. insgesamt 30 Monate; geplante Verkürzung auf 24 Monate

Ergänzungs- und Aufbaustudium

Gliederung der Ausbildung:	Theorie und Praktika im Wechsel
Praktika:	Bayerisches Hauptstaatsarchiv (München), Staatsarchiv München, nichtstaatliche Archive in München
Abschlussprüfung:	Anstellungsprüfung für den höheren Archivdienst
Literatur:	Lit. 1.4

Fachangestellter für Medien- und Informationsdienste (FAMI) Fachrichtung Bibliothek

Ausbildung: Duale Ausbildung, d.h. praktische Ausbildung in einer öffentlichen oder wissenschaftlichen Bibliothek als Lehrbetrieb und theoretische Ausbildung in der Berufsschule

Zulassungs- Bestimmte Voraussetzungen werden nicht verlangt, aber meist werden nur Bewerber mit qualifizierendem Hauptschulabschluss oder vergleichbarem Leistungsstand die Ausbildung schaffen.
voraussetzungen:

Bewerbung: An eine Bibliothek oder den Träger einer Bibliothek wie z.B. Stadt, Kirche, Universität, Firma oder Verband. Ausbildungsbeginn ist meist nach den Sommerferien, deshalb sollte die Bewerbung spätestens etwa im März erfolgen.

Ausbildungsdauer: Insgesamt 3 Jahre. Bei Realschulabsolventen ist eine Verkürzung auf 2 1/2 Jahre, bei Abiturienten auf 2 Jahre möglich.

Gliederung der Ausbildung: Den Fachangestellten für Medien- und Informationsdienste gibt es in den 5 Fachrichtungen Archiv, Bibliothek, Information und Dokumentation, Bildagentur sowie Medizinische Dokumentation. Die Ausbildungsbetriebe haben meist nur einzelne Auszubildende. Gibt es in einer Stadt oder einem Landkreis genügend Auszubildende, so erfolgt die theoretische Ausbildung in der örtlichen Berufsschule, d.h. die Auszubildenden gehen etwa 3 Tage je Woche in die Ausbildungsbibliothek und etwa 2 Tage je Woche in die Berufsschule. Ist die Anzahl der Auszubildenden nicht ausreichend für eine örtliche Berufsschulklasse so werden regionale Fach-

Berufs- und Fachschule

Fortsetzung der Gliederung der Ausbildung:	klassen gebildet, d.h. die Auszubildenden aller 5 Fachrichtungen einer Region werden zu einer Berufsschulklasse zusammengefasst und der Unterricht wird in Blöcken von etwa 3 bis 6 Wochen erteilt. Dann ist den Berufsschulen meist ein Internat oder ein Übernachtungsheim angeschlossen. Die theoretische Ausbildung ist im 1. Jahr ziemlich einheitlich für alle fünf Fachrichtungen, im 2. und vor allem im 3. Ausbildungsjahr stärker auf die Fachrichtung bezogen. Nach 1 1/2 Jahren Ausbildung erfolgt eine Zwischenprüfung.
Abschlussprüfung:	In der Berufsschule durch die Prüfungskommission bei der zuständigen Stelle.
Zuständige Stellen:	In jedem Bundesland gibt es für diese Ausbildung „zuständige Stellen", die die örtlichen Gegebenheiten kennen und Auskünfte erteilen.
Baden-Württemberg:	Regierungspräsidium Karlsruhe 76247 Karlsruhe
	Staatliche Fachstelle für das öffentliche Bibliothekswesen im Regierungsbezirk Karlsruhe Erbprinzenstraße 17 76133 Karlsruhe
Berlin:	Zentral- und Landesbibliothek Berlin, Ausbildungszentrale Postfach 02 12 79 10178 Berlin
	Senatsverwaltung für Inneres IF1, Klosterstraße 47 10179 Berlin

Bibliothek

Fortsetzung der zuständigen Stellen:	Brandenburg:	Ministerium für Wissenschaft, Forschung und Kultur des Landes Brandenburg, Referat 34 Lindenstraße 34 14467 Potsdam
		Staatliches Prüfungsamt für Verwaltungslaufbahnen Am Lehnitzsee 1 14476 Neufahrland
	Bremen:	Senatskommission für das Personalwesen Auf der Brake 1 28195 Bremen
	Bund:	Bundesverwaltungsamt Abt. V 5 50728 Köln
	Hamburg:	Senat der Freien- und Hansestadt Hamburg, Personalamt Steckelhörn 12 20467 Hamburg
	Hessen:	Hessisches Innenministerium und für Sport, Postfach 31 67 65021 Wiesbaden
		Regierungspräsidium Gießen Landgraf-Philipp-Platz 3-7 35390 Gießen
	Mecklenburg-Vorpommern:	Innenministerium des Landes Mecklenburg-Vorpommern Postfach 1 90 48 19048 Schwerin

Berufs- und Fachschule

Fortsetzung der zuständigen Stellen:	Niedersachsen:	Niedersächsische Landesbibliothek Waterloostraße 8 30169 Hannover
	Nordrhein-Westfalen:	Bezirksregierung Köln Dezernat 46.1 50606 Köln
	Rheinland-Pfalz:	Struktur- und Genehmigungsdirektion, Postfach 2 69 56002 Koblenz Staatliche Büchereistelle Rheinhessen-Pfalz (für die Struktur- und Genehmigungsdirektion Süd), Lindenstraße 7-11 67433 Neustadt/Weinstraße
	Sachsen:	Regierungspräsidium Leipzig Braustraße 2 04107 Leipzig Die Deutsche Bibliothek- Deutsche Bücherei Leipzig Deutscher Platz 1 04103 Leipzig Städtische Bibliotheken Dresden Postfach 12 07 34 01067 Dresden
	Sachsen-Anhalt:	Studieninstitut des Landes Sachsen-Anhalt Hasselfelder Straße 31 38883 Blankenburg
	Thüringen:	Thüringer Landesverwaltungsamt Weimarplatz 4 99423 Weimar

Bibliothek

Literatur:	Lit. 2.6; Lit. 2.7
Bemerkungen:	Die Ausbildung gibt es seit 1998, die Fachrichtung Medizinische Dokumentation seit 2000.

Sie ersetzt weitgehend die bisherige Ausbildung zum Assistenten an (öffentlichen) Bibliotheken und die Ausbildung zum Bibliotheksassistenten (an wissenschaftlichen Bibliotheken). Siehe aber auch die verwaltungsinterne Ausbildung zum Bibliothekssekretär.

Auskünfte erteilt auch die
Thüringische Bibliotheksschule
A.-Puschkin-Promenade 22
99706 Sondershausen
Telefon: (0 36 32) 5 97 33
Telefax: (0 36 32) 5 97 34
e-mail: th.bibschule.sdh@t-online.de
Internet: http://www.bibs.kyf.th.schule.de

Berufs- und Fachschule

Bibliothekssekretär
Hannover

Ausbildungsstätte:	Niedersächsische Bibliotheksschule, Waterloostr. 8, 30169 Hannover
Einstellungsbehörde:	Niedersächsische Landesbibliothek, Ausbildungsbehörde, Waterloostr. 8, 30169 Hannover
Ausbildungs- bibliotheken:	Universitätsbibliothek der Technischen Universität Braunschweig, Pockelsstr. 13, 38106 Braunschweig

Universitätsbibliothek Clausthal,
Leibnizstr. 2, 38678 Clausthal-Zellerfeld

Niedersächsische Staats- und
Universitätsbibliothek,
Platz der Göttinger Sieben 1, 37073 Göttingen

Niedersächsische Landesbibliothek,
Waterloostr. 8, 30169 Hannover

Universitätsbibliothek Hannover
und Technische Informationsbibliothek,
Welfengarten 1B, 30167 Hannover

Bibliothek der Medizinischen Hochschule,
Carl-Neuberg-Str. 1, 30625 Hannover

Bibliothek der Tierärztlichen Hochschule,
Bünteweg 2, 30559 Hannover

Bibliothek der Universität Hildesheim,
Marienburger Platz 22, 31141 Hildesheim

Bibliothek der Universität Lüneburg,
Wilschenbrucher Weg 84, 21335 Lüneburg

Bibliothek

Fortsetzung der Ausbildungsbibliotheken:	Landesbibliothek Oldenburg, Pferdemarkt 15, 26121 Oldenburg
	Bibliotheks- und Informationssystem der Universität Oldenburg, Uhlhornsweg 49-55, 26129 Oldenburg
	Bibliothek der Universität Osnabrück, Alte Münze 16, 49074 Osnabrück
	Herzog August Bibliothek, Lessingplatz 1, 38304 Wolfenbüttel
Zulassungsvoraussetzungen:	Hauptschulabschluss in Verbindung mit einer einschlägigen Berufsausbildung oder Realschulabschluss, Kenntnisse einer Fremdsprache, Fertigkeiten im Maschinenschreiben; Höchstalter 34 Jahre, in besonderen Fällen bis zu 39 Jahre
Bewerbung:	bis 28. Februar an die Einstellungsbehörde
Zulassungsverfahren:	Vorauswahl anhand der Bewerbungsunterlagen, dreitägiges Probepraktikum in einer Ausbildungsbibliothek
Anz. Neuaufnahmen:	ca. 20 je Jahr
Ausbildungsbeginn:	1. August
Status während der Ausbildung:	Bibliothekssekretäranwärter
gesamte Ausbildungsdauer:	2 Jahre
Gliederung der Ausbildung:	17 Monate praktische Ausbildung an einer Ausbildungsbibliothek, 7 Monate theoretische Ausbildung und Prüfung an der Niedersächsischen Bibliotheksschule

Berufs- und Fachschule

Abschlussprüfung:	Laufbahnprüfung für den mittleren Bibliotheksdienst, bestehend aus 4 Klausuren und einer mündlichen Prüfung
Bemerkung:	Es ist noch nicht entschieden, ob diese Ausbildung 2004 eingestellt wird.

Bibliothek

Bibliothekssekretär
Karlsruhe

Ausbildungs- und Badische Landesbibliothek
Prüfungsbehörde: Erbprinzenstr.15, 76133 Karlsruhe
Postfach 1429, 76003 Karlsruhe
Telefon: (07 21) 1 75-22 50 / -22 01
Telefax: (07 21) 1 75-23 33
e-mail: syre@blb-karlsruhe.de

Ausbildungs- Badische Landesbibliothek Karlsruhe,
bibliotheken: Erbprinzenstr. 15, 76133 Karlsruhe

Universitätsbibliothek Karlsruhe,
Kaiserstr. 12, 76131 Karlsruhe

Württembergische Landesbibliothek,
Konrad-Adenauer-Str. 8, 70173 Stuttgart

Universitätsbibliothek Stuttgart,
Holzgartenstr. 16, 70174 Stuttgart

Universitätsbibliothek Hohenheim,
Garbenstr. 15, 70593 Stuttgart

Universitätsbibliothek Mannheim,
Schloss, Ostflügel, 68131 Mannheim

Universitätsbibliothek Tübingen
Wilhelmstr. 32, 72074 Tübingen

Universitätsbibliothek Ulm,
Albert-Einstein-Allee 37, 89081 Ulm

Berufs- und Fachschule

Zulassungs- voraussetzungen:	Hauptschulabschluss in Verbindung mit einer einschlägigen Berufsausbildung oder Realschulabschluss, Kenntnisse in einer Fremdsprache, Fertigkeiten im Maschinenschreiben; beamtenrechtliche Voraussetzungen; Höchstalter 32 Jahre, Ausnahmen möglich. Hauptschulabsolventen ohne einschlägige Berufsausbildung können als Dienstanfänger zugelassen werden (siehe Bemerkung).
Bewerbung:	bis 1. Februar an eine Ausbildungsbibliothek
Zulassungsverfahren:	Dezentrale Vorauswahl durch die jeweilige Ausbildungsbibliothek; Entscheidung über die Zulassung durch die Badische Landesbibliothek als Ausbildungsbehörde
Anz. Neuaufnahmen:	12 pro Jahr
Ausbildungsbeginn:	1. Oktober, für Dienstanfänger 1. August
Status während der Ausbildung:	Bibliothekssekretäranwärter
Ausbildungsdauer:	insgesamt 18 Monate
Gliederung der Ausbildung:	16 Monate praktische Ausbildung in einer Ausbildungsbibliothek; 2 Monate Lehrgang an der Badischen Landesbibliothek Karlsruhe.
Abschlussprüfung:	Laufbahnprüfung für den mittleren Bibliotheksdienst, bestehend aus 4 Klausuren und einer mündlichen Prüfung.
Bemerkung:	Vor Übernahme in den Vorbereitungsdienst werden Dienstanfänger mit Hauptschulabschluss ein Jahr lang praktisch ausgebildet. Der Berufsschulunterricht findet in vier Blöcken von je vier bis fünf Wochen in Stuttgart oder Villingen-Schwenningen statt

Bibliothek

Bibliothekssekretär
München

Ausbildungsstätte: Bayerische Staatsbibliothek / Bayerische Bibliotheksschule
Ludwigstr. 16, 80539 München;
Postfachanschrift: 80328 München
Telefon: (0 89) 2 86 38-22 31
Telefax: (0 89) 2 86 38-26 62
e-mail: bibschule@bib-bvb.de
http://www.bib-bvb.de/bib_schule/bib_sch.htm

Bemerkung: Die Ausbildung gilt gleichermaßen für öffentliche und wissenschaftliche Bibliotheken.

Einstellungsbehörde: Bayerische Staatsbibliothek
Anschrift wie Ausbildungsstätte

nichtstaatliche Dienstherren in Bayern

Ausbildungs-
bibliotheken: 16 wissenschaftliche Bibliotheken, 63 öffentliche Büchereien, Landesfachstelle für öffentliche Bibliotheken mit 3 Außenstellen in Bayern

Zulassungs-
voraussetzungen: qualifizierender Hauptschulabschluss oder Realschulabschluss; beamtenrechtliche Voraussetzungen; Höchstalter 24 Jahre, in besonderen Fällen gelten andere Höchstaltersgrenzen.

Bewerbung: Die staatlichen Stellen werden etwa im März des Vorjahres im „Bayerischen Staatsanzeiger" ausgeschrieben. Bewerbungen entsprechend der Ausschreibung in der Regel bis etwa Anfang Juni an den Bayerischen Landespersonalausschuss – Geschäftsstelle,
Postfach 22 00 35, 80535 München,
Telefon: (0 89) 23 06-29 01, -29 02, -29 47,
Telefax: (0 89) 22 78 88,
e-mail: poststelle@lpa.bayern.de

Berufs- und Fachschule

Zulassungsverfahren:	Das Ausleseverfahren mit schriftlicher Prüfung und Berücksichtigung der Schulnoten in Deutsch und Mathematik oder Rechnungswesen wird durchgeführt von der Geschäftsstelle des Bayerischen Landespersonalausschusses.
Anz. Neuaufnahmen:	ca. 10 – 15 pro Jahr
Ausbildungsbeginn:	Mitte November
Status während der Ausbildung:	Bibliothekssekretäranwärter
Ausbildungsdauer:	insgesamt 2 Jahre
Gliederung der Ausbildung:	2½ Monate theoretische Ausbildung an der Bayerischen Bibliotheksschule, 8½ Monate berufspraktische Ausbildung an einer öffentlichen Bibliothek, 3½ Monate berufspraktische Ausbildung an einer wissenschaftlichen Bibliothek, 2 Monate theoretische Ausbildung an der Bayerischen Bibliotheksschule, 5 Monate berufspraktische Ausbildung an einer wissenschaftlichen Bibliothek, 2 Monate theoretische Ausbildung an der Bayerischen Bibliotheksschule
Abschlussprüfung:	Anstellungsprüfung für den mittleren Bibliotheksdienst an wissenschaftlichen Bibliotheken und öffentlichen Büchereien, bestehend aus 4 Klausuren und einer mündlichen Prüfung

Bibliothek

Magister und Promotionsstudium Bibliotheks- und Informationswissenschaft Berlin

Ausbildungsstätte:	Humboldt-Universität zu Berlin Philosophische Fakultät I Unter den Linden 6 10099 Berlin Institut für Bibliothekswissenschaft Dorotheenstraße 26, 10117 Berlin Telefon: (0 30) 20 93-42 36 / -44 66 Telefax: (0 30) 20 93-43 35 e-mail: Michael.Heinz@rz.hu-berlin.de Robert.Funk@rz.hu-berlin.de Internet: http://www.ib.hu-berlin.de
Studienmöglichkeiten:	a) Magisterstudium der Bibliothekswissenschaft als Hauptfach mit dem Schwerpunkt Bibliotheks- oder Dokumentationswesen, in Verbindung mit einem zweiten Hauptfach oder zwei Nebenfächern b) Magisterstudium der Bibliothekswissenschaft als Nebenfach mit dem Schwerpunkt Bibliotheks- oder Dokumentationswesen, in Verbindung mit einem Hauptfach und einem anderen Nebenfach c) Magisterstudiengang Bibliothekswesen als Fernstudium und 2. Hauptfach eines grundlegenden Studienganges an der Universität Koblenz/Landau
Zulassungs- voraussetzungen:	für a), b) und c) Hochschulreife
Anz. Neuaufnahmen pro Jahr:	für a) etwa 120 für b) etwa 30

Studium

Bewerbung:	bis 15.01. für das Sommersemester, bis 15.07. für das Wintersemester an die Humboldt-Universität zu Berlin, Institut für Bibliothekswissenschaft, Dorotheenstr. 26, 10117 Berlin; Postfachadresse: 10099 Berlin
Studienbeginn:	für a) und b) Wintersemester, Sommersemester für c) Wintersemester
Ausbildungsdauer:	bei a), b) und c) insgesamt 9 Semester
Gliederung der Ausbildung:	bei a) und b): 4 Semester Grundstudium, Zwischenprüfung, 5 Semester Hauptstudium, Magisterprüfung
	bei c): 4 Semester Grundstudium. Nach 2 Semestern Hauptstudium Abschluss als Bachelor of Arts (B.A.) möglich, nach 3 Semestern Hauptstudium Abschluss als Master of Arts oder nach 4 Semestern Hauptstudium Abschluss mit Magister Artium (M.A.)
Abschlussprüfung:	bei a) und b) Magisterprüfung, voraussichtlich wird in Zukunft auch die Promotion zum Dr. phil. wieder möglich sein.
	bei c) Magisterprüfung
Studienfachberatung:	Dr. Inge Lindtner Anschrift wie Ausbildungsstätte Telefon: (0 30) 20 93-42 49 Telefax: (0 30) 20 93-43 35 e-mail: Inge.Lindtner@rz.hu-berlin.de
Literatur:	Lit. 2.8
Bemerkung:	Siehe auch Aufbaustudium Wissenschaftlicher Bibliothekar Seite 154

Bibliothek

Diplom-Bibliothekar (FH) an öffentlichen Bibliotheken Bonn

Ausbildungsstätte:	Fachhochschule für das öffentliche Bibliothekswesen Wittelsbacherring 9 53115 Bonn Telefon: (02 28) 72 58-0 Telefax: (02 28) 72 58-1 89
Zulassungs- voraussetzungen:	Hochschulreife oder Fachhochschulreife
Bewerbung:	bis 1. Juli 2003, 2005 usw. (alle 2 Jahre) an die Ausbildungsstätte
Zulassungsverfahren:	hochschuleigenes Zulassungsverfahren
Anz. Neuaufnahmen:	ca. 25 alle 2 Jahre
Ausbildungsbeginn:	Oktober 2003, 2005 usw.
Ausbildungsdauer:	insgesamt 8 Semester
Gliederung der Ausbildung:	1. Semester, 8 Wochen Praktikum, 2. Semester, 4 Wochen Praktikum, 3. Semester, Vordiplom, 4. Semester, Praxissemester (= 5. Semester), 6. Semester, 4 Wochen Praktikum, 7. Semester, 8. Semester (=Prüfungssemester)
Abschlussprüfung:	Fachhochschul-Diplomprüfung bestehend aus Hausarbeit, Kolloquium zur Hausarbeit und 6 Fachprüfungen. Bis zum Diplom müssen außerdem 8 bewertete Studienleistungen und 8 Teilnahmescheine im Rahmen des Wahlpflichtstudiums erbracht werden.
Literatur:	Lit. 2.13; Lit. 2.14

Bemerkungen: Die Fachhochschule für das öffentliche Bibliothekswesen Bonn wurde 1921 als Bonner Bibliotheksschule gegründet. Sie ist eine Einrichtung des Borromäusvereins e.V., einer Einrichtung für das katholische öffentliche Büchereiwesen in Deutschland.

Für das Wintersemester 2003/04 ist eine Änderung der Diplom-Prüfungs- und Studienordnung, der Praktika und der Gliederung des Studiums geplant.

Diplom-Bibliothekar (FH) an wissenschaftlichen Bibliotheken Frankfurt

Ausbildungsstätte:	Bibliotheksschule in Frankfurt a. M. Fachhochschule für Bibliothekswesen Ohmstr. 48 60486 Frankfurt a. M. Telefon: (0 69) 2 12-3 92 03 Telefax: (0 69) 2 12-3 90 84 e-Mail: fhsbib@stub.uni-frankfurt.de Internet: http/www.fhsbib.uni-frankfurt.de
Bemerkung:	Die Bibliotheksschule in Frankfurt a. M. ist zuständig für den theoretischen Teil der verwaltungsinternen Ausbildung des mittleren Dienstes (Bibliotheksassistent), des gehobenen Dienstes (Diplom-Bibliothekar) und des höheren Dienstes (Bibliotheksassessor) der Bundesländer Hessen, Rheinland-Pfalz und Saarland. Die Ausbildung für Bibliotheksassistenten ist 2001 ausgelaufen. Für den gehobenen und den höheren Bibliotheksdienst gibt es keine Neueinstellungen mehr, beide Ausbildungsgänge werden 2003 auslaufen. Dann wird die Ausbildungsstätte geschlossen. Die Ausbildung der Diplom-Bibliothekare erfolgt seit dem Wintersemester 2000/01 verwaltungsextern an der Fachhochschule Darmstadt in dem dort neu eingerichteten Schwerpunkt Bibliothek, siehe Seite 172. Über die weitere Ausbildung für den höheren Bibliotheksdienst ist noch nicht entschieden, siehe Seite 153.
Literatur:	Lit. 4.21

Diplom-Bibliothekar (FH)
Hamburg

Ausbildungsstätte:	Hochschule für Angewandte Wissenschaften Hamburg Fachbereich Bibliothek und Information Grindelhof 30 20146 Hamburg ab Herbst 2002: Berliner Tor, 20099 Hamburg Telefon: (0 40) 4 28 48-24 47 / -23 59 Telefax: (0 40) 4 28 48 23 92 e-mail: verwaltung@bui.haw-hamburg.de Internet: http://www.haw-hamburg.de
Zulassungs- voraussetzungen:	Hochschulreife oder Fachhochschulreife
Bewerbung:	bis 15. Januar oder 15. Juli an die Hochschule für Angewandte Wissenschaften Hamburg, Studentensekretariat, Winterhuder Weg 29, 22085 Hamburg.
Zulassungsverfahren:	nach der Fachhochschul-Zulassungsverordnung
Anz. Neuaufnahmen:	Wintersemester und Sommersemester je ca. 50
Ausbildungsbeginn:	Sommer- und Wintersemester
Ausbildungsdauer:	insgesamt 8 Semester
Gliederung der Ausbildung:	Der erste Studienabschnitt (1. bis 3. Semester) bietet eine breite theoretische und praktische Ausbildung (Grundstudium). Nach dem 1. und 2. Semester findet je ein vierwöchiges Praktikum statt. Das 4. Semester ist ein Praxissemester mit einem sechsmonatigen Praktikum an einer Bibliothek oder Informationseinrichtung. Im Hauptstudium werden die Studienschwerpunkte

Bibliothek

Fortsetzung der Gliederung der Ausbildung:	Informationstechnologie, Management, Informationspraxis sowie Kultur- und Medienarbeit angeboten.
Praktikumsstellen:	Öffentliche und wissenschaftliche Bibliotheken, Spezialbibliotheken und Informationsstellen, auf Wunsch auch im Ausland
Abschlussprüfung:	Die Fachhochschul-Diplomprüfung findet studienbegleitend ab dem 5. Semester statt. Die Diplomarbeit wird im 8. Semester erstellt.
Studienfachberatung:	Interessenten mit Namen A – K: Prof. Dr. T. Imhof-Cramer Telefon: (0 40) 4 28 48-23 65 e-mail: tordis.imhof-cramer@bui.fh-hamburg.de Interessenten mit Namen L – Z: Prof. Dr. Ulrich Hofmann Telefon: (0 40) 4 28 48-23 58 e-mail: ulrich.hofmann@bui.fh-hamburg.de
Zentrale Studienberatung:	Zentrale Studienberatung, Stiftstr. 69, 20099 Hamburg, offene Sprechstunde: Di und Do 10 – 12, 14 – 16 Uhr telefonische Beratung: Mo 10 – 12, Mi 11 – 12, Mo und Mi 14 – 15, Fr 10 – 12 Uhr Telefon: (0 40) 4 28 48-42 51 e-mail: studienberatung@haw-hamburg.de
Literatur:	Lit. 2.15, Lit. 4.32

Studium

Diplom-Bibliothekar (FH)
Köln

Ausbildungsstätte:	Fachhochschule Köln Fachbereich Informationswissenschaft Claudiusstr. 1 50678 Köln Telefon: (02 21) 82 75-33 76 Telefax: (02 21) 3 31 85 83 e-mail: iws@fbi.fh-koeln.de http://www.fbi.fh-koeln.de
Zulassungs- voraussetzungen:	Hochschulreife oder Fachhochschulreife, vier- wöchiges Grundpraktikum in einer Bibliothek ei- gener Wahl vor Studienaufnahme.
Bewerbung:	bis 15. Juli an die Ausbildungsstätte
Zulassungsverfahren:	lokaler Numerus clausus
Anz. Neuaufnahmen:	ca. 90 pro Jahr
Ausbildungsbeginn:	jährlich zum Wintersemester
Ausbildungsdauer:	insgesamt 8 Semester
Gliederung der Ausbildung:	1. bis 3. Semester Grundstudium, Zwischen- prüfung, 4. Semester Hauptstudium, 5. Semester ist ein Praxissemester, 6. und 7. Semester Hauptstudium, im 8. Semester wird die Diplom- arbeit geschrieben.
Abschlussprüfung:	Fachhochschul-Diplomprüfung bestehend aus studienbegleitenden Leistungsnachweisen, Fachprüfungen, Diplomarbeit und Kolloquium.

Bibliothek

Allgemeine Studienberatung:	Studienberatung, Claudiusstr. 1, 50678 Köln Öffnungszeiten: Mo – Do: 9:00 – 11:30 und 13:00 – 14:00 Uhr Bitte außerhalb der Öffnungszeiten anrufen. Telefon: (02 21) 82 75-31 34 e-mail: studieninfos@zv.fh-koeln.de
Bewerbungs-unterlagen:	Erst Ende April oder Anfang Mai vorrätig, bei schriftlicher Anforderung einen mit € 1.53 (für Maxibrief) frankierten DIN C3 Rückumschlag mitschicken an: Fachhochschule Köln Sachgebiet Studentische Angelegenheiten Claudiusstr. 1 50678 Köln
Bemerkung:	Seit dem Wintersemester 1998/99 wird das bisherige Studienangebot ersetzt durch das hier beschriebene Studium des Bibliothekswesens, das Seite 156 beschriebene Studium der Bibliotheks- und Informationswissenschaft und das S. 184 dargestellte Studium zum Informationswirt.

Studium

Diplom-Bibliothekar (FH)
Leipzig

Ausbildungsstätte:	Hochschule für Technik, Wirtschaft und Kultur Leipzig (FH) Fachbereich Buch und Museum Karl-Liebknecht-Straße 145, 04277 Leipzig Postfach 30 00 06, 04251 Leipzig Telefon: (03 41) 30 76-54 28 Telefax: (03 41) 30 76-54 55 e-mail: studinf@k.htwk-leipzig.de http://www.htwk-leipzig.de/bum
Studienmöglichkeit:	Studiengang Bibliotheks- und Informationswissenschaft mit studienbegleitenden Prüfungen.
Zulassungsvoraussetzungen:	allgemeine Hochschulreife, Fachhochschulreife oder eine vom Sächsischen Staatsministerium des Kultus als gleichwertig bestätigte Hochschulzugangsberechtigung.
Zulassungsverfahren:	interner Numerus Clausus
Bewerbung:	bis 15. Juli an die Hochschule für Technik, Wirtschaft und Kultur Leipzig (FH), Dezernat Studienangelegenheiten, Postfach 300066, 04251 Leipzig Bei Anforderung der Bewerbungsunterlagen Adressaufkleber und € 1.53 in Briefmarken beifügen.
Anz. Neuaufnahmen:	ca. 80 pro Jahr
Ausbildungsbeginn:	jährlich zum Wintersemester
Ausbildungsdauer:	insgesamt 8 Semester
Gliederung der Ausbildung:	3 Semester Grundstudium, 5 Semester Hauptstudium, das 5. Semester ist ein Praxissemester, im 8. Semester ist die Diplomarbeit anzufertigen.

Bibliothek

Praktika:	Am Ende des 1. und 2. Semesters je ein 4-wöchiges Informationspraktikum, Praxissemester, am Ende des 6. Semesters ein 4-wöchiges Spezialpraktikum. Die Praktika finden an öffentlichen Bibliotheken, wissenschaftlichen Bibliotheken und an informationsvermittelnden Einrichtungen statt.
Abschlussprüfung:	Hochschul-Diplomprüfung (FH)
Studienfachberatung:	Prof. Dr. phil. Andrea Nikolaizig, Fachbereich Buch und Museum, Postfach 30 00 66, 04251 Leipzig, Telefon: (03 41) 30 76-54 53 Telefax: (03 41) 30 76-54 55 e-mail: nikolaiz@bum.htwk-leipzig.de
Bemerkung:	An der gleichen Ausbildungsstätte gibt es auch den Studiengang Museologie (siehe Seite 301) und den nicht in diesem Wegweiser beschriebenen Studiengang Buchhandel / Verlagswirtschaft, der mit dem Grad „Diplom-Buchhandelswirt (FH)" abgeschlossen wird.

Diplom-Bibliothekar (FH) an wissenschaftlichen Bibliotheken München

Ausbildungsstätte:	Bayerische Beamtenfachhochschule Fachbereich Archiv- und Bibliothekswesen Kaulbachstr. 11 80539 München Telefon: (0 89) 2 86 38-22 96 Telefax: (0 89) 2 86 38-26 57 e-mail: fachbereich@bib-bvb.de http://www.bib-bvb.de
Einstellungsbehörden:	Bayerische Staatsbibliothek Ludwigstr. 16, 80539 München; Postanschrift: 80328 München nichtstaatliche Dienstherren in Bayern
Ausbildungs- bibliotheken:	13 wissenschaftliche Bibliotheken in Bayern
Zulassungs- voraussetzungen:	Fachhochschulreife, Kenntnisse in zwei Fremdsprachen; beamtenrechtliche Voraussetzungen; Höchstalter 24 Jahre, in besonderen Fällen gelten andere Höchstaltersgrenzen
Bewerbung:	Die staatlichen Stellen werden etwa Anfang Juni im Bayerischen Staatsanzeiger ausgeschrieben. Bewerbungen entsprechend der Ausschreibung in der Regel bis ca. Mitte September an die Geschäftsstelle des Bayerischen Landespersonalausschusses (s.u.)
Zulassungsverfahren:	Ausleseverfahren mit schriftlicher Prüfung und Berücksichtigung der Zeugnisnoten in Deutsch, Mathematik und einer Fremdsprache
Anz. Neuaufnahmen:	ca. 15-20 pro Jahr
Ausbildungsbeginn:	1. Oktober

Bibliothek

Status während der Ausbildung:	Bibliotheksinspektoranwärter
Ausbildungsdauer:	insgesamt 3 Jahre
Gliederung der Ausbildung:	6 Monate Fachstudium, 7 Monate Berufspraxis, 5 und 6 Monate Fachstudium, 6 Monate Berufspraxis, 6 Monate Fachstudium
Abschlussprüfung:	Anstellungsprüfung für den gehobenen Bibliotheksdienst
Bemerkungen:	Das Ausleseverfahren führt die Geschäftsstelle des Bayrischen Landespersonalausschusses durch. Antragsformulare für das Ausleseverfahren sind ab ca. Mitte Juni erhältlich bei:

- Bayerische Staatsbibliothek / Bayerische Bibliotheksschule, 80328 München,
  Telefon: (0 89) 2 86 38-26 53, -22 32
  e-mail: bibschule@bib-bvb.de
  Internet: http://www.bib-bvb.de/bib_schule/bib_sch.htm
- Bayerischer Landespersonalausschuss
  Geschäftsstelle, Postfach 22 00 35,
  80535 München,
  Telefon: (0 89) 23 06-29 01, -29 02, -29 40,
  e-mail: poststelle@lpa.bayern.de
  Internet: http://www.bayerischer-landespersonalausschuss.de

Die Bayerische Staatsbibliothek ist zuständig für die Einstellung, die Zuweisung der Anwärter für das Fachstudium an die Bayerische Beamtenfachhochschule, Fachbereich Archiv- und Bibliothekswesen, die Zuweisung für das berufspraktische Studium an die Ausbildungsbibliotheken und für die Durchführung der Zwischen- und Anstellungsprüfung.

Studium

Diplom-Bibliothekar (FH) Potsdam

Ausbildungsstätte:	Fachhochschule Potsdam Fachbereich Informationswissenschaften Friedrich-Ebert-Straße 4 14467 Potsdam Sprechzeiten: tägl. 9:00 – 11:00, 13:00 – 14:00 Uhr Telefon: (03 31) 5 80-15 01 Telefax: (03 31) 5 80-15 99 e-mail: abd@fh-potsdam.de Internet: http://www.fh-potsdam.de
Zulassungs- voraussetzungen:	Hochschulreife oder Fachhochschulreife, eine praktische Vorbildung oder ein Vorpraktikum ist erwünscht. Falls keine Fachhochschulreife vorliegt, kann eine Eignungsprüfung abgelegt werden.
Bewerbung:	bis 15. Juli an die Ausbildungsstätte
Anz. Neuaufnahmen:	ca. 60 Diplom-Archivare, Diplom-Bibliothekare und Diplom-Dokumentare pro Jahr zusammengenommen (siehe S. 118 und S. 189)
Ausbildungsbeginn:	jährlich zum Wintersemester
Ausbildungsdauer:	insgesamt 8 Semester
Gliederung der Ausbildung:	3 Semester gemeinsames Grundstudium für Diplom-Archivare, Diplom-Bibliothekare und Diplom-Dokumentare mit Vertiefung im Hauptfach, 8 Wochen Praktikum zwischen dem 2. und 3. Semester, Vordiplom-Prüfung, Praxissemester in einer Bibliothek, 4 Semester Hauptstudium mit dem Hauptfach Bibliothekswesen und einem Nebenfach, zwischen dem 6. und 7. Semester 8 Wochen Praktikum im Nebenfach, Diplomprüfung im 7. Semester, die Diplomarbeit wird im 8. Semester angefertigt.

Bibliothek

Praktikumsstellen:	öffentliche und wissenschaftliche Bibliotheken, Spezialbibliotheken, Einrichtungen in Wirtschaft und Industrie z.B. Firmenbibliotheken, Dokumentationsstellen
Abschlussprüfung:	Fachhochschul-Diplomprüfung am Ende des 8. Semesters
Studienfachberatung:	Prof. Dr. Hans-Christoph Hobohm Telefon (03 31) 5 80-15 14 e-mail: hobohm@fh-potsdam.de
Literatur:	Lit. 2.9; Lit. 2.16; Lit. 2.18; Lit. 4.28
Bemerkungen:	Die Ausbildung qualifiziert sowohl für Tätigkeiten im öffentlichen Dienst als auch in Wirtschaft und Industrie. Durch die obligatorische Wahl eines Nebenfaches (Dokumentation, Archivwesen, Kulturarbeit, Sozialwesen) ergibt sich die Möglichkeit einer persönlichen Profilbildung im Hauptstudium. Die Ausbildung gibt es seit dem Wintersemester 1993/94.

Diplom-, Bachelor- und Masterstudium (FH) Bibliotheks- und Medienmanagement Stuttgart

Ausbildungsstätte:	Fachhochschule Stuttgart Hochschule der Medien Fachbereich Information und Kommunikation Wolframstr. 32 70191 Stuttgart Telefon: (07 11) 2 57 06-0 Telefax: (07 11) 2 57 06-3 00 e-mail: info@hdm-stuttgart.de Internet: http://www.hdm-stuttgart.de
Studienabschlüsse:	a) Diplom-Bibliothekar (FH) b) Bachelor of Information and Communication, Fachrichtung Medien- und Kommunikationsmanagement c) Master of Information and Communication
Zulassungsvoraussetzungen:	für a) und b) Hochschulreife oder Fachhochschulreife, für c) überdurchschnittlicher Hochschulabschluss in einem verwandten grundständigen Studiengang, gute Deutschkenntnisse
Bewerbung:	für a) und b) bis 15. Juli an die Ausbildungsstätte, für c) bis 15. Januar an die Ausbildungsstätte
Zulassungsverfahren:	bei c) werden bei großer Bewerberzahl 40% der Studienplätze nach einem Eignungsgespräch vergeben
Anz. Neuaufnahmen:	für a) 75 Studierende pro Jahr für b) 25 Studierende pro Jahr für c) 25 Studierende pro Jahr
Ausbildungsbeginn:	a) und b): Wintersemester, c) Sommersemester
Ausbildungsdauer:	für a) und b) insgesamt 7 Semester für c) insgesamt 5 Semester Teilzeitstudium inklusive eines Praxissemesters

Bibliothek

Gliederung der Ausbildung:	a) und b) 1. und 2. Semester Grundstudium, nach dem 1. Semester sind zwei sechswöchige Kurzpraktika zu leisten, 3. und 4. Semester Hauptstudium, 5. Semester Praxissemester, 6. und 7. Semester Hauptstudium
Praktikumsstellen:	ca. 110 Praktikumsstellen
Studienberatung:	für a) und c): Prof. Bernhard Hütter e-mail: huetter@hdm-stuttgart.de für b): Prof. Dr. Manfred Nagl e-mail: nagl@hdm-stuttgart.de
Informationsmaterial:	Hochschule der Medien Sabine Bartel (Studentensekretariat) Wolframstraße 32 70191 Stuttgart Sprechzeiten: Mo 13:30 – 15:30 Uhr, Di – Do 9:30 – 12:30, 13:30 – 15:30 Uhr Telefon: (07 11) 2 57 06-1 48 e-mail: bartels@hbi-stuttgart.de
Literatur:	Lit. 2.17
Bemerkungen:	Am 01.09.2001 wurde die bisherige „Fachhochschule Stuttgart – Hochschule für Bibliotheks- und Informationswesen" vereinigt mit der „Hochschule für Druck und Medien" und ist jetzt in der neu entstandenen „Hochschule der Medien" der Fachbereich III Information und Kommunikation. Das Masterstudium nach c) wurde erstmals zum Sommersemester 2001 angeboten. Siehe auch Studienschwerpunkt Musikinformationsmanagement (Seite 160), Informationsdesign (Seite 195) und Informationswirtschaft (Seite 196) derselben Ausbildungsstätte.

Wissenschaftlicher Bibliothekar (höherer Bibliotheksdienst)

Wissenschaftliche Bibliothekare können Angestellte oder Beamte sein. Bei bestimmten Fachrichtungen, z.b. Ingenieurwesen und Informatik, reicht meist ein wissenschaftliches Hochschulstudium für die Tätigkeit im Angestelltenverhältnis aus, bei anderen Fachrichtungen ist eine Promotion erwünscht. Für die höhere Beamtenlaufbahn an wissenschaftlichen Bibliotheken ist zusätzlich eine zweijährige verwaltungsinterne Ausbildung, das sogenannte Referendariat erforderlich. Die Idee ist, dass Fachwissenschaftler (z. B. Biologen, Ingenieure, Chemiker) im Referendariat die bibliothekarischen Kenntnisse und Fertigkeiten erwerben. Die theoretische Ausbildung der Bibliotheksreferendare erfolgte bisher an der Bibliotheksschule in Frankfurt a.M., an der Fachhochschule in Köln oder an der bayerischen Bibliotheksschule in München.

Die streng verwaltungsinterne Ausbildung für den höheren Bibliotheksdienst gibt es nur noch in Bayern, siehe Seite 158. In Köln wird die bisherige Referendarausbildung ersetzt durch ein dreisemestriges Master Aufbaustudium Bibliotheks- und Informationswissenschaft, siehe Seite 156. Ähnlich ist auch das viersemestrige Aufbaustudium zum Wissenschaftlichen Bibliothekar an der Humboldt-Universität zu Berlin (siehe folgende Seite) zu bewerten. Die bisherige Referendarausbildung an der Bibliotheksschule in Frankfurt am Main (siehe Seite 140) läuft 2003 aus. Voraussichtlich werden in Zukunft von den wissenschaftlichen Bibliotheken zunehmend Bewerber mit den für sie geeigneten Studienabschlüssen als wissenschaftliche Angestellte eingestellt.

Literatur: Lit. 2.5; Lit. 2.10; Lit. 2.11

Bibliothek

Aufbaustudium
Wissenschaftlicher Bibliothekar
Berlin

Ausbildungsstätte:	Humboldt-Universität zu Berlin Philosophische Fakultät I Unter den Linden 6 10099 Berlin Institut für Bibliothekswissenschaft Dorotheenstraße 26, 10117 Berlin Telefon: (0 30) 20 93-42 36 /-44 66 Telefax: (0 30) 20 93-43 35 e-mail: Michael.Heinz@rz.hu-berlin.de Robert.Funk@rz.hu-berlin.de Internet: http://www.ib.hu-berlin.de
Studienmöglichkeit:	Universitäres Aufbaustudium zum Wissenschaftlichen Bibliothekar.
Zulassungs- voraussetzung:	Ein abgeschlossenes Hochschulstudium einer beliebigen Fachrichtung.
Anz. Neuaufnahmen:	etwa 60
Bewerbung:	bis 15.07. an die Humboldt-Universität zu Berlin, Institut für Bibliothekswissenschaft, Dorotheenstr. 26, 10117 Berlin Postfachadresse: 10099 Berlin
Studienbeginn:	Wintersemester
Ausbildungsdauer:	insgesamt 4 Semester
Abschlussprüfung:	Hausarbeit, schriftliche Aufsichtsarbeiten, mündliche Prüfungen
Studienfachberatung:	Dr. Inge Lindtner Anschrift wie Ausbildungsstätte Telefon: (0 30) 20 93-42 49 Telefax: (0 30) 20 93-43 35 e-mail: Inge.Lindtner@rz.hu-berlin.de

Ergänzungs- und Aufbaustudium

Kosten:	Pro Semester € 1 150 einschließlich Immatrikulationsgebühren.
Bemerkungen:	Diese Ausbildung kann das Referendariat ersetzen, jedoch liegt die Entscheidung bei der Einstellungsbehörde des jeweiligen Bundeslandes.

Andere Ausbildungsgänge dieser Ausbildungsstätte siehe Seite 136

Bibliothek

Master Aufbaustudium Bibliotheks- und Informationswissenschaft Köln

Ausbildungsstätte:	Fachhochschule Köln Fachbereich Informationswissenschaft Claudiusstr. 1 59678 Köln Telefon: (02 21) 82 75-33 76 Telefax: (02 21) 3 31 85 83 e-mail: iws@fbi.fh-koeln.de Internet: http://www.fh-koeln.de
Zulassungs- voraussetzungen:	Abgeschlossenes Studium, halbjähriges Praktikum bzw. einschlägige Berufstätigkeit im Bereich Bibliothek, Information, Dokumentation oder Informationswirtschaft.
Bewerbung:	Bis 15. April des Vorjahres an die Ausbildungsstätte. Nach der Zulassung kann das halbjährige Praktikum abgeleistet werden.
Zulassungsverfahren:	Notendurchschnitt des Erststudienabschlusses.
Anz. Neuaufnahmen:	30 pro Jahr
Ausbildungsbeginn:	1. März
Ausbildungsdauer:	insgesamt 3 Semester
Gliederung der Ausbildung:	1. Semester Grundlagenvermittlung, in der vorlesungsfreien Zeit zwischen dem 1. und 2. Semester ist eine Hausarbeit anzufertigen, 2. Semester, im 3 Semester wird eine Master Thesis angefertigt und die Abschlussprüfung absolviert.
Abschluss:	Master of Library and Information Science

Ergänzungs- und Aufbaustudium

Studienberatung:	Studienberatung, Claudiusstr. 1, 50678 Köln, Öffnungszeiten: Mo – Do: 9:00 – 11:30 und 13:00 – 14:00 Uhr Anrufe bitte außerhalb der Öffnungszeiten. Telefon: (02 21) 82 75-31 34 e-mail: studieninfos@zv.fh-koeln.de
Bemerkungen:	Dieses Zusatzstudium löst die bisherige Referendarausbildung für den höheren Bibliotheksdienst ab.

Der Studiengang wurde zum 01.03.2002 neu eingerichtet.

Nach der Erprobungsphase wird geprüft, ob für Fachhochschul-Absolventen ein vergleichbares Angebot entwickelt werden soll.

An der gleichen Ausbildungsstätte gibt es auch das Studium zum Diplom-Bibliothekar (siehe S. 143) und zum Diplom-Informationswirt (siehe S. 184).

Bibliothek

Wissenschaftlicher Bibliothekar
München

Ausbildungsstätte:	Bayerische Staatsbibliothek / Bayerische Bibliotheksschule 80328 München Telefon: (0 89) 2 86 38-22 31 Telefax: (0 89) 2 86 38-26 62 e-mail: bibschule@bib-bvb.de Internet: http://www.bib-bvb.de/bib_schule/bib_sch.htm
Einstellungsbehörden:	Generaldirektion der Bayerischen Staatlichen Bibliotheken, Ludwigstr. 16, 80539 München; Postfachanschrift: 80328 München Telefon: (0 89) 2 86 38-0 nichtstaatliche Dienstherren in Bayern
Ausbildungs- bibliotheken:	8 wissenschaftliche Bibliotheken in Bayern
Zulassungs- voraussetzungen:	abgeschlossenes Hochschulstudium, Promotion erwünscht, beamtenrechtliche Voraussetzungen; Höchstalter 31 Jahre, in besonderen Fällen bis zu 39 Jahre
Bewerbung:	Die staatlichen Stellen werden etwa im März im Bayerischen Staatsanzeiger ausgeschrieben. Bewerbungen entsprechend der Ausschreibung in der Regel bis Mitte Mai an die Einstellungsbehörde.
Anz. Neuaufnahmen:	voraussichtlich ca. 8 – 12 jedes Jahr
Ausbildungsbeginn:	1. Oktober
Status während der Ausbildung:	Bibliotheksreferendar
Ausbildungsdauer:	insgesamt 2 Jahre

Ergänzungs- und Aufbaustudium

Gliederung der Ausbildung:	2 Wochen theoretischer Einführungskurs in der Bayerischen Bibliotheksschule, 12 Monate Praktikum in einer Ausbildungsbibliothek, 11 Monate Theorie in der Bayerischen Bibliotheksschule einschließlich Anstellungsprüfung
Abschlussprüfung:	Anstellungsprüfung für den höheren Bibliotheksdienst bestehend aus 3 Referaten, 3 Klausuren und einer mündlichen Prüfung

Master Aufbaustudium Musikinformationsmanagement Stuttgart

Ausbildungsstätte:	Fachhochschule Stuttgart Hochschule der Medien Fachbereich Information und Kommunikation Wolframstr. 32 70191 Stuttgart Telefon: (07 11) 2 57 06-0 Telefax: (07 11) 2 57 06-3 00 e-mail: info@hdm-stuttgart.de Internet: http://www.hdm-stuttgart.de
Studieninhalt:	Musikbibliothekarisches Aufbaustudium für die Tätigkeit in Musikbibliotheken, Musikarchiven und Musikdokumentationszentren.
Zulassungs- voraussetzungen:	Abschlusszeugnis als Diplom-Bibliothekar, Diplom-Dokumentar oder Diplom Informationswirt, Nachweis musiktheoretischer und musikpraktischer Kenntnisse
Bewerbung:	bis 15. Januar an die Ausbildungsstätte
Anz. Neuaufnahmen:	15 pro Jahr
Ausbildungsbeginn:	Sommersemester
Ausbildungsdauer:	3 Semester
Gliederung der Ausbildung:	2 theoretische Semester mit Studieninhalten u.a. aus den Bereichen Betriebswirtschaftslehre, Musikinformations- und Wissensmanagement, digitale Musikbibliothek, historische Bestände und Veranstaltungsmanagement. 1 Semester Praktikum und Master Thesis.
Abschluss:	Master of Information and Communication mit Studienschwerpunkt Musikinformationsmanagement
Studienberatung:	Prof. Dr. Krueger e-mail: krueger@hdm-stuttgart.de

Ergänzungs- und Aufbaustudium

Informationsmaterial:	Hochschule der Medien Sabine Bartel (Studentensekretariat) Wolframstraße 32 70191 Stuttgart Sprechzeiten: Mo 13:30 – 15:30 Uhr, Di – Do 9:30 – 12:30, 13:30 – 15:30 Uhr Telefon: (07 11) 2 57 06-1 48 e-mail: bartels@hbi-stuttgart.de
Bemerkungen:	Der Studienschwerpunkt Musikinformationsmanagement wird zum Sommersemester 2003 neu eingerichtet und ersetzt das bisherige 6 Monate dauernde musikbibliothekarische Aufbaustudium. Siehe auch Bachelor-, Diplom- und Masterstudium Bibliotheks- und Medienmanagement (Seite 151), Informationsdesign (Seite 195) und Informationswirtschaft (Seite 196) derselben Ausbildungsstätte.

Buchwissenschaft

Magister- und Promotionsstudium Buchwissenschaft Erlangen

Ausbildungsstätte:	Friedrich-Alexander-Universität Erlangen-Nürnberg Buchwissenschaft Harfenstraße 16 91054 Erlangen Telefon: (0 91 31) 85-2 47 00 Telefax: (0 91 31) 85-2 90 29 e-mail: sekretariat.buchwissenschaft@buchwiss.uni-erlangen.de Internet: http://www.buchwiss.uni-erlangen.de/index.html
Studienmöglichkeiten:	Universitätsstudium mit Buchwissenschaft als Hauptfach oder als Nebenfach
Zulassungsvoraussetzung:	Hochschulreife
Bewerbung:	bis 15. Juli für das Wintersemester und bis 15. Januar für das Sommersemester; Bewerbungsunterlagen können ab Dezember bzw. ab Mai direkt gegen Einsendung eines mit € 1.53 frankierten Rückumschlages angefordert werden bei der Universität Erlangen-Nürnberg, Postfach 35 20, 91023 Erlangen
Zulassungsverfahren:	örtlicher Numerus clausus
Anz. Studienanfänger:	ca. 20 Studenten mit Buchwissenschaft als Haupt- oder Nebenfach
Studienbeginn:	Wintersemester, Sommersemester
Ausbildungsdauer:	mindestens 8 Semester
Gliederung der Ausbildung:	4 Semester Grundstudium, Zwischenprüfung, 4 Semester Hauptstudium, 1-2 Prüfungssemester

Abschlussprüfung:	Magisterprüfung oder Promotion zum Dr. phil.
Praktika:	Praktika werden dringend empfohlen, sind jedoch in der Studienordnung nicht vorgeschrieben.
Studienfachberatung:	Bitte informieren Sie sich anhand des ausführlichen Materials auf der Internetseite der Ausbildungsstätte (siehe oben)
	Prof. Dr. Ursula Rautenberg, Anschrift wie Ausbildungsstätte, Termin nach Vereinbarung Telefon: (0 91 31) 85-2 31 95; e-mail: ursula.rautenberg@buchwiss.uni-erlangen.de
	Dr. Volker Titel, Anschrift wie Ausbildungsstätte, Telefon: (0 91 31) 85-2 11 64
Bemerkungen:	Das Studium der Buchwissenschaft bereitet für eine Tätigkeit in Verlagen und verlegerischen Verbänden vor. Empfohlen wird die Kombination mit Fächern der Literatur- und Sprachwissenschaft oder der Betriebswirtschaft; allerdings können auch alle anderen Fächer aus dem an der Friedrich-Alexander-Universität Erlangen-Nürnberg angebotenen Fächerkanon gewählt werden.
	Lateinkenntnisse sind obligatorisch; diese können aber innerhalb des Grundstudiums nachgeholt werden. Gegenstand der Ausbildung sind alle Bereiche des elektronischen Publizierens; PC-Kenntnisse sind deshalb unabdingbar.

Buchwissenschaft

Magister- und Promotionsstudium Buchwissenschaft Mainz

Ausbildungsstätte:	Johannes-Gutenberg-Universität Mainz Institut für Buchwissenschaft Philosophikum Welderweg 18 55099 Mainz Telefon: (0 61 31) 39-2 25 80 Telefax: (0 61 31) 39-2 54 87 e-mail: sekretariat-buchwissenschaft@mail.uni-mainz.de Internet: http://www.uni-mainz.de/FB/Geschichte/buwi/
Studienmöglichkeiten:	Universitätsstudium mit Buchwissenschaft als Hauptfach oder als Nebenfach; Promotionsstudium (auch nach Fachhochschulexamen)
Zulassungs- voraussetzung:	Hochschulreife
Bewerbung:	bis 15. Juli für das Wintersemester und bis 15. Januar für das Sommersemester an das Studierendensekretariat der Johannes-Gutenberg Universität Mainz, 55099 Mainz
Anz. Neuaufnahmen:	ca. 50 Studenten mit Buchwissenschaft als Hauptfach und ca. 50 Studenten mit Buchwissenschaft als Nebenfach
Studienbeginn:	Wintersemester und Sommersemester
Ausbildungsdauer:	9 Semester
Abschlussprüfung:	Magisterprüfung und Promotion zum Dr. phil.

Studienfachberatung:	Dr. Ute Schneider, Jakob-Welder-Weg 18 (Philosophikum), 55099 Mainz Telefon: (0 61 31) 39-2 34 68, Sprechzeiten in der Vorlesungszeit (Oktober-Februar, April-Juni) Do 16:30-17:30 Uhr und nach Vereinbarung e-mail: uschneid@mail.uni-mainz.de
Bemerkungen:	Fremdsprachenkenntnisse müssen bis Ende des Grundstudiums nachgewiesen werden. Der Nachweis erfolgt durch das Abiturzeugnis oder durch Zusatzprüfung an der Universität. Fremdsprachenkenntnisse für Buchwissenschaften als Hauptfach: Latinum (5 Jahre Schulunterricht), zwei weitere Fremdsprachen (jeweils 3 Jahre Schulunterricht); für Buchwissenschaften als Nebenfach: zwei Fremdsprachen (erste Fremdsprache 5 Jahre, zweite 3 Jahre). Es wird empfohlen, die Buchwissenschaft mit einem historischen und/oder sprachlichen Fach oder mit einem Teilstudium in Volks- oder Betriebswirtschaft, Rechtswissenschaften oder Film- und Theaterwissenschaft zu verbinden.

Diplomstudium Buchwissenschaft München

Ausbildungsstätte:	Ludwig-Maximilians-Universität München Institut für Deutsche Philologie Buchwissenschaft Schellingstr. 3 80799 München Telefon: (0 89) 21 80-23 95 Telefax: (0 89) 21 80-38 71 e-mail: buchwissenschaft@germanistik.uni-muenchen.de Internet: http://www.buchwissenschaft.uni-muenchen.de
Studienmöglichkeiten:	Diplomstudium Buchwissenschaft mit einem Spezialfach aus den Magisternebenfächern der Ludwig-Maximilians-Universität München
Zulassungs- voraussetzungen:	allgemeine oder fachgebundene Hochschulreife, abgeschlossene Lehre als Buchhändler oder Verlagskaufmann
Bewerbung:	bis 15. Juli an die Studentenkanzlei / Hochschulzugang der Universität München, Geschwister Scholl-Platz 1, 80539 München
Anz. Neuaufnahmen:	ca. 40 pro Jahr
Studienbeginn:	Wintersemester
Ausbildungsdauer:	8 Semester
Gliederung der Ausbildung:	4 Semester Grundstudium, Diplomvorprüfung, 4 Semester Hauptstudium. Es werden Veranstaltungen zu den Fachgebieten Betriebswirtschaftslehre, Buchhandel, Buch- und Buchhandelsgeschichte angeboten.
Abschlussprüfung:	Diplomprüfung, mit der der akademische Grad Diplombuchwissenschaftler erworben wird.

Studienfachberatung:	Prof. Dr. Georg Jäger, Schellingstraße 7, 80799 München, Telefon: (0 89) 21 80-24 97 e-mail: georg.jaeger@lrz.uni-muenchen.de
Bemerkungen:	Den Studiengang gibt es seit dem Wintersemester 1996/97.
	Die Wahl eines Spezialfaches dient der fachlichen Schwerpunktbildung. Es kann u.a. als Nebenfach gewählt werden: Kommunikationswissenschaft, Geschichte, Kunstgeschichte, Kultur-, Sprach- und Literaturwissenschaft, Philosophie, Psychologie oder Pädagogik.

Buchwissenschaft

Aufbaustudium Buchwissenschaft München

Ausbildungsstätte:	Ludwig-Maximilians-Universität München Institut für Deutsche Philologie Buchwissenschaft Schellingstr. 3 80799 München Telefon: (0 89) 21 80-23 95 Telefax: (0 89) 21 80-38 71 e-mail: buchwissenschaft@germanistik.uni-muenchen.de Internet: http://www.buchwissenschaft.uni-muenchen.de
Zulassungs- voraussetzungen:	Abgeschlossenes wissenschaftliches Studium, das im jeweiligen Fach zur Promotion berechtigt, ferner eine mindestens 4-monatige praktische Tätigkeit (davon mindestens 2 Monate im herstellenden Buchhandel), Bestehen eines Eingangstestes.
Bewerbung:	bis 15. August an das Sekretariat Buchwissenschaft (Adresse wie Ausbildungsstätte)
Anz. Neuaufnahmen:	ca. 30 pro Jahr
Studienbeginn:	Wintersemester
Ausbildungsdauer:	2 Semester mit zusammen mindestens 36 Semesterwochenstunden
Gliederung der Ausbildung:	14 Semesterwochenstunden zum Erwerb berufspraktischer Fähigkeiten, wie verlegerische Programmplanung, Marketing im Buchhandel, Werbung und Verkauf. Mindestens 8 Semesterwochenstunden umfassen die Lehrveranstaltungen über die Organisation des Buch-

Fortsetzung der Gliederung der Ausbildung:	handels. Geschichtliche Grundlagen des Buchwesens und seiner Entwicklung werden in mindestens 8 Semesterwochenstunden vermittelt.
Abschluss:	Das Studium wird mit einem benoteten Zertifikat nach Prüfung abgeschlossen.
Studienfachberatung:	Prof. Dr. Georg Jäger, Schellingstraße 7, 80799 München, Telefon: (0 89) 21 80-24 97 e-mail: georg.jaeger@lrz.uni-muenchen.de
Bemerkung:	Den Studiengang gibt es seit dem Wintersemester 1987/88.

Information und Dokumentation

Fachangestellter für Medien- und Informationsdienste (FAMI) Fachrichtung Information und Dokumentation Fachrichtung Bildagentur

Ausbildung:	Duale Ausbildung, d.h. praktische Ausbildung in einer Dokumentationsstelle bzw. einer Bildagentur als Lehrbetrieb und theoretische Ausbildung in der Berufsschule
Zulassungs-voraussetzungen:	Bestimmte Voraussetzungen werden nicht verlangt, aber meist werden nur Bewerber mit qualifizierendem Hauptschulabschluss oder vergleichbarem Leistungsstand die Ausbildung schaffen.
Bewerbung:	An eine öffentliche oder private Dokumentationsstelle z.B. in wissenschaftlichen Einrichtungen, Presse, Rundfunk, großen Firmen oder bei einer Information vermittelnden Einrichtung; für die Fachrichtung Bildagentur bei einer Bildagentur. Ausbildungsbeginn ist meist nach den Sommerferien, deshalb sollte die Bewerbung spätestens etwa im März erfolgen.
Ausbildungsdauer:	Insgesamt 3 Jahre. Bei Realschulabsolventen ist eine Verkürzung auf 2 1/2 Jahre, bei Abiturienten auf 2 Jahre möglich.
Bemerkung:	Eine detaillierte Darstellung erfolgt für die Fachrichtung Bibliothek, siehe Seite 124

Berufs- und Fachschule

Informationsassistent
Frankfurt

Ausbildungsstätte:	Deutsche Gesellschaft für Informationswissenschaft und Informationspraxis e.V. (DGI) Ostbahnhofstr. 13 60314 Frankfurt Telefon: (0 69) 43 03-13 Telefax: (0 69) 4 90 90 96 e-mail: zentrale@dgi-info.de Internet: http://www.dgi-info.de
Zielgruppe:	Mitarbeiter aus Wirtschaft, Handel, Medien und Verwaltung, die für ihre Tätigkeit eine zusätzliche Qualifikation im Informationsbereich benötigen.
Teilnahme- voraussetzungen:	Englischkenntnisse, allg. EDV-Grundkenntnisse, praktische Erfahrungen im Umgang mit Datenbanken, Berufserfahrungen im Bereich Information und Dokumentation oder einer vergleichbaren Tätigkeit.
Bewerbung:	an die Ausbildungsstätte
Anz. Neuaufnahmen:	maximal 20 pro Jahr
Ausbildungsbeginn:	jährlich Ende Juli / Anfang August
Weiterbildungsdauer:	insgesamt 8 Wochen
Weiterbildung:	Die Weiterbildung erfolgt innerhalb von 3 Monaten in 3 Lehrblöcken.
Abschluss:	Mit der erfolgreichen Abschlussprüfung erhalten die Teilnehmer das DGI-Zertifikat Informationsassistent.
Gesamtkosten:	ca. € 2 500

Information und Dokumentation

Diplom-Informationswirt (FH)
Schwerpunkt Bibliothek, Chemieinformation, Medieninformation oder Wirtschaftsinformation
Darmstadt

Ausbildungsstätte:	Fachhochschule Darmstadt, Fachbereich Informations- und Wissensmanagement Schöfferstr. 3 64295 Darmstadt Telefon: (0 61 51) 16-84 91 Telefax: (0 61 51) 16-89 80 Internet: http://www.iuw.fh-darmstadt.de
Studienmöglichkeit:	Fachhochschulstudium, am Ende des zweisemestrigen Grundstudiums muss eine der oben genannten Schwerpunkte gewählt werden.
Zulassungsvoraussetzungen:	allgemeine oder fachgebundene Hochschulreife, Fachhochschulreife oder gleichwertige Vorbildung.
Bewerbung:	bis 15. Juli an die Fachhochschule Darmstadt
Zulassungsverfahren:	lokaler Numerus Clausus
Anz. Neuaufnahmen:	ca. 60 pro Jahr, ab 2003 anwachsend
Ausbildungsbeginn:	jährlich zum Wintersemester
Ausbildungsdauer:	insgesamt 8 Semester
Gliederung der Ausbildung:	2 Semester gemeinsames Grundstudium für alle Schwerpunkte, 4 Semester Hauptstudium. Dem gewählten Schwerpunkt entsprechen ein gleichnamiges Modul und ca. $^2/_3$ des Wahlpflichtprogramms. Das Praxissemester findet im 5. Semester statt und dauert 22 Wochen, für die Fachrichtung Bibliothek 26 Wochen. Im 8. Semester Diplomarbeit und Prüfungen.

Studium

Abschlussprüfung:	Fachhochschul-Diplomprüfung bestehend aus studienbegleitenden Leistungsnachweisen und der Diplomarbeit mit einem Kolloquium.
Allgemeine Studienberatung:	Allgemeine Studienberatung, Haardtring 100, 64295 Darmstadt Sprechzeiten: Mo, Di, Do 9:30 – 11:30 Uhr, Telefonzeiten: Mo – Do 8:00 – 9:30 Uhr Telefon: (0 61 51) 16-80 46 Telefax: (0 61 51) 16-80 48 e-mail: studienb@fh-darmstadt.de
Studienfachberatung:	Prof. Dr. J. Lüstoff, Telefon: (0 61 51) 16-84 90 Sprechzeit nach Vereinbarung
Literatur:	Lit. 4.10; Lit. 4.11; Lit. 4.12; Lit. 4.19; Lit. 4.20; Lit. 4.21; Lit. 4.23
Bemerkungen:	Das Studium zum Diplom-Informationswirt (FH) gibt es seit dem Wintersemester 1985/86.
	Der Schwerpunkt Bibliothek wurde zum Wintersemester 2000/01 neu eingerichtet und ersetzt die Ausbildung zum Diplom-Bibliothekar an wissenschaftlichen Bibliotheken der Bibliotheksschule in Frankfurt a.M., siehe Seite 140. Die Informationswirte mit Schwerpunkt Bibliothek dürfen zusätzlich die Bezeichnung „Diplom-Bibliothekar (FH)" führen.
	Zum Wintersemester 2002/03 Standortwechsel nach Max-Planck-Straße 2, 64807 Dieburg.

Informationswissenschaft als Nebenfach im Bachelor- und Magisterstudium, Promotionsstudium Düsseldorf

Ausbildungsstätte:	Heinrich-Heine-Universität Institut für Sprache und Information Abt. Informationswissenschaft Universitätsstraße 1 40225 Düsseldorf Telefon: (02 21) 81-1 29 13 Telefax: (02 21) 81-1 29 17 e-mail: volkmar@phil-fak.uni-duesseldorf.de Internet: http://www.phil-fak.uni-duesseldorf.de/infowiss/
Studienmöglichkeiten:	Informationswissenschaft als Nebenfach im Bachelor-Studium, Informationswissenschaft als Nebenfach im Magister-Studium, (Informationswissenschaft im Master-Studium ist geplant), Informationswissenschaft als Haupt- oder Nebenfach im Promotionsstudium
Anz. Neuaufnahmen:	ca. 120 Studenten, derzeit keine Aufnahmebeschränkungen
Ausbildungsbeginn:	jährlich zum Wintersemester
Studienberatung:	Die Dozenten des Faches; Frau Volkmar im Sekretariat, Anschrift wie Ausbildungsstätte; Online-Beratung: http//www.phil-fak.uni-duesseldorf.de/infowiss/ unter: „Fachstudienberatung"
Literatur:	Lit. 1.10

Diplom-Dokumentar (FH) Fachrichtung Mediendokumentation Hamburg

Ausbildungsstätte:	Hochschule für Angewandte Wissenschaften Hamburg Fachbereich Bibliothek und Information Grindelhof 30 20146 Hamburg ab Herbst 2002: Berliner Tor, 20099 Hamburg Telefon: (0 40) 4 28 48-23 59 Telefax: (0 40) 4 28 48-23 92 e-mail: verwaltung@bui.haw-hamburg.de Internet: http://www.haw-hamburg.de
Zulassungs- voraussetzungen:	Hochschulreife oder Fachhochschulreife, besonderer Hochschulzugang für Berufstätige nach §31a des Hamburgischen Hochschulgesetzes
Bewerbung:	bis 15. Juli an die Hochschule für Angewandte Wissenschaften Hamburg, Studentensekretariat, Winterhuder Weg 29, 22085 Hamburg Sprechzeiten: Mo – Do 10 – 12 und 14 – 16 Uhr Tel.: (0 40) 4 28 68-34 65 / -36 44
Zulassungsverfahren:	nach der Fachhochschul-Zulassungsverordnung
Anz. Neuaufnahmen:	43 pro Jahr
Ausbildungsbeginn:	Wintersemester
Ausbildungsdauer:	insgesamt 8 Semester
Gliederung der Ausbildung:	1. bis 3. Semester Grundstudium, Zwischenprüfung, das 4. Semester ist ein Praxissemester, 5. bis 8. Semester Hauptstudium
Praktikumsstellen:	Presse-, Bild-, Film- und Schallarchive, Mediendokumentationsstellen in Rundfunkanstalten, Medienhäusern, Nachrichtenagenturen

Information und Dokumentation

Abschlussprüfung:	Die Fachhochschul-Diplomprüfung findet am Ende des Hauptstudiums statt.
Studienfachberatung:	Interessenten mit Namen A – K: Prof. Dr. Ute Krauß-Leichert, Telefon: (0 40) 4 28 48-24 37 e-mail: ute.krauss-leichert@bui.fh-hamburg.de Interessenten mit Namen L – Z: Prof. Dr. Wolfgang Swoboda Telefon: (0 40) 4 28 48-23 59 e-mail: wolfgang.swoboda@bui.fh-hamburg.de
Zentrale Studienberatung:	Zentrale Studienberatung Stiftstraße 69 20099 Hamburg Sprechzeiten: Mo 10 – 12, Mi 11 – 12, Mo und Mi 14 – 15, Fr 10 – 12 Uhr Telefon: (0 40) 4 28 59-42 51 e-mail: studienberatung@fh-hamburg.de
Literatur:	Lit. 4.10; Lit. 4.11; Lit. 4.12; Lit. 4.22; Lit. 4.23
Bemerkung:	Die Ausbildung gibt es seit dem Wintersemester 1993/94.

Diplom-Informationswirt (FH) Hannover

Ausbildungsstätte:	Fachhochschule Hannover, Fachbereich Informations- und Kommunikationswesen Ricklinger Stadtweg 120 30459 Hannover Telefon: (05 11) 92 96-16 01 /-16 02 Telefax: (05 11) 92 96-16 10 e-mail: dekanat@ik.fh-hannover.de Internet: http://www.fh-hannover.de
Zulassungsvoraussetzungen:	Hochschulreife oder Fachhochschulreife
Bewerbung:	bis 15. Juli an die Fachhochschule Hannover, Immatrikulationsamt, Ricklinger Stadtweg 118, 30459 Hannover
Zulassungsverfahren:	nach den für Numerus-clausus-Fächer geltenden Rechtsvorschriften durch das Immatrikulationsamt der Fachhochschule Hannover
Anz. Neuaufnahmen:	ca. 70 pro Jahr
Vorlesungsbeginn:	jährlich zum September
Ausbildungsdauer:	insgesamt 8 Semester
Gliederung der Ausbildung:	2 Semester Grundstudium, Diplom-Vorprüfung, 1 Praxissemester, 2 Semester Hauptstudium mit Projektarbeit, 1 Praxissemester, 2 Semester Hauptstudium mit Diplomarbeit und Diplomprüfung
Praktikumsstellen:	Wissenschaftliche Bibliotheken, Informationseinrichtungen, Dokumentationsstellen in Wirtschaft, Verwaltung und Forschungseinrichtungen

Information und Dokumentation

Abschlussprüfung:	Fachhochschul-Diplomprüfung, bestehend aus Diplomarbeit und Kolloquium
Allgemeine Studienberatung:	Dr. Elke Fahl, Anschrift wie Ausbildungsstätte Öffnungszeiten: Mo 9 – 12, Di 14 –18, Mi 9 – 12, Do 9 – 12 und 14 – 18 Uhr Telefon: (05 11) 92 96-10 15 Telefax: (05 11) 92 96-11 11 e-mail: beratung@fh-hannover.de
Studienfachberatung:	Dr. Gudrun Behm-Steidel Telefon: (05 11) 92 96-16 23 e-mail: gudrun.behm-steidel@ik.fh-hannover.de
Bemerkung:	An der gleichen Ausbildungsstätte gibt es auch die Ausbildung zum Diplom-Dokumentar (FH) Fachrichtung Biowissenschaften (siehe S. 239) und die Ausbildungen zum Technischen Redakteur, zum Bachelor in Journalistik und zum Bachelor in PR/Öffentlichkeitsarbeit (in diesem Wegweiser nicht enthalten).

Bachelorstudium Informationsmanagement / Informationstechnologie Hildesheim

Ausbildungsstätte:	Universität Hildesheim Marienburger Platz 22 31141 Hildesheim Telefon: (0 51 21) 8 83-0 Internet: http://www.uni-hildesheim.de
Zulassungs- voraussetzungen:	allgemeine Hochschulreife
Bewerbung:	bis 15. Juli an das Immatrikulationsamt, Anschrift wie Ausbildungsstätte
Zulassungsverfahren:	lokaler Numerus clausus
Anz. Neuaufnahmen:	30 pro Jahr
Ausbildungsbeginn:	jährlich zum Wintersemester
Ausbildungsdauer:	insgesamt 6 Semester
Ausbildung:	Das Studium beinhaltet Veranstaltungen aus 5 verschiedenen Fachbereichen: Informationstechnologie, Betriebswirtschaft, Informationswissenschaft, mathematische Methoden und Fachkommunikation.
Abschlussprüfung:	Nach der Regelstudienzeit wird mit dem ersten berufsqualifizierenden Abschluss der Bachelor of Science erreicht.
Studienfachberatung:	Dr. Thomas Mandl, Sprechzeit: Mittwoch 16:00 Uhr, Telefon: (0 51 21) 8 83-8 37, e-mail: mandl@rz.uni-hildesheim.de

Information und Dokumentation

Studienberatung:	Zentrale Studienberatung, Anschrift wie Ausbildungsstätte, Telefonische Auskünfte und Kurzberatung: Mo, Di, Fr 10:00 – 12:00 Uhr Mi, Do 14:00 – 16:00 Uhr Telefon: (0 51 21) 8 83-1 61 Telefax: (0 51 21) 8 83-1 63 e-mail: studienberatung@rz.uni-hildesheim.de
Bemerkungen:	Bewerbungsunterlagen sind ab Ende April, Anfang Mai bei der zentralen Studienberatungsstelle erhältlich, Anschrift wie Ausbildungsstätte. Ein Praktikum ist verpflichtend. Ein Intensivstudium ist in 5 Semestern möglich. Ein Aufbaustudium mit 4 Semestern zum Master of Science ist möglich.

Magisterstudium Internationales Informationsmanagement Hildesheim

Ausbildungsstätte:	Universität Hildesheim Marienburger Platz 22 31141 Hildesheim Telefon: (0 51 21) 8 83-0 Internet: http://www.uni-hildesheim.de
Zulassungs- voraussetzungen:	Hochschulabschluss oder ein als gleichwertig anerkannter Abschluss
Bewerbung:	bis 15. Juli an das Immatrikulationsamt, Anschrift wie Ausbildungsstätte
Zulassungsverfahren:	lokaler Numerus clausus
Anz. Neuaufnahmen:	70 pro Jahr
Ausbildungsbeginn:	jährlich zum Wintersemester
Ausbildungsdauer:	insgesamt 9 Semester
Ausbildungsverlauf:	Das Grundstudium dauert in der Regel vier Semester und schließt mit der Zwischenprüfung ab. Das Hauptstudium umfasst 5 Semester. Es werden Studieninhalte aus den Themenbereichen angewandte Sprachwissenschaft, angewandte Informationswissenschaft und Sprachpraxis vermittelt.
Praktika:	Bis zum Hauptexamen: berufsorientierendes Praktikum von mindestens 8 Wochen, z. B. in einem Sprachendienst, einer internationalen Behörde oder in einem international orientierten Unternehmen. Das Praktikum kann auch im Ausland abgeleistet werden.

Information und Dokumentation

Studienfachberatung:	Dr. Rainer Barczaitis, Sprechzeit: Dienstag 14:30 – 15:30 Uhr Telefon: (0 51 21) 8 83-8 39 e-mail: barczait@rz.uni-hildesheim.de
Studienberatung:	Zentrale Studienberatung, Anschrift wie Ausbildungsstätte, Telefonische Auskünfte und Kurzberatung: Mo, Di, Fr 10:00 – 12:00 Uhr Mi, Do 14:00 – 16:00 Uhr Telefon: (0 51 21) 8 83-1 61 Telefax: (0 51 21) 8 83-1 63 e-mail: studienberatung@rz.uni-hildesheim.de
Bemerkung:	Bewerbungsunterlagen sind ab Anfang Mai bei der zentralen Studienberatungsstelle erhältlich, Anschrift wie Ausbildungsstätte.

Bachelor- und Masterstudium Informationsmanagement Koblenz

Ausbildungsstätte:	Universität Koblenz-Landau, Campus Koblenz Universitätsstraße 1, 56070 Koblenz Postfach 20 16 02, 56016 Koblenz Telefon: (02 61) 2 87-28 61 Telefax: (02 61) 2 87-28 51 e-mail: infomgt@uni-koblenz.de Internet: http://www.uni-koblenz.de/IM/
Studienabschlüsse:	a) Bachelor of Science (BscIM) b) Master of Science (MscIM) mit Promotionsberechtigung
Zulassungsvoraussetzungen:	a) allgemeine Hochschulreife b) Hochschulabschluss Bachelor of Science in Informationsmanagement oder vergleichbarer Abschluss (etwa Wirtschaftsinformatik)
Bewerbung:	bis 15. Juli an die Ausbildungsstätte
Zulassungsverfahren:	örtliches Auswahlverfahren
Anz. Neuaufnahmen:	a) 50 pro Jahr; b) 30 pro Jahr
Ausbildungsbeginn:	a) und b) jährlich zum Wintersemester
Ausbildungsdauer:	a) insgesamt 6 Semester. Innerhalb des Studiums ein auslandsorientiertes berufliches Praktikum von mindestens 6 Wochen Dauer b) insgesamt 4 Semester, davon ein Auslandssemester
Studienberatung:	Dr. Carlo Simon, Tel.: (02 61) 2 87 – 28 61 e-mail: simon@uni-koblenz.de
Bemerkung:	Das Studienangebot ist insbesondere im Master-Studiengang international orientiert und ein erheblicher Anteil der Lehrveranstaltungen erfolgt in Englisch.

Information und Dokumentation

Diplom-Informationswirt (FH) Köln

Ausbildungsstätte:	Fachhochschule Köln Fachbereich Informationswissenschaft Claudiusstr. 1 59678 Köln Telefon: (02 21) 82 75-33 76 Telefax: (02 21) 33 18 58 3 e-mail: iws@fbi.fh-koeln.de Internet: http://www.fh-koeln.de
Zulassungs- voraussetzungen:	Hochschulreife oder Fachhochschulreife, vierwöchiges Grundpraktikum vor Studienaufnahme.
Bewerbung:	bis 15. Juli an die Ausbildungsstätte.
Zulassungsverfahren:	örtliches Auswahlverfahren (NC)
Anz. Neuaufnahmen:	45 pro Jahr
Studienbeginn:	jährlich zum Wintersemester
Ausbildungsdauer:	insgesamt 8 Semester
Gliederung der Ausbildung:	1. bis 3. Semester Grundstudium, 4. bis 7. Semester Hauptstudium, das 5. Semester ist ein Praxissemester, im 8. Semester wird die Diplomarbeit angefertigt und das Kolloquium abgehalten.
Studienberatung:	Anschrift siehe Ausbildungsstätte Öffnungszeiten: Mo – Do: 9:00 – 11:30 und 13:00 – 14:00 Uhr Anrufe bitte außerhalb der Öffnungszeiten Telefon. (02 21) 82 75-31 34 e-mail: studieninfos@zv.fh-koeln.de

Studium

Bewerbungs- unterlagen:	Ab Ende April, Anfang Mai vorrätig, bei schriftlicher Anforderung einen mit € 1.53 (für Maxibrief) frankierten DIN C3 Rückumschlag mitschicken an: Fachhochschule Köln Sachgebiet studentische Angelegenheiten Claudiusstr. 1 50678 Köln
Literatur:	Lit. 4.25
Bemerkung:	Seit dem Wintersemester 1998/99 wird das bisherige Studienangebot ersetzt durch das hier beschriebene Studium der Informationswirtschaft, das Seite 143 beschriebene Studium des Bibliothekswesens und das Seite 156 dargestellte Master-Aufbaustudium Bibliotheks- und Informationswissenschaft.

Magisterstudium Informationsverarbeitung Köln

Ausbildungsstätte:	Universität zu Köln Philosophische Fakultät Albertus-Magnus-Platz 50923 Köln Telefon: (02 21) 4 70-0 Telefax: (02 21) 4 70-51 82 / -50 08 Internet: http://www.uni-koeln.de
Zulassungs- voraussetzungen:	Allgemeine oder fachgebundene Hochschulreife, Englischkenntnisse, bis zur Zwischenprüfung sind Kenntnisse in einer weiteren modernen europäischen Fremdsprache nachzuweisen.
Bewerbung:	Für das Wintersemester bis 15. Juli, für das Sommersemester bis 15. Januar an die Ausbildungsstätte. Es wird empfohlen, das Studium mit dem Wintersemester zu beginnen.
Zulassungsverfahren:	interner Numerus Clausus
Anz. Neuaufnahmen:	ca. 80 pro Jahr
Ausbildungsbeginn:	jährlich zum Wintersemester und zum Sommersemester
Ausbildungsdauer:	insgesamt 9 Semester
Gliederung der Ausbildung:	1. bis 4. Semester Grundstudium, Zwischenprüfung, 5. bis 8. Semester Hauptstudium, wobei insgesamt im Hauptfach 58 Semesterwochenstunden und im Nebenfach 34 Semesterwochenstunden abzuleisten sind; im 9. Semester Magisterprüfung und Magisterarbeit (bei Hauptfachbelegung). Das Studium kann in den Ausrichtungen „Sprachliche Informationsverarbeitung" oder „Historisch-kulturwissenschaftliche Informationsverarbeitung" erfolgen.

Studium

Studienberatung und Information:	Zentrale Studienberatung, Hauptgebäude, Albertus-Magnus-Platz, Bauteil 2, 50923 Köln, Mo – Fr von 8:30 – 9:30 Uhr Telefon: (02 21) 4 70-37 89 / -36 06, Telefax: (02 21) 4 70-50 95 e-mail: zsb@verw.uni-koeln.de Dekanat der Philosophischen Fakultät, Philosophikum, Albertus-Magnus-Platz, Raum 264, 50923 Köln, Telefon: (02 21) 4 70-44 47
Bemerkungen:	Neben den Lehrveranstaltungen der Informationsverarbeitung ist auch an den Vorlesungen der kooperierenden Fächer Allgemeine Sprachwissenschaft, Englische Philologie, Deutsche Philologie und Geschichte teilzunehmen. Für die Semesterferien werden berufsvorbereitende Praktika und ein Auslandsaufenthalt empfohlen.

Information und Dokumentation

Diplom-Informatiker (FH)
Information Management
Köthen

Ausbildungsstätte:	Hochschule Anhalt (FH) Bernburger Straße 55 06366 Köthen Telefon: (0 34 96) 67-42 21 Telefax: (0 34 96) 67-42 99 e-mail: beratung@hs-anhalt.de Internet: http://www.hs-anhalt.de
Zulassungs- voraussetzungen:	Hochschulreife, Fachhochschulreife oder eine als gleichwertig anerkannte Vorbildung
Bewerbung:	Bis 30.09. an das Dezernat für studentische Angelegenheiten, Anschrift wie Ausbildungsstätte. Bitte einen adressierten und ausreichend frankierten Rückumschlag der Größe C5 beifügen. Die Bewerbungsunterlagen sind ebenfalls dort erhältlich.
Anz. Neuaufnahmen:	ca. 40
Ausbildungsbeginn:	Wintersemester
Ausbildungsdauer:	8 Semester
Gliederung der Ausbildung:	3 Semester Grundstudium, Diplomvorprüfung, 5 Semester Hauptstudium, das 5. Semester ist ein Praxissemester.
Studienberatung:	Prof. Dr. Gunther Schwenzfeger Telefon: (0 34 96) 67-31 28 e-mail: gunter.schwenzfeger@inf.hs-anhalt.de

Diplom-Dokumentar (FH) Potsdam

Ausbildungsstätte:	Fachhochschule Potsdam Fachbereich Informationswissenschaften Friedrich-Ebert Straße 4 14467 Potsdam Sprechzeiten: tägl. 9:00–11:00, 13:00–14:00 Uhr Telefon: (03 31) 5 80-15 01 Telefax: (03 31) 5 80-15 99 Internet: http://www.fh-potsdam.de
Zulassungs- voraussetzungen:	Hochschulreife oder Fachhochschulreife, eine praktische Vorbildung oder ein Vorpraktikum ist erwünscht. Falls keine Fachhochschulreife vorliegt, kann eine Eignungsprüfung abgelegt werden.
Bewerbung:	bis 15. Juli an die Ausbildungsstätte
Anz. Neuaufnahmen pro Jahr:	ca. 60 Diplom-Archivare, Diplom-Bibliothekare und Diplom-Dokumentare zusammengenommen (siehe S. 118 und S. 149).
Ausbildungsbeginn:	jährlich zum Wintersemester
Ausbildungsdauer:	insgesamt 8 Semester
Gliederung der Ausbildung:	3 Semester gemeinsames Grundstudium für Diplom-Archivare, Diplom-Bibliothekare und Diplom-Dokumentare mit Vertiefung im Hauptfach, 8 Wochen Praktikum zwischen dem 2. und 3. Semester, Vordiplom-Prüfung, Praxissemester in einer Dokumentationsstelle, 4 Semester Hauptstudium mit dem Hauptfach Dokumentation und einem Nebenfach, zwischen dem 6. und 7. Semester 8 Wochen Praktikum im Nebenfach, Diplomprüfung im 7. Semester, die Diplomprüfung wird im 8. Semester angefertigt.

Information und Dokumentation

Praktikumsstellen:	Informationseinrichtungen in Wirtschaft, Industrie, im Medienbereich, in Wissenschaft und Forschung
Abschlussprüfung:	Fachhochschul-Diplomprüfung am Ende des 8. Semesters
Studienfachberatung:	Prof. Dr. Eleonore Poetzsch Telefon: (03 31) 5 80-15 18 e-mail: poetzsch@fh-potsdam.de
Literatur:	Lit. 2.18; Lit. 4.28
Bemerkungen:	Die Ausbildung strebt die Integration der Ausbildungsinhalte für Berufe in Archiven, Bibliotheken und Dokumentationsstellen an. Sie qualifiziert sowohl für Tätigkeiten im öffentlichen Dienst als auch in Wirtschaft und Industrie. Durch die Wahl eines obligatorischen Nebenfaches (Bibliothek, Archivwesen, Kulturarbeit, Design etc.) ergibt sich im Hauptstudium die Möglichkeit zu einer persönlichen Profilbildung. Die Ausbildung gibt es seit dem Wintersemester 1993/94.

Magister- und Promotionsstudium Informationswissenschaft Regensburg

Ausbildungsstätte:	Universität Regensburg Philosophische Fakultät Sprach- und Literaturwissenschaften Lehrstuhl für Informationswissenschaften 93040 Regensburg Telefon: (09 41) 9 43-35 85 Telefax: (09 41) 9 43-19 54 Internet: http://www.uni-regensburg.de
Studienmöglichkeit:	Studium der Informationswissenschaft als Hauptfach oder Nebenfach.
Zulassungsvoraussetzungen:	Hochschulreife, Englischkenntnisse
Bewerbung:	Für das Wintersemester vom 1. Mai bis 15. Juli, für das Sommersemester vom 1. Dezember bis 15. Januar an die Studienkanzlei der Universität
Anz. Neuaufnahmen:	30 pro Jahr (Numerus Clausus)
Studienbeginn:	jährlich zum Sommer- und zum Wintersemester
Ausbildungsdauer:	insgesamt 9 Semester Regelstudienzeit
Gliederung der Ausbildung:	4 Semester Grundstudium, Zwischenprüfung, 4 Semester Hauptstudium der Informationswissenschaft, 1 Semester Prüfungsvorbereitung und Abschlussexamen
Abschlussprüfung:	Magisterprüfung, zusätzlich Promotion zum Dr. phil. möglich

Information und Dokumentation

Studienfachberatung:	Dr. Ludwig Hitzenberger, Universität Regensburg, Fachgebiet Informationswissenschaft, Universitätsstr. 31, Gebäude PT, Zimmer 3.0.57, 93053 Regensburg Sprechstunde Dienstag 14-15 Uhr Telefon (09 41) 9 43-41 95 e-mail: ludwig.hitzenberger@sprachlit.uni-regensburg.de
Literatur:	Lit. 4.29
Bemerkungen:	Als Nebenfächer werden häufig Anglistik, Germanistik, Romanistik, vor allem aber Wirtschaftsinformatik gewählt. Möglich sind auch z.B. Jura oder Psychologie. Praktika werden dringend empfohlen.

Magister- und Promotionsstudium Informationswissenschaft Saarbrücken

Ausbildungsstätte:	Universität des Saarlandes Fachrichtung Informationswissenschaft Postfach 15 11 50 66041 Saarbrücken Sprechzeiten: Mo, Mi 10:00 – 12:00, 13:00 – 15:00, Fr 13:00 – 14:00 Uhr Telefon: (06 81) 3 02-35 37 Telefax: (06 81) 3 02-35 57 e-mail: sekretariat@is.uni-sb.de
Studienmöglichkeiten:	Universitätsstudium Informationswissenschaft als Hauptfach oder als Nebenfach
Zulassungs- voraussetzung:	Hochschulreife, gute Englischkenntnisse, PC-Kenntnisse
Bewerbung:	bis 15. Juli an die Universität des Saarlandes, Studentensekretariat, 66041 Saarbrücken
Zulassungsverfahren:	interner Numerus clausus
Anz. Neuaufnahmen:	je 28 im Haupt- und Nebenfach pro Jahr
Ausbildungsbeginn:	jährlich zum Wintersemester
Ausbildungsdauer:	Insgesamt 9 Semester Regelstudienzeit, darin im Hauptfach 64 Semesterwochenstunden aus dem Bereich der Informationswissenschaft, im Nebenfach 46 Semesterwochenstunden.

Information und Dokumentation

Gliederung der Ausbildung:	Vier Semester Grundstudium mit methodischen Aspekten in den Themenbereichen Wissensrepräsentation, Informationslinguistik, Informationstechnik, soziale und psychische Faktoren von Informationssystemen. In den vier Semestern des Hauptstudiums können die Schwerpunkte Fachinformation, Informationsmanagement, Publikumsinformation und Informationsindustrie vertieft werden. Im 9. Semester ist die Magisterarbeit anzufertigen.
Praktika:	Ein Praktikum ist nicht vorgeschrieben, wird jedoch während der vorlesungsfreien Zeit empfohlen. Praktikumsmöglichkeiten gibt es in der EDV, bei Verlagen, Rundfunk, Informationsstellen, Bibliotheken usw.
Abschlussprüfung:	Magister oder Promotion zum Dr. phil.
Literatur:	Lit. 4.26
Bemerkungen:	Die Kombination mit geisteswissenschaftlichen Fächern ist organisatorisch einfach, mit Fächern außerhalb der Philosophischen Fakultät möglich.
	Voraussichtlich zum Wintersemester 2002/03 wird eine neue Studien- und Master-Prüfungsordnung wirksam mit zusätzlich möglichen Fächerkombinationen, Pflichtpraktika und studienbegleitenden Prüfungen.
	Siehe auch Studium der Computerlinguistik an der gleichen Universität, Seite 280.

Bachelorstudium (FH) Informationsdesign Stuttgart

Ausbildungsstätte:	Fachhochschule Stuttgart Hochschule der Medien Fachbereich Information und Kommunikation Wolframstraße 32 70191 Stuttgart Telefon: (07 11) 2 57 06-0 Telefax: (07 11) 2 57 06-3 00 e-mail: info@hdm-stuttgart.de Internet: http://www.hdm-stuttgart.de
Zulassungs- voraussetzungen:	Hochschulreife oder Fachhochschulreife
Bewerbung:	bis 15. Juli an die Ausbildungsstätte
Anz. Neuaufnahmen:	15 pro Jahr
Ausbildungsbeginn:	jährlich zum Wintersemester
Ausbildungsdauer:	insgesamt 7 Semester inklusive eines Praxissemesters
Abschluss:	Bachelor of Information and Communication mit dem Zusatz Informationsdesign
Studienfachberatung:	Prof. Dr. Frank Thissen, e-mail: thissen@hdm-stuttgart.de
Bemerkung:	Siehe auch Bibliotheks- und Medienmanagement (Seite 151) sowie Musikinformationsmanagement (Seite 160) und Informationswirtschaft (Seite 196) derselben Ausbildungsstätte.

Diplom- und Masterstudium (FH) Informationswirtschaft Stuttgart

Ausbildungsstätte:	Fachhochschule Stuttgart Hochschule der Medien Fachbereich Information und Kommunikation Wolframstraße 32 70191 Stuttgart Telefon: (07 11) 2 57 06-0 Telefax: (07 11) 2 57 06-3 00 e-mail: info@hdm-stuttgart.de Internet: http://www.hdm-stuttgart.de
Studienabschlüsse:	a) Diplom-Informationswirt (FH) b) Master of Information and Communication
Zulassungsvoraussetzungen:	für a) Hochschulreife oder Fachhochschulreife, für b) überdurchschnittlicher Hochschulabschluss in einem verwandten grundständigen Studiengang, gute deutsche und englische Sprachkenntnisse, gute informations- und kommunikationstechnische Kenntnisse
Bewerbung:	a) bis 15. Juli an die Ausbildungsstätte b) bis 15. Januar an die Ausbildungsstätte
Anz. Neuaufnahmen:	a) 75 Studierende pro Jahr b) 25 Studierende pro Jahr
Ausbildungsbeginn:	a) jährlich zum Wintersemester b) jährlich zum Sommersemester
Ausbildungsdauer:	a) insgesamt 7 Semester b) insgesamt 3 Semester

Studium

Gliederung der Ausbildung:	a) 2 Semester Grundstudium, 2 Semester Hauptstudium, 1 Praxissemester, 2 Semester Hauptstudium b) Im 1. und 2. Semester finden praxisorientierte Seminare statt, im 3. Semester ist von Februar bis April ein dreimonatiges Industriepraktikum zu absolvieren, an das sich die Masterarbeit anschließt
Studienberatung:	a) Prof. Dr. Michelson e-mail: michelson@hdm-stuttgart.de b) Prof. Dr. von Keitz e-mail: keitz@hdm-stuttgart.de
Informationen	Hochschule der Medien Sabine Bartel (Studentensekretariat) Wolframstraße 32, 70191 Stuttgart Sprechzeiten: Mo 13:30 – 15:30, Di – Do: 9:30 – 12:30, 13:30 – 15:30 Uhr Telefon: (07 11) 2 57 06-1 48 e-mail: bartels@hdm-stuttgart.de
Bemerkungen:	Am 01.09.2001 wurde die bisherige „Fachhochschule Stuttgart – Hochschule für Bibliotheks- und Informationswesen" vereinigt mit der „Hochschule für Druck und Medien" und ist jetzt in der neu entstandenen „Hochschule der Medien" der Fachbereich III Information und Kommunikation. Das Masterstudium nach b) wurde erstmals zum Sommersemester 2001 angeboten. Siehe auch Bibliotheks- und Medienmanagement (Seite 151), Musikinformationsmanagement (Seite 160) und Informationsdesign (Seite 195) derselben Ausbildungsstätte.

Ergänzungsstudium Information und Multimedia Ansbach

Ausbildungsstätte:	Fachhochschule Ansbach Residenzstraße 8 91522 Ansbach Telefon: (09 81) 48 77-0 Telefax: (09 81) 48 77-1 88 Internet: http://www.fh-ansbach.de
Studienmöglichkeit:	Berufsbegleitendes Studium für Hochschulabsolventen aller Fachrichtungen. Während des Studiums werden die Präsenzphasen an der Fachhochschule durch Lehrveranstaltungen über Kommunikationsnetze (Tele-Teaching) ergänzt. Die Lehrveranstaltungen finden am Freitagnachmittag und Samstag statt.
Zulassungs- voraussetzungen:	Nachweis eines für das Studium einschlägigen Arbeits- oder Praktikantenverhältnisses über die gesamte Dauer des Studiums
Bewerbung:	vom 2. Mai bis 15. Juni an die Ausbildungsstätte
Zulassungsverfahren:	lokaler Numerus Clausus
Anz. Neuaufnahmen:	20
Ausbildungsbeginn:	jährlich zum 1. Oktober
Ausbildungsdauer:	insgesamt 4 Semester
Gliederung der Ausbildung:	Fächergrundblock: Grundlagen der Informationstechnik, Medientechnik, Informationsdienste, Netze und Multimedia-Applikationen. Ergänzungsblock: Grundlagen der Datenverarbeitung, Informationsverarbeitung, Endgeräte, wirtschaftliche Aspekte und Teletext-Praktikum, außerdem findet ein Projekt statt.

Ergänzungs- und Aufbaustudium

Abschluss:	Diplom-Informationswirt (FH)
Studienberatung:	Dr. Heidemarie Rammler, Anschrift wie Ausbildungsstätte, Termin nach Vereinbarung Telefon: (09 81) 48 77-1 45
Studienfachberatung:	Sprechzeiten nach Vereinbarung über das Fachbereichssekretariat: (09 81) 48 77-2 01
Bemerkungen:	Zulassungsanträge sind ab Ende April bei der Ausbildungsstätte anzufordern. Beizulegen ist ein Adressaufkleber mit der eigenen Anschrift, sowie Briefmarken im Wert von € 1.53 für Porto. Dieses Ergänzungsstudium wird seit dem Wintersemester 1997/98 angeboten.

Information und Dokumentation

Weiterbildungsstudium Wirtschafts- und Fachinformation Ilmenau

Ausbildungsstätte:	Technische Universität Ilmenau Fakultät für Wirtschaftswissenschaften Institut für Wirtschaftsinformatik Postfach 10 05 65 98684 Ilmenau Telefon: (0 36 77) 69-40 40 Telefax: (0 36 77) 69-42 04 Internet: http://www.tu-ilmenau.de
Studienmöglichkeit:	Universitäres Weiterbildungsstudium Wirtschafts- und Fachinformation als Fernstudium mit Präsenztagen
Zulassungsvoraussetzungen:	Abgeschlossenes Universitäts- oder Fachhochschulstudium vorzugsweise technischer oder wirtschaftswissenschaftlicher Fachrichtung. Es können aber auch Bewerber, die sich entsprechendes Wissen im Beruf erworben haben, zugelassen werden.
Bewerbung:	von Mai bis August an die Ausbildungsstätte
Anz. Neuaufnahmen:	ca. 20 pro Jahr
Ausbildungsbeginn:	jährlich im Wintersemester
Ausbildungsdauer:	insgesamt 3 Semester
Gliederung der Ausbildung:	Insgesamt 8 Lehrmodule im Fernstudium. Fünf dreitägige Präsenzkurse (Donnerstag bis Samstag) je Semester in Ilmenau
Abschlussprüfung:	Bewertete und testierte Leistungsnachweise in den 8 Lehrmodulen, schriftliche Abschlussarbeit zur Erlangung des Universitätszertifikats Fachinformator

Allgemeine Studienberatung:	Studentensekretariat, Max-Planck-Ring 14, 98684 Ilmenau Sprechzeiten: Mo, Di, Do 8:30 – 11:30, 13:00 – 15:00 Uhr, Fr 8:30 – 11:30 Uhr Telefon: (0 36 77) 69-17 37 Telefax: (0 36 77) 69-17 20 e-mail: studienberatung.org@zv.tu-ilmenau.de
Studienfachberatung:	Dr.-Ing. Bernd Markscheffel Anschrift wie Ausbildungsstätte Telefon: (0 36 77) 69-40 53 e-mail: bernd.markscheffel@wirtschaft.tu-ilmenau.de
Gesamtkosten:	ca. € 1 395
Literatur:	Lit. 4.24

Information und Dokumentation

Master-Aufbaustudium Information Engineering, Schwerpunkt Informationswissenschaft Konstanz

Ausbildungsstätte:	Universität Konstanz Fachbereich Informatik und Informationswissenschaft Postfach D 188 78434 Konstanz Öffnungszeiten: Mo – Fr: 9 – 17 Uhr Telefon: (0 75 31) 88-44 30 /-44 31 Telefax: (0 75 31) 88-35 77 Internet: http://www.inf.uni-konstanz.de/Lehre/IE/ie.html
Zulassungsvoraussetzungen:	abgeschlossenes Hochschulstudium
Bewerbung:	bis 15. Juli an die Universität Konstanz, Studentische Abteilung des Rektorats, Postfach 5560, 78434 Konstanz
Zulassungsverfahren:	internes Verfahren unter Berücksichtigung der Fachrichtung und Note des abgeschlossenen Primärstudiums
Anz. Neuaufnahmen:	20 pro Jahr
Ausbildungsbeginn:	jährlich zum Winter- und zum Sommersemester
Ausbildungsdauer:	insgesamt 4 Semester
Gliederung der Ausbildung:	2 Semester Studium, 2-monatiges Arbeitspraktikum, 2 Semester Studium, Masterarbeit und mündliche Prüfung
Abschlussprüfung:	Masterprüfung

Ergänzungs- und Aufbaustudium

Studienfachberatung:	Hans-J. Nagel, Universität Konstanz, Fachbereich Informatik und Informationswissenschaft, Postfach 55 60, 78434 Konstanz, Telefon (0 75 31) 88-35 35, e-mail: Hans-J.Nagel@uni-konstanz.de
Allgemeine Studienberatung:	Zentrale Studienberatung Öffnungszeiten: Mo 13:30 – 15:00, Di und Mi 9:00 – 12:30 und 13:30 – 15:00, Do 9:00 – 12:30, Fr 10:30 – 12:30 Uhr Telefon: (0 75 31) 88-34 36
Bemerkungen:	Lehrmaterialien und Kurs-Skripten werden dokumentiert und im Intranet online bereit gestellt. Den Studiengang gibt es seit dem Wintersemester 1999/2000.

Information und Dokumentation

Berufsbegleitende Fortbildung Wissenschaftlicher Dokumentar (Information Specialist) Potsdam

Ausbildungsstätte:	Fachhochschule Potsdam Institut für Information und Dokumentation Postfach 60 06 08 14406 Potsdam Telefon: (03 31) 5 80-24 11 Telefax: (03 31) 5 80-24 19 e-mail: iid@fh-potsdam.de Internet: http://www.iid.fh-potsdam.de
Studienmöglichkeiten:	a) berufsbegleitende dokumentarische Ausbildung für Hochschulabsolventen verschiedener Fachrichtungen b) dokumentarische Ausbildung für arbeitslose Hochschulabsolventen, getragen von der gemeinnützigen Gesellschaft für Fortbildung, Forschung und Dokumentation (gGFFD), Internet: http://www.gGFFD.de
Zulassungs- voraussetzungen:	a) und b): abgeschlossenes Hochschulstudium; englische Sprachkenntnisse, EDV-Kenntnisse für a) zusätzlich: mindestens einjährige Tätigkeit in einer Informations- oder Dokumentationsstelle vor Beginn der Ausbildung, Nachweis einer einschlägigen Berufstätigkeit im Jahr der Ausbildung
Bewerbung:	für a) an die Ausbildungsstätte für b) an die gGFFDmbH, Axel Holst M.A., Am Neuen Markt 8, 14467 Potsdam Telefon: (03 31) 29 8 35-0 Telefax: (03 31) 2 98 35-99 e-mail: holst@ggffd.de
Zulassungsverfahren:	Entscheidung der Zulassungskommission

Ergänzungs- und Aufbaustudium

Anz. Neuaufnahmen:	für a) und b) zusammen etwa 40 pro Jahr
Ausbildungsbeginn:	Beginn jährlich im Januar oder Februar mit einer zusätzlichen EDV-Einführung und dann wieder etwa im Juni für Personen mit EDV-Kenntnissen
Ausbildungsdauer:	a) 1 Jahr b) 2 Jahre
Gliederung der Ausbildung:	b) 1 Jahr praktische Tätigkeit an verschiedenen Stellen, a) und b) 13 Wochen theoretische Ausbildung je 40 Stunden am Institut für Information und Dokumentation der Fachhochschule Potsdam verteilt auf ein Jahr, ansonsten gehen die Teilnehmer ihrer Berufstätigkeit bzw. praktischen Tätigkeit nach.
Praktika:	berufliche bzw. praktische Tätigkeit während der Ausbildung, da berufsbegleitend
Abschlussprüfung:	Abschlussprüfung am Institut für Information und Dokumentation der Fachhochschule Potsdam, bestehend aus einer innerhalb von 2 Monaten zu erstellenden Abschlussarbeit und einer mündlichen Prüfung.
Gesamtkosten:	Teilnahmegebühr derzeit € 3 100, bei b) Förderung durch die gGFFD
Literatur:	Lit. 4.27
Bemerkung:	Die Fortbildung nach a) erfolgte von 1967 bis 1991 in Frankfurt a.M. am Lehrinstitut für Dokumentation der Deutschen Gesellschaft für Dokumentation

Fachangestellter für Medien- und Informationsdienste (FAMI) Fachrichtung Medizinische Dokumentation

Ausbildung:	Duale Ausbildung, d.h. praktische Ausbildung in einem Krankenhaus, einer Einrichtung des Gesundheitswesens oder der pharmazeutischen Industrie als Lehrbetrieb und theoretische Ausbildung in der Berufsschule
Zulassungs- voraussetzungen:	Bestimmte Voraussetzungen werden nicht verlangt, aber meist werden nur Bewerber mit qualifizierendem Hauptschulabschluss oder vergleichbarem Leistungsstand die Ausbildung schaffen.
Bewerbung:	An eine öffentliche oder private Dokumentationsstelle z.B. in einem Krankenhaus, einer pharmazeutischen Firma oder einer anderen Einrichtung des Gesundheitswesen mit dokumentarischen Aufgaben. Ausbildungsbeginn ist meist nach den Sommerferien, deshalb sollte die Bewerbung spätestens etwa im März erfolgen.
Bemerkung:	Eine detaillierte Darstellung erfolgt für die Fachrichtung Bibliothek, siehe Seite 124.

Berufs- und Fachschule

Medizinischer Dokumentationsassistent Berlin

Ausbildungsstätte:	Dr. Weiss & Partner GmbH Institut für Fort- und Weiterbildung Elbestraße 28/29 12045 Berlin Telefon: (0 30) 53 63 35-0 Telefax: (0 30) 53 63 35-18 e-mail: berlin@dwp.de Internet: http://www.dwp.de
Zulassungs- voraussetzungen:	Realschulabschluss in Verbindung mit einer abgeschlossenen Berufsausbildung im medizinischen Bereich
Bewerbung:	an die Ausbildungsstätte. Die Zusammenstellung eines Kurses und der Ausbildungsbeginn werden zusammen mit dem Arbeitsamt festgelegt.
Anz. Neuaufnahmen:	ca. 50 pro Jahr
Ausbildungsdauer:	insgesamt 12 Monate
Gliederung:	Die Ausbildung enthält ein sechswöchiges Praktikum.
Abschluss:	Zeugnis der Ausbildungsstätte
Gesamtkosten:	Die Kosten der Umschulung werden vom Arbeitsamt, der Bundesversicherungsanstalt für Angestellte (BfA), der Landesversicherungsanstalt für Arbeiter (LVA) oder der Berufsgenossenschaft übernommen.
Bemerkungen:	Alle Teilnehmer sind Umschüler. Die Qualifizierung gibt es in ähnlicher Form seit 1994. Die Ausbildungsstätte bietet auch ein berufsbegleitendes Seminar an. Diese Seminar geht über 1 Jahr jede Woche einen Abend und jeden zweiten Samstag. Es kostet € 1 100.

Medizinischer Dokumentationsassistent Braunschweig

Ausbildungsstätte:	Oskar-Kämmer-Schule Gemeinnützige Schulgesellschaft mbH Bereich Gesundheitswesen und EDV Heinrich-Büssing-Ring 41a 38102 Braunschweig Telefon: (05 31) 22 11-0 Telefax: (05 31) 22 11-150 e-mail: info@oks.de Internet: http://www.oks.de
Zulassungsvoraussetzungen:	Hauptschulabschluss in Verbindung mit einer zweijährigen Berufsausbildung oder Realschulabschluss.
Bewerbung:	bis Lehrgangsbeginn an die Ausbildungsstätte
Zulassungsverfahren:	Beratungsgespräch und Eingangstest bei der Ausbildungsstätte
Anz. Neuaufnahmen:	20 pro Jahr
Ausbildungsbeginn:	jährlich im Februar
Ausbildungsdauer:	insgesamt 2 Jahre
Gliederung der Ausbildung:	11 Monate Unterricht, 8 Monate Praktikum, 5 Monate Unterricht, Prüfung
Praktikumsstellen:	Pharmaindustrie, öffentliches Gesundheitswesen, Softwareindustrie
Abschlussprüfung:	Schriftliche, fachpraktische und mündliche Prüfung aller Fachgebiete am Ende der Ausbildung
Gesamtkosten:	Lehrgangs- und Prüfungsgebühren für Umschüler ca. € 14 500.

Berufs- und Fachschule

Auskunft und Beratung:	Sprechzeiten: Mo – Do 8:00 – 15:00 Uhr, Fr 8:00 – 13:00 Uhr Frau Wolf: (05 31) 22 11-1 59, Frau Meneguzzi: (05 31) 22 11-1 64
Bemerkungen:	Die Oskar-Kämmer-Schule wurde 1945 gegründet, hat heute etwa 25 Standorte in Niedersachsen und Sachsen-Anhalt. Sie bietet ein breitgefächertes Bildungsangebot in Wirtschaft, EDV, Soziales, Gesundheit und mehreren anderen Bereichen. Die Ausbildung zum Medizinischen Dokumentationsassistenten gibt es seit Oktober 1993. Die meisten Teilnehmer sind vom Arbeitsamt geförderte Umschüler.

Medizinische Dokumentation

Medizinischer Dokumentationsassistent Bremen

Ausbildungsstätte:	Institut für berufliche Integration und Pflegepädagogik e.V. Hastedter Heerstraße 283 - 85 28207 Bremen Telefon: (04 21) 20 18 11 Telefax: (04 21) 20 18 13 e-mail: info@ibip.de Internet: http://www.ibip.de
Zulassungsvoraussetzungen:	Realschulabschluss oder Hauptschulabschluss und eine mindestens zweijährige Berufsausbildung
Bewerbung:	Jederzeit. Eine frühzeitige Bewerbung verbessert die Chance für eine Aufnahme.
Zulassungsverfahren:	Gespräch und Eignungstest
Anz. Neuaufnahmen:	22 pro Jahr
Ausbildungsbeginn:	jährlich im April
Ausbildungsdauer:	insgesamt 2 Jahre
Gliederung der Ausbildung:	28 Wochen Unterricht, 12 Wochen Praktikum, 24 Wochen Unterricht, 16 Wochen Praktikum, während der Praktika jeweils 1 Workshoptag.
Informationen:	Holger Klüdtke oder Sylke Reinhard Anschrift und Telefon siehe Ausbildungsstätte
Gesamtkosten:	Das Schulgeld von insgesamt ca. € 10 000 kann auf Antrag reduziert werden oder durch das Arbeitsamt oder als Rehabilitationsmaßnahme gefördert werden.
Bemerkung:	Die Ausbildung gibt es seit August 1992.

Berufs- und Fachschule

Medizinischer Dokumentationsassistent Dresden

Ausbildungsstätte:	Institut für Bildung und Beratung GmbH Berufsfachschule für Medizinische Dokumentation Könneritzstr. 33 01067 Dresden Telefon: (03 51) 4 94 49-20 Telefax: (03 51) 4 94 49-13 e-mail: ibb@ibb-dresden.de Internet: http://www.ibb-dresden.de
Zulassungsvoraussetzungen:	Realschulabschluss, elementare Computerkenntnisse
Bewerbung:	bis Juni an die Ausbildungsstätte
Zulassungsverfahren:	Bewerbungsgespräch und Eignungstest
Anz. Neuaufnahmen:	50 pro Jahr
Ausbildungsbeginn:	jährlich im August
Ausbildungsdauer:	insgesamt 3 Jahre
Praktika	Im 1. Ausbildungsjahr 6 Wochen Praktikum, im 2. Ausbildungsjahr 3 Monate und im 3. Jahr 5 Wochen Praktikum in Kliniken, klinischen Forschungseinrichtungen, in der pharmazeutischen Industrie, bei Krankenkassen oder anderen Einrichtungen des Gesundheitswesens.
Abschlussprüfung:	Schriftliche, fachpraktische und mündliche Abschlussprüfung.
Gesamtkosten:	Das Schulgeld beträgt ca. € 1 500.

Medizinischer Dokumentationsassistent Görlitz

Ausbildungsstätte:	Berufsschule für Ergotherapie, Rettungsassistenz und medizinische Dokumentation Furtstraße 3 02826 Görlitz Telefon: (03 58 1) 42 15-0 Telefax: (03 58 1) 42 15-14 e-mail: tuev-ps-goerlitz@de.tuv.com Internet: http://www.tuev-privatschulen.de
Zulassungsvoraussetzungen:	Realschulabschluss oder ein anderer gleichwertiger Schulabschluss
Bewerbung:	spätestens bis Mai an die Ausbildungsstätte
Zulassungsverfahren:	Informationsveranstaltung in der Ausbildungsstätte, dabei schriftlicher Test
Anz. Neuaufnahmen:	24 je Jahr
Ausbildungsbeginn:	jährlich im September
Ausbildungsdauer:	3 Jahre
Praktika	Innerhalb der Ausbildungszeit werden 3 Praktika mit zusammen 6 Monaten absolviert.
Gesamtkosten:	ca. € 6 000

Berufs- und Fachschule

Medizinischer Dokumentationsassistent Halberstadt

Ausbildungsstätte:	Fit-Ausbildungs-Akademie ggGmbH Rudolf-Diesel-Str. 4 38820 Halberstadt Telefon: (0 39 41) 60 51 47 Telefax: (0 39 41) 60 51 47 e-mail: B.Fenner@fit-bildung.de Internet: http://www.fit-bildung.de
Zulassungs- voraussetzungen:	Realschulabschluss
Bewerbung:	bis Lehrgangsbeginn an die Ausbildungsstätte
Zulassungsverfahren:	Gespräch und Eingangstest bei der Ausbildungsstätte
Anz. Neuaufnahmen:	20 pro Jahr
Ausbildungsbeginn:	jährlich Anfang September
Ausbildungsdauer:	insgesamt 2 Jahre
Praktika:	Das erste Ausbildungsjahr enthält 9 Wochen, das zweite 15 Wochen Praktikum.
Praktikumsstellen:	in Krankenhäusern, Rehabilitationseinrichtungen, Spezialkliniken, Kassenärztlichen Vereinigungen, Forschungseinrichtungen, in der Pharmaindustrie sowie in anderen Einrichtungen des Gesundheitswesens
Abschlussprüfung:	Die schulinterne Prüfung nach staatlichen Vorschriften führt zu der Bezeichnung "staatlich geprüfter Medizinischer Dokumentationsassistent".

Medizinische Dokumentation

Gesamtkosten:	Bei Erstausbildung ca. € 3 600, die Schüler können BAFöG am Heimatort beantragen. Bei Umschulung ca. € 6 000, kann vom Arbeitsamt übernommen werden.
Auskunft und Beratung:	Herr Scherbaum, Anschrift und Telefon wie Ausbildungsstätte.
Bemerkungen:	Die Ausbildung zum Medizinischen Dokumentationsassistenten wurde 1997 neu eingerichtet.
	Die meisten Teilnehmer sind vom Arbeitsamt geförderte Umschüler.
	Die Ausbildungsstätte bietet die gleiche Ausbildung auch in Magdeburg (siehe S. 224) an.

Berufs- und Fachschule

Medizinischer Dokumentationsassistent Halle

Ausbildungsstätte:	Medizinische Berufsfachschule an der Medizinischen Fakultät der Martin-Luther-Universität Halle-Wittenberg Voßstraße 1 06097 Halle Telefon: (03 45) 5 57-34 84 Telefax: (03 45) 5 57-34 92 e-mail: med.bfs@medizin.uni-halle.de Internet: http://www.medizin.uni-halle.de/mbf
	in Verbindung mit dem Institut für Medizinische Epidemiologie, Biometrie und Medizinische Informatik der Martin-Luther-Universität Halle-Wittenberg, 06097 Halle
Zulassungsvoraussetzungen:	Realschulabschluss, Fertigkeiten im Maschinenschreiben
Bewerbung:	bis 31. Dezember an die Ausbildungsstätte
Zulassungsverfahren:	Eignungsgespräch, Entscheidung durch Zulassungskommission
Anz. Neuaufnahmen:	18 pro Jahr
Ausbildungsbeginn:	August 2002, August 2004 usw. alle 2 Jahre entsprechend dem Schuljahresbeginn in Sachsen-Anhalt
Ausbildungsdauer:	insgesamt 2 Jahre
Gliederung der Ausbildung:	9 Monate Unterricht und Übungen, 3 Monate Praktika, 8 Monate Unterricht und Übungen, 4 Monate Praktikum, Abschlussprüfung.

Medizinische Dokumentation

Praktikumsstellen:	Im Krankenhaus, in medizinischen Instituten, in der Pharmaindustrie, in ärztlichen Gemeinschaftspraxen.
Abschlussprüfung:	Schriftliche Prüfungen in 3 Fächergruppen und eine fachpraktische Prüfung.
Bemerkung:	Die Ausbildung gibt es seit August 1992.

Berufs- und Fachschule

Medizinischer Dokumentationsassistent Halle

Ausbildungsstätte:	Berufsbildende Schulen V für Gesundheit, Körperpflege und Sozialpädagogik Rainstraße 19 06114 Halle Telefon: (03 45) 52 16 50 Telefax: (03 45) 52 16 51 4 e-mail: bbs5-halle@t-online.de
Zulassungsvoraussetzungen:	Realschulabschluss oder gleichwertiger Bildungsstand
Bewerbung:	bis 31. März an die Ausbildungsstätte
Anz. Neuaufnahmen:	ca. 20 pro Jahr
Ausbildungsbeginn:	jährlich im August
Ausbildungsdauer:	insgesamt 2 Jahre
Gliederung der Ausbildung:	Im ersten Ausbildungsjahr ist ein Praktikum von 9 Wochen und im zweiten Ausbildungsjahr ein Praktikum von 15 Wochen abzuleisten.
Praktikumsstellen:	in allgemeinen Krankenhäusern, Universitäts- und Rehabilitationskliniken, in medizinischen Instituten, in der Pharmaindustrie
Abschlussprüfung:	Die schulinterne Prüfung nach staatlichen Vorschriften führt zu der Bezeichnung "staatlich geprüfter Medizinischer Dokumentationsassistent".

Medizinischer Dokumentationsassistent Halle

Ausbildungsstätte:	CELOOK GmbH Grenzstraße 28 06112 Halle Telefon: (03 45) 57 09 82 6 Telefax: (03 45) 57 09 82 9 e-mail: info@celook.de Internet: http://www.celook.de
Zulassungsvoraussetzungen:	Realschulabschluss oder gleichwertiger Bildungsstand
Bewerbung:	an die Ausbildungsstätte
Anz. Neuaufnahmen:	ca. 25 pro Jahr
Ausbildungsbeginn:	jährlich im August
Ausbildungsdauer:	insgesamt 2 Jahre
Praktika:	Im ersten Ausbildungsjahr ist ein Praktikum von 9 Wochen und im zweiten Ausbildungsjahr ein Praktikum von 15 Wochen abzuleisten.
Praktikumsstellen:	in allgemeinen Krankenhäusern, Universitäts- und Rehabilitationskliniken, in medizinischen Instituten, in der Pharmaindustrie
Ansprechpartner:	Frau Bartlitz, Anschrift wie Ausbildungsstätte
Abschluss:	Die schulinterne Prüfung nach staatlichen Vorschriften führt zu der Bezeichnung "staatlich geprüfter Medizinischer Dokumentationsassistent".
Gesamtkosten:	ca. € 1 350 .
Bemerkung:	Ein weiterer Schulstandort befindet sich in Merseburg (s. S. 226) und in Weißenfels (s. S. 231)

Berufs- und Fachschule

Medizinischer Dokumentationsassistent Heidelberg

Ausbildungsstätte:	SRH Learnlife Berufsfachschule für Medizinische Dokumentation Postfach 10 14 09 69004 Heidelberg Telefon: (0 62 21) 88 35 70 Telefax: (0 62 21) 88 33 75 e-mail: petra.steigerwald@bfw-heidelberg.de Internet: http://www.mtla-heidelberg.de.vu/
Zulassungsvoraussetzungen:	Realschulabschluss oder ein dem Realschulabschluss gleichwertiger Abschluss oder Hauptschule mit mindestens 2-jähriger abgeschlossener Berufsausbildung.
Bewerbung:	Bei Selbstzahlern an die Ausbildungsstätte, bei Umschülern Anmeldung über das Arbeitsamt bzw. den Kostenträger.
Zulassungsverfahren:	REHA-Verfahren (Umschüler), persönliche Vorstellung (Selbstzahler)
Anz. Neuaufnahmen:	20 pro Jahr
Ausbildungsbeginn:	jährlich etwa Oktober / November
Ausbildungsdauer:	insgesamt 2 Jahre
Ausbildungsverlauf:	Es werden zwei externe Praktika von insgesamt 24 Wochen während der Ausbildungszeit durchgeführt.
Praktikumsstellen:	Im Krankenhaus, in medizinischen Instituten, in der Pharmaindustrie, in ärztlichen Gemeinschaftspraxen

Medizinische Dokumentation

Gesamtkosten: ca. € 7 650 (Selbstzahler)

Bemerkung: Der erste Ausbildungsgang zum Medizinischen Dokumentationsassistenten hat am 15.11.2001 begonnen.

Die meisten Teilnehmer sind von REHA-Trägern geförderte Umschüler.

Berufs- und Fachschule

Medizinischer Dokumentationsassistent Klötze

Ausbildungsstätte:	Berufsbildende Schulen Altmarkkreis Salzwedel Straße der Jugend 5 38486 Klötze Telefon: (0 39 09) 4 29 28 Telefax: (0 39 09) 4 28 97
Zulassungsvoraussetzung:	Realschulabschluss
Bewerbung:	bis Ende April an die Ausbildungsstätte
Anz. Neuaufnahmen:	20 pro Jahr
Ausbildungsbeginn:	jährlich im August
Ausbildungsdauer:	insgesamt 2 Jahre
Gliederung der Ausbildung:	Im ersten Jahr theoretische Ausbildung und fachpraktische Ausbildung mit zwei Praktika von 4 bzw. 5 Wochen. Im zweiten Ausbildungsjahr ein Praktikum vom 15 Wochen.
Praktikumsstellen:	Krankenhäuser, Gesundheitsämter, Tumorzentren, größere Apotheken, medizinische Bibliotheken, Forschungseinrichtungen, Pharmaindustrie sowie Firmen für Medizinsoftware.
Abschlussprüfung:	Schriftliche, mündliche und praktische Prüfungen.
Abschluss:	Die Abschlussprüfung führt zu der Bezeichnung „staatlich geprüfter Medizinischer Dokumentationsassistent".

Medizinische Dokumentation

Medizinischer Dokumentationsassistent Leipzig

Ausbildungsstätte:	Berufliches Schulzentrum 9 (Gesundheit und Sozialwesen) der Stadt Leipzig Berufsfachschule für Medizinische Dokumentation Schönauer Str. 160 04207 Leipzig Telefon: (03 41) 42 64 10 Telefax: (03 41) 42 64 14 1 e-mail: schule@bsz9.de Internet: http://www/bsz9.de
Zulassungs- voraussetzung:	Realschulabschluss
Bewerbung:	bis 28. Februar an die Ausbildungsstätte
Zulassungsverfahren:	Durchschnittsnoten ohne Sport, Ethik, Religion
Anz. Neuaufnahmen:	32 pro Jahr
Ausbildungsbeginn:	jährlich im August oder September nach der Ferienregelung Sachsen
Ausbildungsdauer:	insgesamt 3 Jahre
Gliederung der Ausbildung:	Theoretische Ausbildung und fachpraktische Ausbildung, 8 Wochen berufsbegleitendes Praktikum pro Jahr in medizinischen Einrichtungen.
Praktikumsstellen:	Krankenhäuser, Gesundheitsämter, Tumorzentren, größere Apotheken, medizinische Bibliotheken, Forschungseinrichtungen, Pharmaindustrie
Abschlussprüfung:	Schriftliche, mündliche und praktische Prüfungen.
Bemerkung:	Die Ausbildung gibt es seit 1995.

Berufs- und Fachschule

Medizinischer Dokumentationsassistent Magdeburg

Ausbildungsstätte:	Berufsbildende Schule VIII für Gesundheits- und Sozialberufe „Dr. Otto Schlein" Alt Westerhüsen 51 – 60 39122 Magdeburg Telefon: (03 91) 40 69 60 Telefax: (03 91) 40 69 65 7
Zulassungs- voraussetzungen:	Realschulabschluss
Bewerbung:	bis Lehrgangsbeginn an die Ausbildungsstätte
Zulassungsverfahren:	Beratungsgespräch und Eingangstest bei der Ausbildungsstätte
Anz. Neuaufnahmen:	24 pro Jahr
Ausbildungsbeginn:	jährlich nach den Sommerferien
Ausbildungsdauer:	insgesamt 2 Jahre
Praktika:	Das erste Ausbildungsjahr enthält 9 Wochen, das zweite 15 Wochen Praktikum.
Praktikumsstellen:	in Krankenhäusern, Rehabilitationseinrichtungen, Spezialkliniken, Kassenärztlichen Vereinigungen, Forschungseinrichtungen, in der Pharmaindustrie sowie in anderen Einrichtungen des Gesundheitswesens
Abschlussprüfung:	Die schulinterne Prüfung nach staatlichen Vorschriften führt zu der Bezeichnung "staatlich geprüfter Medizinischer Dokumentationsassistent".

Medizinische Dokumentation

Medizinischer Dokumentationsassistent Magdeburg

Ausbildungsstätte:	Fit-Ausbildungs-Akademie-gGmbH Halberstädter Str. 42 39112 Magdeburg Telefon: (03 91) 6 08 44-0 Telefax: (03 91) 6 08 44-22 e-mail: Dr.Stein@fit-bildung.de Internet: http://www.fit-bildung.de
Zulassungs- voraussetzungen:	Realschulabschluss
Bewerbung:	bis Lehrgangsbeginn an die Ausbildungsstätte
Zulassungsverfahren:	Gespräch und Eingangstest bei der Ausbildungsstätte
Anz. Neuaufnahmen:	jährlich 2 x 24
Ausbildungsbeginn:	jährlich im Februar und im September
Ausbildungsdauer:	insgesamt 2 Jahre
Gliederung der Ausbildung:	Das erste Ausbildungsjahr enthält 9 Wochen, das zweite 15 Wochen Praktikum.
Praktikumsstellen:	In Krankenhäusern, Rehabilitationseinrichtungen, Spezialkliniken, Kassenärztlichen Vereinigungen, Forschungseinrichtungen, in der Pharmaindustrie sowie in anderen Einrichtungen des Gesundheitswesens.
Abschlussprüfung:	Die schulinterne Prüfung nach staatlichen Vorschriften führt zu der Bezeichnung "staatlich geprüfter Medizinischer Dokumentationsassistent".

Gesamtkosten:	Bei Erstausbildung ca. € 3 600, die Schüler können BAFöG am Heimatort beantragen. Bei Umschulung ca. € 6 000, kann vom Arbeitsamt übernommen werden.
Auskunft und Beratung:	Margot Brandt (Schulleiterin), Anschrift und Telefon wie Ausbildungsstätte,
Bemerkungen:	Die Ausbildung zum Medizinischen Dokumentationsassistenten wurde 1997 neu eingerichtet.
	Die meisten Teilnehmer sind vom Arbeitsamt geförderte Umschüler.
	Die Ausbildungsstätte bietet die gleiche Ausbildung auch in Halberstadt (s. S. 213) an.

Medizinische Dokumentation

Medizinischer Dokumentationsassistent Merseburg

Ausbildungsstätte:	CELOOK GmbH Teichstraße 15 06217 Merseburg Telefon: (0 34 61) 23 08 63 Telefax: (0 34 61) 23 08 64 e-mail: info@celook.de Internet: http://www.celook.de
Zulassungs- voraussetzungen:	Realschulabschluss oder gleichwertiger Bildungsstand
Bewerbung:	an die Ausbildungsstätte
Anz. Neuaufnahmen:	ca. 25 pro Jahr
Ausbildungsbeginn:	Schuljahresbeginn nach den Sommerferien des Landes Sachsen-Anhalt
Ausbildungsdauer:	insgesamt 2 Jahre
Gliederung der Ausbildung:	Im ersten Ausbildungsjahr ist ein Praktikum von 9 Wochen und im zweiten Ausbildungsjahr ein Praktikum von 15 Wochen abzuleisten.
Praktikumsstellen:	in allgemeinen Krankenhäusern, Universitäts- und Rehabilitationskliniken, in medizinischen Instituten, in der Pharmaindustrie
Abschluss:	Die schulinterne Prüfung nach staatlichen Vorschriften führt zu der Bezeichnung "Staatlich geprüfter Medizinischer Dokumentationsassistent".
Gesamtkosten:	ca. € 1 600
Bemerkung:	Ein weiterer Schulstandort befindet sich in Halle (s. S. 218) und in Weißenfels (s. S. 231)

Berufs- und Fachschule

Medizinischer Dokumentationsassistent Salzwedel

Ausbildungsstätte:	Berufsbildende Schulen Altmarkkreis Salzwedel Schwarzer Weg 1 29410 Salzwedel Telefon: (0 39 01) 85 80-0
Zulassungs- voraussetzung:	Realschulabschluss
Bewerbung:	bis Ende April an die Ausbildungsstätte
Anz. Neuaufnahmen:	ca. 20 – 30 pro Jahr
Ausbildungsbeginn:	jährlich im August
Ausbildungsdauer:	insgesamt 2 Jahre
Gliederung der Ausbildung:	Theoretische Ausbildung und fachpraktische Ausbildung mit zwei Praktika von 4 bzw. 5 Wochen im ersten Jahr und ein Praktikum vom 15 Wochen im zweiten Ausbildungsjahr.
Praktikumsstellen:	Krankenhäuser, Gesundheitsämter, Tumorzentren, größere Apotheken, medizinische Bibliotheken, Forschungseinrichtungen, Pharmaindustrie und Softwarehäusern
Abschlussprüfung:	Schriftliche, mündliche und praktische Prüfungen. Die Abschlussprüfung führt zur Bezeichnung „staatlich geprüfter Medizinischer Dokumentationsassistent".

Medizinischer Dokumentationsassistent Schönebeck

Ausbildungsstätte:	Oskar-Kämmer-Schule Gemeinnützige Schulgesellschaft mbH Magdeburger Str. 241 39218 Schönebeck Telefon: (0 39 28) 70 28-0 Telefax: (0 39 28) 70 28-46 e-mail: oks-sbk@t-online.de Internet: http://www.oks.de
Zulassungs- voraussetzungen:	Realschulabschluss in Verbindung mit einem Berufsabschluss, Grundkenntnisse in der EDV, wünschenswert sind medizinische Vorkenntnisse
Bewerbung:	bis Lehrgangsbeginn an die Ausbildungsstätte
Zulassungsverfahren:	Beratungsgespräch und Eingangstest bei der Ausbildungsstätte
Anz. Neuaufnahmen:	20 alle 2 Jahre
Ausbildungsbeginn:	voraussichtlich im September 2003, 2005 usw.
Ausbildungsdauer:	insgesamt 2 Jahre
Gliederung der Ausbildung:	6 Monate Unterricht, 1 Monat Praktikum, 4 Monate Unterricht, 3 Monate Praktikum, 5 Monate Unterricht, 4 Monate Praktikum, Prüfung
Praktikumsstellen:	Pharmaindustrie, öffentliches Gesundheitswesen, Softwareindustrie
Abschlussprüfung:	schriftliche, fachpraktische und mündliche Prüfung aller Fachgebiete am Ende der Ausbildung
Gesamtkosten:	Lehrgangs- und Prüfungsgebühren ca. € 13 500.

Berufs- und Fachschule

Auskunft und Beratung:	Bernhard Schulze, Schulleiter, Anschrift wie Ausbildungsstätte, Telefon (0 39 28) 70 28-0
Bemerkungen:	Die Oskar-Kämmer-Schule wurde 1945 gegründet, hat heute etwa 25 Standorte in Niedersachsen und Sachsen-Anhalt und bietet ein breitgefächertes Bildungsangebot in Wirtschaft, EDV, Soziales, Gesundheit und mehreren anderen Bereichen. Die Ausbildung zum Medizinischen Dokumentationsassistenten am Standort Schönebeck gibt es seit Januar 1998. Die meisten Teilnehmer sind vom Arbeitsamt geförderte Umschüler.

Medizinische Dokumentation

Medizinischer Dokumentationsassistent Trier

Ausbildungsstätte:	Euro-Schulen Trier Nagelstraße 10 54290 Trier Telefon: (06 51) 9 75 61 13 Telefax: (06 51) 9 75 61 20 e-mail: trier@eso.de Internet: http://www.eso.de
Zulassungsvoraussetzungen:	Realschulabschluss oder Hauptschulabschluss mit abgeschlossener Berufsausbildung.
Bewerbung:	an die Ausbildungsstätte
Zulassungsverfahren:	Eignungstest
Anz. Neuaufnahmen:	20 pro Jahr
Ausbildungsbeginn:	Der nächste Ausbildungsgang beginnt nach Entscheidung des Arbeitsamtes entweder im Oktober 2002 oder im Februar 2003.
Ausbildungsdauer:	insgesamt 2 Jahre
Praktika:	Im ersten und im zweiten Ausbildungsjahr findet je ein Praktikum von 12 Wochen statt.
Praktikumsstellen:	Krankenhäuser, Pharmaindustrie, öffentliches Gesundheitswesen, Softwareindustrie
Abschlussprüfung:	schriftliche, fachpraktische und mündliche Prüfung am Ende der Ausbildung
Gesamtkosten:	Lehrgangs- und Prüfungsgebühren ca. € 8 000
Bemerkung:	Die Euro-Schulen Trier wurden 1989 gegründet.

Berufs- und Fachschule

Medizinischer Dokumentationsassistent Weißenfels

Ausbildungsstätte:	CELOOK GmbH Nordstraße 57 06667 Weißenfels Telefon: (0 34 43) 42 10 92 e-mail: info@celook.de Internet: http://www.celook.de
Zulassungs- voraussetzungen:	Realschulabschluss oder gleichwertiger Bildungsstand
Bewerbung:	an die Ausbildungsstätte
Anz. Neuaufnahmen:	ca. 25 pro Jahr
Ausbildungsbeginn:	Schuljahresbeginn nach den Sommerferien des Landes Sachsen-Anhalt
Ausbildungsdauer:	insgesamt 2 Jahre
Gliederung der Ausbildung:	Im ersten Ausbildungsjahr ist ein Praktikum von 9 Wochen und im zweiten Ausbildungsjahr ein Praktikum von 15 Wochen abzuleisten.
Praktikumsstellen:	in allgemeinen Krankenhäusern, Universitäts- und Rehabilitationskliniken, in medizinischen Instituten, in der Pharmaindustrie
Abschluss:	Die schulinterne Prüfung nach staatlichen Vorschriften führt zu der Bezeichnung "Staatlich geprüfter Medizinischer Dokumentationsassistent".
Gesamtkosten:	ca. € 1 600
Bemerkung:	Ein weiterer Schulstandort befindet sich in Halle (s. S. 218) und in Merseburg (s. S. 226)

Medizinische Dokumentation

Medizinischer Dokumentationsassistent Zwickau

Ausbildungsstätte:	Berufsfachschule der KOMPAKT gGmbH Hegelstraße 2 08056 Zwickau Telefon: (03 75) 27 11 99 40 Telefax: (03 75) 21 35 43 e-mail: Schule@kompakt-zwickau.de Internet: http://www.kompakt-zwickau.de/bfs
Zulassungsvoraussetzungen:	Realschulabschluss
Bewerbung:	an die Ausbildungsstätte
Zulassungsverfahren:	anhand der Bewerbungsunterlagen und eines persönlichen Gespräches
Anz. Neuaufnahmen:	20 pro Jahr
Ausbildungsbeginn:	jährlich zu Beginn des Schuljahres
Ausbildungsdauer:	insgesamt 3 Jahre
Ausbildung:	Die Ausbildung beinhaltet ein Praktikum von 6 Monaten.
Praktikumsstellen:	Pharmaindustrie, öffentliches Gesundheitswesen, Softwareindustrie
Gesamtkosten:	ca. € 1 850

Medizinischer Dokumentar Freiburg

Ausbildungsstätte:	Deutsche Angestellten Akademie im Bildungswerk der Deutschen Angestellten Gewerkschaft Schule für Medizinische Dokumentation Rehlingstr. 12b 79100 Freiburg Telefon: (07 61) 70 67 65 Telefax: (07 61) 70 67 79 e-mail: DAA-Freiburg.MDSchule@t-online.de Internet: http://home.t-online.de/home/DAA-Freiburg.MDSchule
Zulassungsvoraussetzungen:	allgemeine oder fachgebundene Hochschulreife oder Realschulabschluss mit zweijähriger der medizinischen Dokumentation verwandten Berufsausbildung und einjähriger Berufserfahrung; gute Schreibmaschinenkenntnisse, sowie solide Englisch- und Mathematikkenntnisse
Bewerbung:	bis spätestens einen Monat vor Ausbildungsbeginn an die Ausbildungsstätte
Zulassungsverfahren:	Intern, beginnt ca. 6 Monate vor Ausbildungsbeginn mit Bewerbungsgespräch
Anz. Neuaufnahmen:	22 alle 2 Jahre
Ausbildungsbeginn:	August 2002, der Termin für 2004 ist noch nicht bekannt.
Ausbildungsdauer:	insgesamt 3 Jahre
Gliederung der Ausbildung:	2 Monate Trainingsmaßnahmen, 10 Monate Unterricht und Übungen, erste Teilprüfung, 3 Monate Praktikum, 11 Monate Unterricht und Übungen, zweite Teilprüfung, 10 Monate Praktikum, dritte Teilprüfung

Medizinische Dokumentation

Praktikumsstellen:	In Krankenhäusern, medizinischen Instituten, in der Pharmaindustrie und bei Auftragsforschungsfirmen.
Abschlussprüfung:	erste und zweite Teilprüfung schriftlich und mündlich, dritte Teilprüfung als Studienarbeit und Kolloquium
Gesamtkosten:	Lehrgangs- und Prüfungsgebühren ca. € 15 000
Bemerkungen:	Die Ausbildung gibt es seit 1988, in der jetzigen Form seit 1990.
	Die meisten Teilnehmer sind vom Arbeitsamt geförderte Umschüler. Es können jedoch nur 2 Jahre der dreijährigen Ausbildung gefördert werden.

Medizinischer Dokumentar Gießen

Ausbildungsstätte:	Universität Gießen Institut für Medizinische Informatik Schule für Medizinische Dokumentation Heinrich-Buff-Ring 44 35392 Gießen Telefon: (06 41) 99-4 13 55 Telefax: (06 41) 99-4 13 59 e-mail: Schule-fuer.Med-Dok@dok.med.uni-giessen.de Internet: http://www.med.uni-giessen.de
Zulassungs- voraussetzungen:	Hochschulreife oder Realschulabschluss mit abgeschlossener, mindestens 2-jähriger Berufsausbildung
Bewerbung:	vom 1. November bis 30. April an: Zentrales Bewerberbüro Rudolf-Buchheim-Straße 8 35392 Gießen Sprechzeiten: Mo, Di, Do von 8:30 – 11:30 und Mi von 13:00 – 16:00 Uhr Telefon: (06 41) 99-4 04 26
Zulassungsverfahren:	Eignungstest und persönliches Vorstellungsgespräch
Anz. Neuaufnahmen:	25 pro Jahr
Ausbildungsbeginn:	jährlich zum 1. September
Ausbildungsdauer:	insgesamt 3 Jahre
Gliederung der Ausbildung:	12 Monate Unterricht mit anschließender Zwischenprüfung, 4 Monate Praktikum, 6 Monate Unterricht, 2 Monate Praktikum, 6 Monate Unterricht mit anschließender Endprüfung, 6 Monate Berufspraktikum

Medizinische Dokumentation

Praktikumsstellen:	in Krankenhäusern, medizinischen Instituten, in der Pharmaindustrie
Abschlussprüfung:	staatliche Prüfung, schriftlich in 5 Lehrgebieten, mündlich in 2 Lehrgebieten
Bemerkungen:	Der Medizinische Dokumentar ist in Hessen als nichtärztlicher Fachberuf im Gesundheitswesen (Heilhilfsberuf) anerkannt.
	Die Ausbildung gibt es seit 1971.

Medizinischer Dokumentar Greifswald

Ausbildungsstätte:	Berufliche Schule am Klinikum der Ernst-Moritz-Arndt-Universität, Hans-Beimler-Str. 85, 17491 Greifswald, Telefon: (0 38 34) 86-75 04 Telefax: (0 38 34) 86-75 27 e-mai: bsmedizi@rz.uni-greifswald.de Internet: http://www.medibu.uni-greifswald.de
	in Verbindung mit dem Institut für Biometrie und Medizinische Informatik der Ernst-Moritz-Arndt-Universität, Walther-Rathenau-Straße 48, 17489 Greifswald
Zulassungsvoraussetzungen:	Realschulabschluss oder ein als gleichwertig anerkannter Abschluss.
Bewerbung:	von Januar bis Februar an die Ausbildungsstätte
Zulassungsverfahren:	Entscheidung des Zulassungsausschusses anhand der Bewerbungsunterlagen
Anz. Neuaufnahmen:	20 pro Jahr
Ausbildungsbeginn:	jährlich im September
Ausbildungsdauer:	insgesamt 3 Jahre
Gliederung der Ausbildung:	12 Monate theoretischer und praktischer Unterricht, erste Teilprüfung, 12 Monate theoretischer und praktischer Unterricht im Wechsel mit Praktika von insgesamt 6 Monaten, zweite Teilprüfung, 6 Monate Berufspraktikum, dritte Teilprüfung.

Medizinische Dokumentation

Praktikumsstellen:	in Krankenhäusern, Instituten für medizinische Statistik, Dokumentation und Informatik, in medizinischen Forschungseinrichtungen, in der Pharmaindustrie
Abschlussprüfung:	In der 1. und 2. Teilprüfung werden die Fächer schriftlich, mündlich oder praktisch geprüft. Die 3. Teilprüfung besteht aus einer Studienarbeit und einem Kolloquium.
Bemerkung:	Die Ausbildung gibt es seit August 1993.

Diplom-Dokumentar (FH) Fachrichtung Biowissenschaften Hannover

Ausbildungsstätte:	Fachhochschule Hannover Fachbereich Informations- und Kommunikationswesen Ricklinger Stadtweg 120 30459 Hannover Telefon: (05 11) 92 96-16 01 /-16 02 Telefax: (05 11) 92 96-16 10 e-mail: dekanat@ik.fh-hannover.de Internet: http://www.fh-hannover.de
Zulassungs- voraussetzungen:	Hochschulreife oder Fachhochschulreife
Bewerbung:	bis 15. Juli an die Fachhochschule Hannover, Immatrikulationsamt, Ricklinger Stadtweg 118, 30459 Hannover
Zulassungsverfahren:	nach den für Numerus-clausus-Fächer geltenden Rechtsvorschriften durch das Immatrikulationsamt der Fachhochschule Hannover
Anz. Neuaufnahmen:	ca. 35 pro Jahr
Vorlesungsbeginn:	jährlich zum Wintersemester
Ausbildungsdauer:	insgesamt 8 Semester
Gliederung der Ausbildung:	3 Semester Grundstudium, Diplom-Vorprüfung, 1 Praxissemester, 2 Semester Hauptstudium mit Projektarbeit, 1 Praxissemester, 1 Semester Hauptstudium mit Diplomarbeit und Diplomprüfung
Praktikumsstellen:	Biowissenschaftliche Dokumentationsstellen, Kliniken und Tumorzentren, Pharmaindustrie, ambulante Versorgungszentren

Medizinische Dokumentation

Abschlussprüfung:	Fachhochschul-Diplomprüfung, bestehend aus Diplomarbeit und Kolloquium
Allgemeine Studienberatung:	Dr. Elke Fahl, Anschrift wie Ausbildungsstätte Öffnungszeiten: Mo 9 – 12, Di 14 –18, Mi 9 – 12, Do 9 – 12 und 14 – 18 Uhr Telefon: (05 11) 92 96-10 15 Telefax: (05 11) 92 96-11 11 e-mail: beratung@fh-hannover.de
Literatur:	Lit. 5.6
Bemerkung:	An der gleichen Ausbildungsstätte gibt es auch die Ausbildung zum Diplom-Informationswirt (siehe Seite 177) und die Ausbildungen zum Technischen Redakteur, zum Bachelor in Journalistik und zum Bachelor in PR / Öffentlichkeitsarbeit (in diesem Wegweiser nicht enthalten).

Medizinischer Dokumentar Marburg

Ausbildungsstätte:	Deutsche Angestellten Akademie Schule für Medizinische Dokumentation Ernst-Giller-Str. 20 35039 Marburg Telefon: (0 64 21) 60 98-0 Telefax: (0 64 21) 68 14 80 e-mail: info.daa-marburg@daa-bw.de Internet: http://home.t-online.de/home/DAA-MR.mdschule
Zulassungs- voraussetzungen:	Fachhochschulreife oder Realschulabschluss (oder gleichwertiger Schulabschluss) mit einer zweijährigen einschlägigen Berufsausbildung oder -tätigkeit
Bewerbung:	jederzeit an die Ausbildungsstätte
Zulassungsverfahren:	persönliche Vorstellung
Anz. Neuaufnahmen:	25 pro Jahr
Ausbildungsbeginn:	jährlich im Oktober
Ausbildungsdauer:	insgesamt 3 Jahre
Gliederung der Ausbildung:	12 Monate Unterricht, erste Teilprüfung, 3 Monate Unterricht, 3 Monate Praktikum, 6 Monate Unterricht, 3 Monate Praktikum, 3 Monate Unterricht, Abschlussprüfung, 6 Monate Berufspraktikum und Studienarbeit, Abschlusskolloquium.
Praktikumsstellen:	In Krankenhäusern, medizinischen Instituten und in der Pharmaindustrie
Abschlussprüfung:	Staatliche Prüfung, schriftlich in 5 Lehrgebieten, mündlich in 3 Lehrgebieten

Medizinische Dokumentation

Gesamtkosten:	Lehrgangs- und Prüfungsgebühren ca. € 15 000
Informationen:	Informationen sind bei der Leiterin der Schule für Medizinische Dokumentation zu erhalten: Frau Angelika Jähn, Tel. (0 64 21) 60 98 21, e-mail: DAA-MR.mdschule@t-online.de
Bemerkungen:	Der Medizinische Dokumentar ist in Hessen als nichtärztlicher Fachberuf im Gesundheitswesen (Heilhilfsberuf) staatlich anerkannt.

Die Ausbildung gibt es seit 1988.

Die meisten Teilnehmer sind vom Arbeitsamt geförderte Umschüler.

Medizinischer Dokumentar Rostock

Ausbildungsstätte:	Internationaler Bund - Medizinische Bildungsakademie Rostock Bootsbauerweg 1 18109 Rostock Telefon: (03 81) 1 27 11-40 Telefax: (03 81) 1 27 11-50 e-mail: MBA@ib-medizin.hro.mv.schule.de Internet: http://www.shuttle.schule.de/hro/ib-medizin
Zulassungs- voraussetzungen:	Realschulabschluss oder Fachhochschulreife
Bewerbung:	an die Ausbildungsstätte
Anz. Neuaufnahmen:	25 pro Jahr
Ausbildungsbeginn:	jährlich im September
Ausbildungsdauer:	insgesamt 3 Jahre
Gliederung der Ausbildung:	12 Monate theoretischer und praktischer Unterricht, erste Teilprüfung, 12 Monate theoretischer und praktischer Unterricht im Wechsel mit Praktika von insgesamt 6 Monaten, zweite Teilprüfung, 6 Monate Berufspraktikum, dritte Teilprüfung.
Abschlussprüfung:	Die Abschlussprüfung wird voraussichtlich von der Beruflichen Schule am Klinikum der Universität in Greifswald (siehe Seite 237) abgenommen.
Bemerkungen:	Die Ausbildung zum Medizinischen Dokumentar wird neu eingerichtet und voraussichtlich zum 1. September 2002 beginnen.

Medizinische Dokumentation

Medizinischer Dokumentar
Rostock

Ausbildungsstätte:	Europäische Wirtschafts- und Sprachakademie Werftstraße 5 18057 Rostock Telefon: (03 81) 8 08 71 00 Telefax: (03 81) 8 08 71 05 Internet: http://www.ews-rostock.de
Zulassungs- voraussetzungen:	Realschulabschluss oder Fachhochschulreife
Bewerbung:	an die Ausbildungsstätte
Anz. Neuaufnahmen:	etwa 20 je Jahr
Ausbildungsbeginn:	jährlich im September
Ausbildungsdauer:	insgesamt 3 Jahre
Gliederung der Ausbildung:	12 Monate theoretischer und praktischer Unterricht, erste Teilprüfung, 12 Monate theoretischer und praktischer Unterricht im Wechsel mit Praktika von insgesamt 6 Monaten, zweite Teilprüfung, 6 Monate Berufspraktikum, dritte Teilprüfung.
Abschlussprüfung:	Die Abschlussprüfung wird voraussichtlich von der Beruflichen Schule am Klinikum der Universität in Greifswald (siehe Seite 237) abgenommen.
Bemerkung:	Die Ausbildung zum Medizinischen Dokumentar wird neu eingerichtet und voraussichtlich zum 1. September 2002 beginnen.

Medizinischer Dokumentar Ulm

Ausbildungsstätte:	Universitätsklinikum Ulm Akademie für Medizinische Berufe Schule für Medizinische Dokumentation 89070 Ulm Telefon: (07 31) 5 00-2 58 66 Telefax: (07 31) 5 00-2 58 62 e-mail: akad-md@medizin.uni-ulm.de Internet: http://www.uni-ulm.de/klinik/akademie/md
Zulassungs- voraussetzungen:	Hochschulreife, Fachhochschulreife oder guter mittlerer Bildungsabschluss, Fertigkeiten im Maschinenschreiben sind erwünscht.
Bewerbung:	Vom 15. Januar bis 28. Februar an die Ausbildungsstätte. Spätere Bewerbungen können unter Umständen berücksichtigt werden.
Zulassungsverfahren:	Entscheidung des Zulassungsausschusses anhand der Bewerbungsunterlagen, des Vorstellungsgespräches und eines kurzen Tests.
Anz. Neuaufnahmen:	50 pro Jahr
Ausbildungsbeginn:	jährlich Anfang September
Ausbildungsdauer:	insgesamt 3 Jahre
Gliederung der Ausbildung:	12 Monate Unterricht und Übungen, erste Teilprüfung, 2 Monate Unterricht mit Übungen, 3 Praktika je einen Monat, 7 Monate Unterricht und Übungen, 3 Monate Praktikum, 3 Monate Unterricht mit Übungen, zweite Teilprüfung, 6 Monate Praktikum, dritte Teilprüfung.

Medizinische Dokumentation

Praktikumsstellen:	in Krankenhäusern, Instituten für medizinische Statistik, Dokumentation und Informatik, in medizinischen Forschungseinrichtungen, in der Pharmaindustrie.
Abschlussprüfung:	In der 1. und 2. Teilprüfung schriftliche Prüfung aller abgeschlossenen Fächer, mündliche Prüfung in einzelnen Fächern, 3. Teilprüfung als Studienarbeit und Kolloquium.
Literatur:	Lit. 5.7; Lit. 5.8
Bemerkungen:	Der Medizinische Dokumentar ist in Baden-Württemberg als Heilhilfsberuf anerkannt.
	Die Ausbildung gibt es seit 1969.

Diplom-Dokumentar (FH) Fachrichtung Medizin Ulm

Ausbildungsstätte:	Fachhochschule Ulm Fachbereich Informatik Postfach 38 60, 89028 Ulm Telefon: (07 31) 50-2 58 66 (allg. Studentensekretariat) Telefax: (07 31) 50-2 84 80 Internet: http://www.fh-ulm.de
Studienmöglichkeiten:	Studiengang Medizinische Dokumentation und Informatik
Zulassungs- voraussetzungen:	allgemeine oder fachgebundene Hochschulreife oder Fachhochschulreife
Bewerbung:	Bis 15. Januar für das Sommersemester bzw. bis 15. Juli für das Wintersemester an die Ausbildungsstätte mit den dort erhältlichen Antragsformularen.
Zulassungsverfahren:	Numerus clausus
Anz. Neuaufnahmen:	im Wintersemester 40, im Sommersemester 30
Studienbeginn:	jährlich zum Wintersemester und zum Sommersemester
Ausbildungsdauer:	insgesamt 8 Semester
Gliederung der Ausbildung:	2 Semester Grundstudium, 1 Semester Hauptstudium, 1 Praxissemester, 2 Semester Hauptstudium, 1 Praxissemester, 1 Semester Hauptstudium einschließlich Diplomarbeit. Prüfungen des Grund- und Hauptstudiums jeweils am Semesterende
Abschlussprüfung:	Fachhochschul-Diplomarbeit

Medizinische Dokumentation

Studienfachberatung:	Prof. Dr. Jochen Bernauer, Fachhochschule Ulm, Fachbereich Informatik, Prittwitzstr. 10, 89075 Ulm, Telefon: (07 31) 50-28 18 4, Sprechstunde nach Vereinbarung e-mail: bernauer@fh-ulm.de
	Sekretariat des Fachbereiches: Öffnungszeiten: Mo bis Fr 9:30 –11:30 Uhr Telefon: (07 31) 50-2 82 37 e-mail: zankl@fh-ulm.de
Literatur:	Lit. 5.7
Bemerkung:	Den Studiengang gibt es seit dem Wintersemester 1996/97.

Bachelor- und Masterstudium (FH) Medizinische Informatik Dortmund

Ausbildungsstätte:	Fachhochschule Dortmund Fachbereich Informatik Emil-Figge-Straße 42 44227 Dortmund Telefon: (02 31) 75 5-67 09 Telefax: (02 31) 75 5-67 10 e-mail: haas@fh-dortmund.de Internet: http://www.inf.fh-dortmund.de
Studienmöglichkeiten:	a) Bachelor of Science in Medical Informatics b) Master of Science in Medical Informatics
Zulassungs- voraussetzungen:	a) für Bachelor: allgemeine oder fachgebundene Hochschulreife oder Fachhochschulreife b) für Master: Abschluss Bachelor der Medizinischen Informatik oder Abschluss Diplom-Informatiker (FH) Studienrichtung Medizinische Informatik oder Abschluss Diplom-Informatiker (Univ.) mit Nebenfach Medizinische Informatik
Bewerbung:	für a) bis 15. Juli an die Ausbildungsstätte; für b) bis 15. Januar bzw. 15. Juli an die Ausbildungsstätte
Zulassungsverfahren:	örtlicher Numerus clausus
Anz. Neuaufnahmen:	a) 30 pro Jahr b) 15 pro Jahr
Ausbildungsbeginn:	für Bachelor jährlich zum Wintersemester; für Master im Winter- und Sommersemester
Ausbildungsdauer:	für a) insgesamt 6 Semester für b) insgesamt 4 Semester

Medizinische Informatik

Gliederung der Ausbildung:	a) 3 Semester Grundstudium, 1 Semester Hauptstudium, 1 Praxissemester, 1 Semester Hauptstudium b) 2 Semester Grundstudium, 2 Semester Hauptstudium
Abschlussprüfung:	3 Monate Diplomarbeit, Kolloquium
Allgemeine Studienberatung:	Dipl.-Päd. Marion Kriewaldt-Paschai Sonnenstraße 96 44139 Dortmund Sprechzeiten: Di 14:00 – 17:45 und Mi 9:00 – 12:00 Uhr Telefon: (02 31) 91 12-24 5 Telefax: (02 31) 91 12-27 3 e-mail: kriewaldt-paschai@fh-dortmund.de
Studienfachberatung:	Prof. Dr. Boldt Do 10:00 – 12:00 Uhr Telefon: (02 31) 75 5-67 64
Bemerkungen:	Diesen Studiengang gibt es seit dem Wintersemester 1999/00. Das Bachelor-Studium ist durch einen hohen Praxisanteil gekennzeichnet, während beim Master-Studium die theoretische Weiterbildung und Qualifikation zum wissenschaftlichen Arbeiten im Mittelpunkt stehen.

Diplom-Medizininformatiker (FH) Gießen

Ausbildungsstätte:	Fachhochschule Gießen-Friedberg Fachbereich Krankenhaus- und Medizintechnik, Umwelt- und Biotechnologie und Fachbereich Mathematik, Naturwissenschaften und Informatik Wiesenstraße 14 35390 Gießen Sprechzeiten: Mo, Mi, Fr 9:30 – 12:00 Uhr Telefon: (06 41) 30 9-25 00 /-25 01 Telefax: (06 41) 30 9-29 14 e-mail: dekanat-kmub@tg.fh-giessen.de Internet: http://www.kmubserv.tg.fh-giessen.de/pm/mi
Zulassungs-voraussetzungen:	allgemeine oder fachgebundene Hochschulreife oder Fachhochschulreife
Bewerbung:	bis 15. Juli an die Ausbildungsstätte
Anz. Neuaufnahmen:	keine Beschränkung
Ausbildungsbeginn:	jährlich zum Wintersemester
Ausbildungsdauer:	insgesamt 8 Semester
Gliederung der Ausbildung:	In den ersten beiden Semestern werden mathematisch-naturwissenschafliche, informatikbasierte und medizinische Grundlagen vermittelt. Die folgenden vier Semester bieten darauf aufbauend ein differenziertes Lehrangebot für die Anwendungsschwerpunkte Klinikinformationssysteme, medizinisch-technische Geräte und Bildverarbeitungssysteme. Das 7. Semester ist ein Praxissemester.
Abschlussprüfung:	Diplom-Informatiker der Medizin (FH)

Medizinische Informatik

Zentrale Studienberatung:	Telefon: (06 41) 30 9-13 32 Telefax: (06 41) 30 9-29 01 e-mail: zs@fh-giessen.de
Ansprechpartner:	Studiendekanin Prof. Dr. Erdmuthe Meyer zu Bexten-Lützkendorf e-mail: erdmuthe.meyer-zu-bexten@mni.fh-giessen.de
Bemerkungen:	Bewerbungsunterlagen können ab Mitte Mai jeden Jahres direkt aus dem Internet geladen und ausgefüllt per Post an die Fachhochschule geschickt werden. Diesen Studiengang gibt es seit dem Wintersemester 2000/01. Am Standort Gießen gibt es ein Zentrum für blinde und sehbehinderte Studierende (BliZ). Sehgeschädigte Studierende werden in allen Studiengängen unterstützt. Internet: http://www.fh-giessen.de/fh/bliz

Diplom-Informatiker der Medizin
Heidelberg, Heilbronn

Ausbildungsstätte:	Ruprecht-Karls-Universität Heidelberg Medizinische Fakultät Im Neuenheimer Feld 346 69120 Heidelberg Sprechzeiten: Mo – Fr 9:00 – 11:00 Uhr Telefon: (0 62 21) 56-27 07 Telefax: (0 62 21) 56-54 04 Internet: http://www.uni-heidelberg.de und Fachhochschule Heilbronn Fachbereich Medizinische Informatik Max-Planck-Str. 39 74081 Heilbronn Sprechzeiten: Mo – Fr 8:00 – 11:30 Uhr Telefon: (0 71 31) 50 44 16 Telefax: (0 71 31) 25 24 70 e-mail: studiengang-mi@fh-heilbronn.de Internet: http://www.fh-heilbronn.de
Studienmöglichkeit:	gemeinsamer Studiengang der Universität Heidelberg und der Fachhochschule Heilbronn, Abschluss: Diplom-Informatiker der Medizin verliehen von der Medizinischen Fakultät der Universität Heidelberg
Zulassungs- voraussetzungen:	allgemeine Hochschulreife oder fachgebundene Hochschulreife
Bewerbung:	Bis 15. Januar oder 15. Juli an die Ausbildungsstätte in Heilbronn. Bewerber mit ausländischem Bildungsnachweis müssen die Zulassung beim Akademischen Auslandsamt der Universität, Postfach 10 57 60, 69047 Heidelberg beantragen.
Zulassungsverfahren:	nach der Hochschulvergabeordnung
Anz. Neuaufnahmen:	35 je Semester

Medizinische Informatik

Studienbeginn:	zum Winter- und zum Sommersemester
Ausbildungsdauer:	insgesamt 9 Semester Regelstudienzeit
Gliederung der Ausbildung:	Grundstudium: Mathematik, Informatik, Medizinische Informatik, Medizin, Physik und Messtechnik, Betriebswirtschaft und Organisation. Diplom-Vorprüfung. Hauptstudium: Medizinische Informatik, theoretische und praktische Informatik, medizinische Biometrie, Stochastik, Epidemiologie, Betriebswirtschaft sowie einer der Studienschwerpunkte in Medizinischer Informatik: Informationssysteme des Gesundheitswesens, Management im Gesundheitswesen, Medizinische Biometrie, Signal- und Bildverarbeitung in Diagnostik und Therapie, wissensbasierte Systeme in der Medizin, verteilte Systeme in der Medizin
Abschlussprüfung:	Diplom-Prüfung mit Diplomarbeit.
Studienberatung:	Universität Heidelberg, Sekretariat der Abteilung Medizinische Informatik Im Neuenheimer Feld 400, 69120 Heidelberg Telefon: (0 62 21) 56-74 83 Telefax: (0 62 21) 56-49 97 e-mail: studiengang-mi@med.uni-heidelberg.de Internet: http://www.med.uni-heidelberg.de/mi Fachhochschule Heilbronn, Sekretariat des Fachbereiches Medizinische Informatik, Anschrift und Telefon wie Ausbildungsstätte
Bemerkungen:	Den Studiengang gibt es seit 1972. Promotion an der Medizinischen Fakultät der Universität Heidelberg zum Dr.sc.hum. möglich. Es besteht ein internationales Studentenaustauschprogramm.

Diplom-Ingenieur (BA) Medizinisches Informationsmanagement Heidenheim

Ausbildungsstätte:	Berufsakademie (BA) Heidenheim Postfach 11 30 89501 Heidenheim Telefon: (07 32 1) 38-19 41 Telefax: (07 32 1) 38-19 47 Internet: http://www.ba-heidenheim.de/:t e-mail: info@ba-heidenheim.de
Studienmöglichkeiten:	Diplom-Ingenieur (BA), Fachrichtung Informationstechnik, Vertiefung Medizinisches Informationsmanagement
Zulassungsvoraussetzungen:	Allgemeine oder fachgebundene Hochschulreife und ein Ausbildungsvertrag mit einer Ausbildungseinrichtung.
Bewerbung:	Die Bewerbung um einen Ausbildungsplatz und somit auch für eine Zulassung zum Studium sind ausschließlich an die Ausbildungsunternehmen zu richten. Die aktuellen Listen der Ausbildungsstätten finden sich unter oben genannter Internetadresse.
Anz. Neuaufnahmen:	30 pro Jahr
Ausbildungsbeginn:	1. Oktober jeden Jahres
Ausbildungsdauer:	insgesamt 3 Jahre
Ausbildungsverlauf:	Vier Semester Grundstudium, dann folgt die staatliche Prüfung zum Ingenieurassistenten (BA). Die folgenden 2 Semester Vertiefungsstudium enden mit der Prüfung zum Diplom-Ingenieur (BA). Pro Halbjahr werden 12 Wochen an der Berufsakademie Heidenheim studiert und 14 Wochen im Unternehmen ausgebildet.

Medizinische Informatik

Abschluss:	Diplom-Ingenieur (BA), zusätzlich möglich: Bachelor with Honours of the Open University London
Studienberatung:	Prof. Dr. Andreas Mahr, Telefon: (07 32 1) 38-18 89 Telefax: (07 32 1) 38-18 94 e-mail: mahr@ba-heidenheim.de
Bemerkung:	Im Studiengang Informationstechnik gibt es neben Medizinischem Informationsmanagement (seit 2001) auch Ingenieurinformatik und Informationsmanagement als Vertiefungsrichtung.

Bachelor- und Masterstudium Medizinische Informatik Innsbruck

Ausbildungsstätte:	Private Universität für Medizinische Informatik und Technik Tirol (UMIT) Innrain 98 A-6020 Innsbruck, Österreich Sprechzeiten: Mo-Fr. 8:00 – 12:00 Uhr Telefon: (+43-51 2) 58 67 34-80 0 Telefax: (+43-51 2) 58 67 34-85 0 e-mail: info@umit.at Internet: http://www.umit.at
Zulassungsvoraussetzungen:	Für das Bachelorstudium allgemeine oder fachgebundene Hochschulreife, für das Masterstudium den Bachelor of Science oder abgeschlossenes Diplom- oder Medizinstudium
Bewerbung:	jährlich bis etwa Juli – siehe obige Internetadresse
Zulassungsverfahren:	hochschulspezifisches Zulassungsverfahren
Anz. Neuaufnahmen:	zunächst 15, später 50 pro Jahr
Ausbildungsbeginn:	jährlich zum Wintersemester
Ausbildungsdauer:	6 Semester bis zum Abschluss als Bachelor, weitere 3 bis 4 Semester bis zum Abschluss als Master
Gliederung der Ausbildung:	Modulkonzept, 5 Module sowie ein studienförderndes Fach pro Semester. Ein Modul entspricht 4 Semesterwochenstunden. Module werden für die Fachgebiete Medizin und Gesundheitswesen, Medizinische Informatik, Informatik, quantitative Methoden angeboten. Die studienfördernden Fächer sollen die Studierenden unterstützen, frühzeitig Fertigkeiten für wissenschaftliches, projekt- und gruppenbe-

Medizinische Informatik

Fortsetzung der Gliederung der Ausbildung:	zogenes Arbeiten zu erlernen sowie Ergebnisse mündlich präsentieren und diskutieren zu können.
Praktika:	Es sind 2 Praktika von mindestens 4 Wochen in der Informatik-Industrie und bei Gesundheitseinrichtungen zu absolvieren. Ein Auslandspraktikum wird empfohlen.
Abschluss:	Bachelor of Science, Master of Science
Studiengebühren:	€ 2 000 pro Semester
Information:	Mag. Walter Draxl, Innrain 98, A-6020 Innsbruck, Telefon: (+43-51 2) 53 22-22 9 e-mail: student.info@mit-hit.at Internet: http://www.mit-hit.at
Bemerkungen:	Den Studiengang gibt es seit 2001. Das Studium orientiert sich in seiner Struktur an den Empfehlungen der Europäischen Union zur zukünftigen Hochschul-Ausbildung in Europa (Deklaration von Bologna) und in seinen Inhalten an den Empfehlungen der International Medical Informatics Association zur Ausbildung in Medizinischer Informatik. Anerkennung und Studienwechsel in Europa bzw. international sind dadurch besonders gut möglich.

Diplom-Informatiker
Studienrichtung Medizinische Informatik
Leipzig

Ausbildungsstätte:	Universität Leipzig Fakultät für Mathematik und Informatik Augustusplatz 10/11 04109 Leipzig Telefon: (03 41) 97 32-10 0 Telefax: (03 41) 97 32-19 9 Internet: http://www.uni-leipzig.de/mathe/
Studienmöglichkeiten:	Studienrichtung Medizinische Informatik im Rahmen des Diplom-Studiengangs Informatik in Kooperation mit der Medizinischen Fakultät
Zulassungsvoraussetzung:	Allgemeine Hochschulreife, fachgebundene Hochschulreife; ab 2003 Eignungsfeststellungsprüfung, jeweils im März des Immatrikulationsjahres
Bewerbung:	bis 15. September an die Universität Leipzig, Studentensekretariat, Goethestraße 6, 04109 Leipzig Telefon: (03 41) 97 32-01 5
Anz. Neuaufnahmen:	30 pro Jahr für diese Studienrichtung
Studienbeginn:	jährlich zum Wintersemester
Ausbildungsdauer:	insgesamt 10 Semester
Gliederung der Ausbildung:	4 Semester Grundstudium mit den Fachgebieten theoretische Informatik, Hard- und Software-Grundlagen, praktische Informatik und Mathematik. Hauptstudium vom 5. bis 10. Semester mit Vertiefung der Kernfächer (theoretische, praktische, technische und angewandte Informatik) und dem Spezialgebiet Medizinische Informatik.

Medizinische Informatik

Fortsetzung der Gliederung der Ausbildung:	Das Nebenfach Biomedizin umfasst im Grund- und Hauptstudium 12 Semesterwochenstunden.
Praktika:	Bis zum Hauptexamen ist ein viermonatiges Berufspraktikum an einer medizinischen Einrichtung zu absolvieren.
Abschlussprüfung:	Diplomprüfung mit Diplomarbeit
Zentrale Studienberatung:	Zentrale Studienberatung Goethestraße 6, 04109 Leipzig Öffnungszeiten: Do 9:00 – 11:00, 13:00 – 15:00 Uhr In der vorlesungsfreien Zeit zusätzlich: Di 9:00 – 12:00, 13:00 – 17:00, Fr 9:00 – 12:00 Telefon: (03 41) 97 32-04 4 e-mail: zsb@uni-leipzig.de
Studienfachberatung:	Dipl.-Lehrer Werner Reutter, Anschrift wie Ausbildungsstätte Sprechzeiten: Di und Do 9:00 – 12:00, 13:00 – 16:00 Uhr Telefon: (03 41) 97 32-16 5 Telefax: (03 41) 97 32-19 9 e-mail: reutter@mathematik.uni-leipzig.de
Bemerkungen:	Antragsformulare auf Zulassung können ab Mitte Mai beim Studentensekretariat mit adressiertem und mit € 1.53 frankiertem Rückumschlag angefordert oder durch Herunterladen von PDF-Dateien aus dem Internet gewonnen werden. Den Studiengang gibt es seit dem Wintersemester 1996/97. Promotion an der Fakultät für Mathematik und Informatik zum Dr. rer. nat. möglich.

Bachelor- und Masterstudium (FH) Medizininformatik Stralsund

Ausbildungsstätte:	Fachhochschule Stralsund Fachbereich Elektrotechnik und Informatik Zur Schwedenschanze 15 18435 Stralsund Telefon (0 38 31) 45 5 Telefax (0 38 31) 45 66 80 Internet: http://www.fh-stralsund.de
Studienmöglichkeiten:	a) Bachelor of Medical Informatics and Biomedical Engineering b) Master of Health and Medical Informatics
Zulassungsvoraussetzung:	a) Allgemeine Hochschulreife oder Fachhochschulreife oder abgeschlossene Berufsausbildung in Verbindung mit einer anschließenden einschlägigen hauptberuflichen Tätigkeit und bestandener Zugangsprüfung für den gewählten Studiengang. Es sind vor Beginn des Studiums oder studienbegleitend bis zum Ende des 3. Fachsemesters 13 Wochen Praktikum abzuleisten. b) Abschluss eines einschlägigen Bachelor Studiums mit überdurchschnittlichem Ergebnis oder ein gleichwertiger Abschluss.
Bewerbung:	bis zum 15. Juli an die Ausbildungsstätte
Anz. Neuaufnahmen:	a) Bachelor: 30 pro Jahr b) Master: 20 pro Jahr
Studienbeginn:	jährlich zum Wintersemester
Ausbildungsdauer:	für a): insgesamt 7 Semester für b): insgesamt 3 Semester

Medizinische Informatik

Gliederung der Ausbildung:	a) 1. bis 4. Semester Grundstudium, 5. Semester Praxissemester, 6. – 7. Hauptstudium b) 2 Semester vertiefende Lehrveranstaltungen, im 3. Semester Master-Arbeit
Studienberatung:	Carola Respondek Adresse wie Ausbildungsstätte Telefon: (0 38 31) 45 65 32 Telefax: (0 38 31) 45 66 80
Studienfachberatung:	Prof. Dr. Hans-Heino Ehricke Anschrift wie Ausbildungsstätte Telefon: (0 38 31) 45 66 74 Telefax: (0 38 31) 45 66 87
Informationen zur Bewerbung:	Dezernat Studentische Verwaltung, Immatrikulationsamt, Anneliese Bähr, Anschrift wie Ausbildungsstätte, Sprechzeiten: Mo, Di 13:00 – 15:00, Mi – Fr 9:30 – 12:00 Uhr Telefon: (0 38 31) 45 65 73
Bemerkung:	Für Studienbewerber mit abgeschlossener einschlägiger Berufsausbildung ist kein Praktikum erforderlich.

Diplom-Informatiker mit Nebenfach Medizin

Studienmöglich-
keiten:

Im Studiengang Informatik bieten die folgenden Hochschulen als Nebenfach unter anderem auch Medizin an. Schwerpunkte dieses Nebenfachs sind meist eine Einführung in die Medizin mit Anatomie, Physiologie und Pathologie, diagnostische Verfahren, Planung, Durchführung und statistische Auswertung von Studien sowie Medizinische Informatik mit Krankenhausinformationssystemen. In Lübeck sind – weil die Universität ihren Schwerpunkt in der Medizin hat – das Nebenfach Medizinische Informatik und das Nebenfach Bioinformatik und Biomathematik besonders gut in das Informatikstudium integriert.

Ausbildungsstätten:

Rheinisch-Westfälische Technische Hochschule Aachen

Freie Universität Berlin

Technische Carolo-Wilhelmina Universität zu Braunschweig

Universität Dortmund

Friedrich-Alexander-Universität Erlangen-Nürnberg

Johann Wolfgang Goethe-Universität Frankfurt

Albert-Ludwigs-Universität Freiburg

Universität Hagen (Fernstudium)

Universität Hamburg

Friedrich-Schiller-Universität Jena

Christian-Albrechts-Universität Kiel

Medizinische Informatik

Fortsetzung der Ausbildungsstätten:	Universität Leipzig
	Medizinische Universität zu Lübeck
	Johannes-Gutenberg-Universität Mainz
	Technische Universität München
	Universität Passau
	Universität Rostock
	Fachhochschule Lausitz in Senftenberg
	Eberhard-Karls-Universität Tübingen
	Universität Ulm
	Westsächsische Hochschule Zwickau
Literaturhinweise:	Lit. 9.1 bis Lit. 9.19, sowie Lit. 6.1 bis Lit. 6.8
Bemerkung:	Diese Ausbildungsmöglichkeiten wurden hier aufgezählt, weil Medizinische Informatik mit Medizinischer Dokumentation eng verflochten ist.

Aufbaustudium für Mediziner
Diplom-Medizininformatiker (FH)
Berlin

Ausbildungsstätte:	Technische Fachhochschule Berlin Fachbereich Informatik Luxemburger Straße 10 13353 Berlin Telefon: (0 30) 45 04-27 27 Telefax: (0 30) 45 04-20 13 e-mail: studb@tfh-berlin.de Internet: http://tfh-berlin.de
Studienmöglichkeit:	Medizinische Informatik für Mediziner als berufsbegleitendes Abendstudium
Zulassungsvoraussetzung:	Abgeschlossenes Studium der Medizin oder Zahnmedizin
Bewerbung:	bis 15. Januar an die Ausbildungsstätte, Immatrikulationsamt, Anschrift wie oben
Zulassungsverfahren:	lokaler Numerus clausus
Anz. Neuaufnahmen:	40 pro Jahr
Studienbeginn:	jährlich zum Sommersemester
Ausbildungsdauer:	insgesamt 6 Semester
Gliederung der Ausbildung:	Lehrinhalte der ersten beiden Semester sind Betriebswirtschaftslehre, Statistik und Projektmanagement, Rechnerarchitektur, Programmierung, Datenkommunikation sowie Betriebs- und Datenbanksysteme. Im dritten bis fünften Semester erfolgt die Vertiefung zu den Schwerpunkten Informationshaltung und Informationsauswertung sowie Biosignal- und Bildverarbeitung.
Abschlussprüfung:	Diplom-Arbeit im 6. Semester

Medizinische Informatik

Abschluss:	Diplom-Medizininformatiker (FH)
Allgemeine Studien-beratung:	Anschrift wie Ausbildungsstätte Telefonische Sprechzeiten: Di 13:00 – 15:00, Fr 10:00 – 12:00 Uhr Telefon: (0 30) 45 04-20 20 Telefax: (0 30) 45 04-27 20
Studienfachberatung:	Prof. Dr. Gudrun Görlitz Anschrift wie Ausbildungsstätte Telefon: (030) 45 04-25 29 e-mail: goerlitz@tfh-berlin. de
Bemerkung:	Den Studiengang gibt es seit dem Sommersemester 1996.

Master-Aufbaustudium für Mediziner Informationsmanagement Heidelberg, Heilbronn

Ausbildungsstätte:	Ruprecht-Karls-Universität Heidelberg Medizinische Fakultät Im Neuenheimer Feld 346 69120 Heidelberg Sprechzeiten: Mo – Fr 9:00 – 11:00 Uhr Telefon: (0 62 21) 56-27 07 Telefax: (0 62 21) 56-54 04 Internet: http://www.uni-heidelberg.de und Fachhochschule Heilbronn Fachbereich Medizinische Informatik Max-Planck-Str. 39 74081 Heilbronn Sprechzeiten: Mo – Fr 8:00 – 11:30 Uhr Telefon: (0 71 31) 50 44 16 Telefax: (0 71 31) 25 24 70 e-mail: studiengang-mi@fh-heilbronn.de Internet: http://www.fh-heilbronn.de
Zulassungsvoraussetzungen:	Drittes Staatsexamen in Medizin oder ein vergleichbarer Abschluss.
Bewerbung:	bis zum 15. Juli an das Studentensekretariat der Fachhochschule Heilbronn
Anz. Neuaufnahmen:	15 pro Jahr
Ausbildungsbeginn:	jährlich zum Wintersemester
Ausbildungsdauer:	insgesamt 3 Semester
Ausbildungsverlauf:	Das erste Semester findet in Heilbronn statt mit Lehrveranstaltungen aus den Gebieten Mathematik, Praktische Informatik, Medizinische Informatik und Betriebswirtschaftslehre. Während der vorlesungsfreien Zeit Blockpraktikum im Bereich

Medizinische Informatik

Fortsetzung des Ausbildungsverlauf:	Software und Blockpraktikum Informationssysteme des Gesundheitswesens im Universitätsklinikum Heidelberg. Im zweiten Semester werden in Heidelberg vertiefende Fächer angeboten wie Biometrie, Medizinische Dokumentation, Medizinische Signal- und Bildverarbeitung. Im dritten Semester drei Monate Master-Arbeit.
Abschluss:	Master of Science, verliehen durch die Medizinische Fakultät der Universität Heidelberg
Studienberatung:	Universität Heidelberg, Sekretariat der Abteilung Medizinische Informatik Im Neuenheimer Feld 400 69120 Heidelberg Telefon: (0 62 21) 56-74 83 Telefax: (0 62 21) 56-49 97 e-mail: studiengang-mi@med.uni-heidelberg.de Internet: http://www.med.uni-heidelberg.de/mi An der Fachhochschule Heilbronn Anmeldung über das Sekretariat des Fachbereiches Medizinische Informatik, Anschrift und Telefon wie Ausbildungsstätte
Bemerkungen:	Diesen Studiengang gibt es seit dem Wintersemester 2000/01. Die während des Studiums anfallenden Fahrten zwischen Heilbronn und Heidelberg müssen von den Studierenden finanziert werden. Die Master-Arbeit kann bei zügigem Studium bereits während des zweiten Semesters begonnen und innerhalb eines Jahres nach Studienbeginn beendet werden. Es bestehen Kooperationen und Studentenaustauschprogramm mit den Studiengängen in Amsterdam, Innsbruck, Minneapolis und Salt Lake City.

Bachelor-, Magister- und Promotionsstudium Linguistische Informatik Erlangen

Ausbildungsstätte:	Friedrich-Alexander-Universität Erlangen-Nürnberg, Abteilung für Computerlinguistik, Bismarckstraße 12 91054 Erlangen Telefon: (09 13 1) 85-29 25 0 Telefax: (09 13 1) 85-29 25 1 e-mail: tommi@linguistik.uni-erlangen.de schulze@ linguistik.uni-erlangen.de Internet: http://www.uni-erlangen.de
Studienmöglichkeiten:	Im a) Bachelorstudium und b) Magisterstudium kann Linguistische Informatik als Hauptfach gewählt werden und ist mit einem sprachwissenschaftlichen Nebenfach und einem weiteren Nebenfach zu verbinden. Linguistische Informatik kann auch als Nebenfach in anderen Magisterstudiengängen gewählt werden. Außerdem ist im Studiengang Informatik das Nebenfach Linguistik möglich.
Zulassungsvoraussetzungen:	Hochschulreife, ausreichende Englischkenntnisse
Studienbeginn:	Wintersemester und Sommersemester
Anz. Neuaufnahmen:	etwa 70 je Jahr für das Bachelor- und Magisterstudium zusammengenommen
Ausbildungsdauer:	a) 6 Semester b) 9 Semester
Gliederung der Ausbildung:	a) 4 Semester Grundstudium, Zwischenprüfung, 2 Semester Hauptstudium; es werden Grundlagen in den wichtigsten Gebieten der Computerlinguistik, der Sprachwissenschaft und der Informatik vermittelt

Computerlinguistik

Fortsetzung der Gliederung der Ausbildung:	b) 4 Semester Grundstudium, Zwischenprüfung, 4 Semester Hauptstudium, das 9. Semester dient als Prüfungszeitraum
Abschlussprüfung:	a) Bachelorarbeit und Kolloquium b) Magisterprüfung, zusätzlich Promotion zum Dr. phil. möglich
Praktikum:	Bei Linguistischer Informatik als Hauptfach ist bis zur Abschlussprüfung ein vierwöchiges Praktikum bei einem EDV-Entwickler oder EDV-Anwendern nachzuweisen.
Studienfachberatung:	Prof. Dr. Roland Hausser, Anschrift wie Ausbildungsstätte, Telefon: (09 13 1) 85-22 42 6, Sprechstunde: Mo 13 – 14 Uhr
Bemerkung:	Das Bachelorstudium ist in den Magisterstudiengang integriert. Studierende können mit geringem Verlust in den anderen Studiengang überwechseln.

Magister- und Promotionsstudium mit Nebenfach Linguistische Informatik / Computerlinguistik Freiburg

Ausbildungsstätte:	Albert-Ludwigs-Universität Freiburg Deutsches Seminar I Institut für Sprache und Ältere Literatur Linguistische Informatik und Computerlinguistik Friedrichstaße 50 79085 Freiburg Telefon: (07 61) 20 3- 32 90 Telefax: (07 61) 20 3- 32 51 Sprechzeiten: Mo – Fr: 9 – 12 Uhr Internet: http://www.coling.uni-freiburg.de
Studienmöglichkeit:	In Magister- und Promotions-Studiengängen kann Linguistische Informatik/Computerlinguistik als Nebenfach gewählt werden.
Zulassungsvoraussetzungen:	Hochschulreife
Bewerbung:	Bis 15. Juli an die Albert-Ludwigs-Universität Freiburg, Studentensekretariat, 79085 Freiburg. Dem Bewerbungsantrag sind auch Briefmarken im Wert von € 0.56 für den Versand des Zulassungs- bzw. Ablehnungsbescheid beizufügen.
Studienbeginn:	Wintersemester
Ausbildungsdauer:	8 Semester
Abschlussprüfung:	Magisterprüfung, zusätzlich Promotion zum Dr. phil. möglich
Studienfachberatung:	Prof. Dr. Udo Hahn, Anschrift wie Ausbildungsstätte, Telefon: (07 61) 20 3-32 55 e-mail: hahn@coling.uni-freiburg.de

Computerlinguistik

Allgemeine Informationen:	Zentrale Studienberatung der Universität Freiburg, Sedanstraße 6, 79085 Freiburg, Telefon: (07 61) 30 3-42 46 Telefax: (07 61) 20 3-44 09 Sprechzeiten: Mo 9:00 – 11:30, Di 9:00 – 12:00, 14:00 – 16:00, Mi 9:00 – 12:00, Do 9:00 – 12:00, 14:00 – 16:00 Uhr e-mail: zsb@uni-freiburg.de
Bemerkung:	Es wird empfohlen, Informatik als zweites Nebenfach zu wählen.

Magister- und Promotionsstudium Computerlinguistik Heidelberg

Ausbildungsstätte:	Ruprecht-Karls-Universität Heidelberg Neuphilologische Fakultät Lehrstuhl für Computerlinguistik Karlstraße 2 69117 Heidelberg Telefon: (06 22 1) 54-32 45 Telefax: (06 22 1) 54-32 42 e-mail: icl@cl.uni-heidelberg.de Internet: http://www.cl.uni-heidelberg.de
Studienmöglichkeit:	Computerlinguistik kann als Hauptfach (zusammen mit einem zweiten Hauptfach oder mit zwei Nebenfächern) oder als Nebenfach gewählt werden.
Zulassungsvoraussetzungen:	Hochschulreife, bis zur Zwischenprüfung müssen das kleine Latinum und Kenntnisse in zwei Fremdsprachen nachgewiesen werden.
Bewerbung:	bis 15. Juli für das Wintersemester und bis 15. Februar für das Sommersemester an die Ausbildungsstätte
Studienbeginn:	Wintersemester, Sommersemester
Anz. Neuaufnahmen:	ca. 25 pro Jahr
Ausbildungsdauer:	9 Semester
Gliederung der Ausbildung:	Grundstudium, Zwischenprüfung, Hauptstudium. Das Studium besteht aus den drei Teilgebieten Informatik und Programmierpraxis, theoretische und empirische Grundlagen der Linguistik und algorithmische Linguistik.
Abschlussprüfung:	Magisterprüfung, zusätzlich Promotion zum Dr. phil. möglich

Computerlinguistik

Studienfachberatung:	Dr. Markus Demleitner, Anschrift wie Ausbildungsstätte, Telefon: (06 22 1) 54-32 48, Sprechstunde Mi 14-16 Uhr e-mail: msdemlei@cl.uni-heidelberg.de
Allgemeine Studienberatung:	Zentrum für Studienberatung und Weiterbildung der Universität Heidelberg, Friedrich-Ebert-Anlage 62, 69117 Heidelberg Telefon: (06 22 1) 54-23 07 Telefax: (06 22 1) 54-38 50 e-mail: studienberatung@urz.uni-heidelberg.de

Diplom-Informatiker
Studienrichtung Linguistische
Informatik
Leipzig

Ausbildungsstätte:	Universität Leipzig Fakultät für Mathematik und Informatik Institut für Informatik Augustusplatz 10/11 04109 Leipzig Telefon: (03 41) 97 32-22 0 Telefax: (03 41) 97 32-21 9 Internet: http://www.uni-leipzig.de/mathe/
Studienmöglichkeit:	Die Studienrichtung Linguistische Informatik besteht aus Informatik und Linguistik sowie dem Schwerpunkt „Automatische Sprachverarbeitung". Im Studiengang Informatik ist Automatische Sprachverarbeitung auch als Wahlschwerpunkt möglich.
Zulassungs- voraussetzung:	Allgemeine Hochschulreife, fachgebundene Hochschulreife; ab 2003 Eignungsfeststellungsprüfung jeweils im März des Immatrikulationsjahres
Bewerbung:	bis 15. September an die Universität Leipzig, Studentensekretariat, Goethestraße 6, 04109 Leipzig Telefon: (03 41) 97 32-01 5
Anz. Neuaufnahmen:	20 pro Jahr für diese Studienrichtung
Studienbeginn:	jährlich zum Wintersemester
Ausbildungsdauer:	10 Semester

Computerlinguistik

Gliederung der Ausbildung:	Vier Semester Grundstudium mit den Fachgebieten theoretische Informatik, Hard- und Software-Grundlagen, praktische Informatik und Mathematik. Im obligatorischen Nebenfach Linguistik werden Veranstaltungen aus den Gebieten Syntax, Semantik, Phonetik und Phonologie angeboten. Hauptstudium vom 5. bis 10. Semester mit Vertiefung der Kernfächer (theoretische, praktische, technische und angewandte Informatik) und dem Studienschwerpunkt Linguistische Informatik (u.a. linguistische Analyse, wissensbasierte Systeme, Text und Inhaltsanalyse).
Praktikum:	Bis zum Hauptstudium ist ein dreimonatiges Berufspraktikum zu absolvieren.
Zentrale Studienberatung:	Zentrale Studienberatung Goethestraße 6, 04109 Leipzig Öffnungszeiten: Do 9:00 – 11:00, 13:00 – 15:00 Uhr In der vorlesungsfreien Zeit zusätzlich: Di 9:00 – 12:00, 13:00 – 17:00, Fr 9:00 – 12:00 Telefon: (03 41) 97 32-04 4 e-mail: zsb@uni-leipzig.de
Studienfachberatung:	Dipl.-Lehrer Werner Reutter Anschrift wie Ausbildungsstätte Sprechzeiten: Di und Do 9:00 – 12:00, 13:00 – 16:00 Uhr, Telefon: (03 41) 97 32-16 5 Telefax: (03 41) 97 32-19 9 e-mail: reutter@mathematik.uni-leipzig.de
Bemerkungen:	Antragsformulare auf Zulassung können ab Mitte Mai beim Studentensekretariat mit adressiertem und mit € 1.53 frankiertem Rückumschlag angefordert oder durch Herunterladen von PDF-Dateien aus dem Internet gewonnen werden. Den Studiengang gibt es seit dem Wintersemester 1994.

Magister- und Promotionsstudium Computerlinguistik München

Ausbildungsstätte:	Ludwig-Maximilians-Universität München Philosophische Fakultät für Sprach- und Literaturwissenschaft II Centrum für Informations- und Sprachverarbeitung (CIS) Oettingerstraße 67 80538 München Telefon: (08 9) 21 80-97 21 Telefax: (08 9) 21 80-97 01 Internet: http://www.cis.uni-muenchen.de
Studienmöglichkeit:	Magisterstudiengang mit Computerlinguistik als Haupt- oder Nebenfach. Bei Computerlinguistik als Hauptfach werden Informatik und ein linguistisches Fach (z. B. theoretische Linguistik) als Nebenfach empfohlen. Im Studiengang Diplom-Informatik oder bei Magisterstudiengängen mit dem Hauptfach z.B. theoretische Linguistik, germanistische Linguistik, Phonetik und Kommunikation kann Computerlinguistik als Nebenfach gewählt werden.
Zulassungsvoraussetzung:	Hochschulreife, Kenntnisse in zwei weiteren Fremdsprachen bis zur Magisterprüfung
Bewerbung:	Bis etwa August für das Wintersemester und bis etwa März für das Sommersemester an die Ausbildungsstätte. Die Bewerbungsunterlagen sind ab Anfang Juni bzw. Anfang Dezember bei der Studentenkanzlei-Hochschulzugang, Geschwister-Scholl-Platz 1, 80539 München erhältlich. Bitte einen adressierten und frankierten Rückumschlag beilegen.
Anz. Neuaufnahmen:	je Jahr 25 mit Hauptfach Computerlinguistik

Computerlinguistik

Studienbeginn:	Wintersemester und Sommersemester
Ausbildungsdauer:	9 Semester
Gliederung der Ausbildung:	4 Semester Grundstudium, Zwischenprüfung im Hauptfach, 5 Semester Hauptstudium
Abschlussprüfung:	Magisterprüfung, zusätzlich Promotion zum Dr. phil. möglich
Studienfachberatung:	Prof. Dr. Franz Guenthner, Anschrift wie Ausbildungsstätte, Sprechstunde Do 12 – 13 Uhr Telefon: (08 9) 21 80-97 20 e-mail: gue@cis.uni-muenchen.de
	Prof. Dr. Klaus U. Schulz, Anschrift wie Ausbildungsstätte, Sprechstunde Di 16 – 17 Uhr Telefon: (08 9) 21 80-97 00 Telefax: (08 9) 21 80-97 01 e-mail: schulz@cis.uni-muenchen.de

Diplom- und Magisterstudium Computerlinguistik Potsdam

Ausbildungsstätte:	Universität Potsdam Computerlingusitik am Institut für Linguistik Karl-Liebknecht-Straße 24-25 14476 Potsdam Telefon: (03 31) 97 7-20 16 Telefax: (03 31) 97 7-27 61 e-mail: CL@ling.uni-potsdam.de Internet: http://www.ling.uni-potsdam.de
Zulassungs- voraussetzung:	Hochschulreife, Nachweis von Englischkenntnissen bis zum Ende des Grundstudiums
Bewerbung:	bis 30.09. an die Ausbildungsstätte
Anz. Neuaufnahmen:	etwa 40 je Jahr
Studienbeginn:	Wintersemester
Ausbildungsdauer:	9 Semester
Gliederung der Ausbildung:	4 Semester Grundstudium, Zwischenprüfung, 5 Semester Hauptstudium
Abschluss:	Diplom-Sprachwissenschaftler oder Magister
Studienberatung:	Prof. Dr. Peter Staudacher Anschrift wie Ausbildungsstätte e-mail: staudach@ling.uni-potsdam.de Prof. Dr. Manfred Stede, Anschrift wie Ausbildungsstätte, Telefon: (03 31) 97 7-26 91 e-mail: stede@ling.uni-potsdam.de
Bemerkung:	Etliche Lehrveranstaltungen sind gemeinsam mit dem Studiengang allgemeine und theoretische Linguistik.

Diplom- und Promotionsstudium Computerlinguistik Saarbrücken

Ausbildungsstätte:	Universität des Saarlandes Institut für Computerlinguistik 66041 Saarbrücken Telefon: (06 81) 30 2-43 44 Telefax: (06 81) 30 2-43 51 e-mail: coli@coli.uni-sb.de Internet: http://www.coli.uni-sb.de
Studienmöglichkeit:	Studiengang Computerlinguistik mit Informatik, kognitive Psychologie, Phonetik oder neuere deutsche Sprachwissenschaft als Ergänzungsfach. Computerlinguistik kann auch als Nebenfach in Magisterstudiengängen und im Studiengang Informatik studiert werden.
Zulassungsvoraussetzung:	Hochschulreife
Bewerbung:	bis 15. Juli an die Universität des Saarlandes, Studentensekretariat, 66041 Saarbrücken
Anz. Neuaufnahmen:	ca. 25 je Jahr
Studienbeginn:	Wintersemester
Ausbildungsdauer:	9 bis 10 Semester
Gliederung der Ausbildung:	4 Semester Grundstudium, Diplom-Vorprüfung, sechswöchiges externes Betriebspraktikum, 5 Semester Hauptstudium mit Software-Projekt
Abschlussprüfung:	Diplom-Prüfung in Computerlinguistik, zusätzlich Promotion zum Dr. phil. möglich

Studium

Allgemeine Studienberatung:	Studienzentrum der Universität des Saarlandes, Im Stadtwald, 66123 Saarbrücken, Telefon: (06 81) 30 2-35 16 Telefax: (06 81) 30 2-45 26 e-mail: studienberatung@mx.uni-saarland.de
Bemerkung:	siehe auch Studium der Informationswissenschaft an der Universität des Saarlandes, S. 193

Computerlinguistik

Diplom-Linguist (Computerlinguistik) Stuttgart

Ausbildungsstätte: Universität Stuttgart
Fakultät Philosophie
Institut für Maschinelle Sprachverarbeitung
Azenbergstraße 12
70174 Stuttgart
Telefon: (07 11) 12 1-13 65 /-13 63
Telefax: (07 11) 12 1-13 66
e-mail: ims@ims.uni-stuttgart.de
Internet: http://www.ims.uni-stuttgart.de

Studienmöglichkeiten: Im Hauptstudium Diplom-Linguistik kann theoretische Computerlinguistik, anwendungsorientierte Computerlinguistik, Phonetik und Phonologie oder Logik und Semantik als Schwerpunkt gewählt werden. Als Nebenfach können Informatik, allgemeine Linguistik, französische Linguistik, anglistische Linguistik u.a.m. gewählt werden.

Zulassungsvoraussetzung: Hochschulreife, Fremdsprachenkenntnisse

Bewerbung: bis 15.7. an die Universität Stuttgart, Studiensekretariat, Postfach 10 60 37, 70049 Stuttgart

Anz. Neuaufnahmen: keine Beschränkung

Studienbeginn: Wintersemester

Ausbildungsdauer: 9 Semester

Gliederung der Ausbildung: 4 Semester Grundstudium, Diplom-Vorprüfung, 4 Semester Hauptstudium, Anfertigung der Diplom- bzw. Magister-Arbeit

Abschlussprüfung: Diplom-Prüfung Linguistik

Studium

Praktika:	Praktika in einem Softwarebetrieb, einem Verlag oder bei einem universitären Forschungsprojekt werden dringend empfohlen.
Studienberatung:	Prof. Dr. Rainer Bäuerle, Anschrift wie Ausbildungsstätte, Telefon: (07 11) 12 1-13 55
	Prof. Dr. Uwe Reyle, Anschrift wie Ausbildungsstätte, Telefon: (07 11) 12 1-13 61, Telefax: (07 11) 12 1-13 66
	e-mail: studienberatung@ims.uni-stuttgart.de
Bemerkungen:	Den Studiengang Diplom-Linguistik gibt es seit 1991/92.
	Bewerbungsunterlagen sind ab Mitte Oktober bzw. Mitte April beim Studiensekretariat erhältlich. Bitte mit einem € 1.53 frankierten und rückadressierten DIN C3 Umschlag anfordern.
	Siehe auch Diplom-Informatiker mit Nebenfach Computerlinguistik der Universität Stuttgart, siehe Seite 284.

Diplom-Informatiker mit Nebenfach Computerlinguistik Stuttgart

Ausbildungsstätte:	Universität Stuttgart Fakultät Informatik Breitwiesenstraße 20 - 22 70565 Stuttgart Telefon: (07 11) 78 16-37 1 Telefax: (07 11) 78 16-22 0 e-mail: studienberatung@informatik.uni-stuttgart.de Internet: http://www.informatik.uni-stuttgart.de
Studienmöglichkeit:	Im Diplom-Studiengang Informatik kann das Nebenfach Linguistik / Computerlinguistik gewählt werden.
Zulassungsvoraussetzung:	Hochschulreife
Bewerbung:	bis 15.7. an die Universität Stuttgart, Studiensekretariat, Postfach 10 60 37, 70049 Stuttgart
Anz. Neuaufnahmen:	jährlich wählen etwa 3 Studierende das Nebenfach Computerlinguistik
Studienbeginn:	Wintersemester
Ausbildungsdauer:	9 Semester
Gliederung der Ausbildung:	4 Semester Grundstudium mit Lehrveranstaltungen aus den Gebieten Mathematik, Theoretische Informatik, Technische Informatik und Praktische Informatik. Nach dem zweiten Semester findet eine Orientierungsprüfung statt. Diplom-Vorprüfung, 4 Semester Hauptstudium mit Vertiefung im gewählten Schwerpunktfach, Anfertigung der Diplom-Arbeit

Studium

Praktika:	Praktika werden innerhalb des Grundstudiums empfohlen.
Abschlussprüfung:	Diplom-Prüfung Informatik
Studienfachberatung für Informatik:	Diplom-Informatikerin Daniele Nicklas Anschrift wie Ausbildungsstätte Telefon: (07 11) 78 16-38 8 Telefax: (07 11) 78 16-38 0
Studienfachberatung für Linguistik:	Prof. Dr. Uwe Reyle, Institut für Maschinelle Sprachverarbeitung, Azenbergstr. 12, Telefon: (07 11) 12 1-13 61, Telefax: (07 11) 12 1-13 66
Bemerkungen:	Bewerbungsunterlagen sind ab Mitte April beim Studiensekretariat erhältlich. Bitte mit einem € 1.53 frankierten und rückadressierten DIN C3 Umschlag anfordern. Siehe auch Diplom-Linguist der Universität Stuttgart Seite 282.

Computerlinguistik

Magister- und Promotionsstudium Linguistische Datenverarbeitung Trier

Ausbildungsstätte:	Universität Trier Fachbereich II (Sprachen) Abteilung Linguistische Datenverarbeitung Universitätsring 15 54286 Trier Telefon: (06 51) 20 1-22 70 Telefax: (06 51) 20 1-39 46 Sprechzeiten: Mo – Fr 9:30 – 11.30 Uhr e-mail: zsb@uni-trier.de Internet: http://www.uni-trier.de
Studienmöglichkeiten:	Magisterstudiengang mit linguistischer Datenverarbeitung als Haupt- oder Nebenfach. Bei linguistischer Datenverarbeitung als Hauptfach sind ein zweites Hauptfach oder 2 Nebenfächer notwendig. Außerdem kann in Diplomstudiengängen Linguistische Datenverarbeitung als Nebenfach gewählt werden, siehe Seite 288.
Zulassungs- voraussetzungen:	Hochschulreife, Englischkenntnisse
Bewerbung:	Bis 15. Juli für das Wintersemester und bis 15. Januar für das Sommersemester an die Ausbildungsstätte. Bewerbungsunterlagen für das Wintersemester werden ab Anfang Mai, für das Sommersemester ab Anfang Dezember zugeschickt. Empfohlen wird der Beginn zum Wintersemester.
Anz. Neuaufnahmen:	30
Studienbeginn:	Wintersemester und Sommersemester
Ausbildungsdauer:	9 Semester

Gliederung der Ausbildung:	4 Semester Grundstudium (Computerlinguistik, mathematische und informatische Grundlagen, zwei Programmiersprachen), Zwischenprüfung, 4 Semester Hauptstudium in einer der Fachrichtungen Computerlinguistik und quantitative Linguistik. Ein Studienprojekt erstreckt sich über 2 Semester des Hauptstudiums.
Praktikum:	Teil des Hauptstudiums ist ein mindestens sechswöchiges Betriebspraktikum
Abschlussprüfung:	Magisterprüfung, zusätzlich Promotion zum Dr. phil. möglich
Studienfachberatung:	Dr. Sven Naumann, Anschrift wie Ausbildungsstätte, Telefon: (06 51) 20 1-22 51 e-mail: naumann@ldv.uni-trier.de

Computerlinguistik

Diplom-Informatiker mit Nebenfach Computerlinguistik Trier

Ausbildungsstätte:	Universität Trier Fachbereich IV (Wirtschaftswissenschaften, Mathematik, Informatik) Abteilung Informatik Universitätsring 15 54286 Trier Telefon: (06 51) 20 1-0 Telefax: (06 51) 20 1- 38 05 e-mail: zsb@uni-trier.de Internet: http://www.uni-trier.de
Studienmöglichkeiten:	Im Informatikstudium kann Computerlinguistik als Nebenfach gewählt werden.
Zulassungsvoraussetzungen:	Hochschulreife
Bewerbung:	Bis 15. Juli an die Ausbildungsstätte. Bewerbungsunterlagen sind im Internet unter www.uni-trier.de erhältlich.
Anz. Neuaufnahmen:	jährlich ca. 100, davon ca. 10 mit Nebenfach Computerlinguistik
Studienbeginn:	Wintersemester
Ausbildungsdauer:	9 Semester
Studienfachberatung:	Dr. Norbert Mueller, Anschrift wie Ausbildungsstätte, Telefon: (06 51) 20 1-28 45 e-Mail:mueller@uni-trier.de
Bemerkungen:	Promotion zum Dr. rer. nat. möglich Siehe auch Magister- und Promotionsstudium Linguistische Datenverarbeitung an der Universität Trier Seite 286.

Internationales Bachelor- und Masterstudium Computerlinguistik Tübingen

Ausbildungsstätte:	Eberhard-Karls-Universität Tübingen Neuphilologische Fakultät Seminar für Sprachwissenschaft Wilhelmstr. 113 72074 Tübingen Telefon: (07 07 1) 29-75 92 7 Telefax: (07 07 1) 55 13 35 e-mail: sfs-sekr@sfs.nphil.uni-tuebingen.de Internet: http://www.sfs.uni-tuebingen.de/iscl
Studienmöglichkeiten:	Im a) internationalen Bachelorstudium Computerlinguistik und dem darauf aufbauenden b) Masterstudium können als Nebenfach Allgemeine Sprachwissenschaft, Linguistik des Deutschen oder Slavistische Linguistik gewählt werden.
Zulassungsvoraussetzungen:	für a) Hochschulreife, umfassende Kenntnisse in Englisch für b) Bachelor-Abschluss, Englischkenntnisse
Zulassungsverfahren:	interner Numerus Clausus
Bewerbung:	bis 15. Juli an das Institutssekretariat des Seminars für Sprachwissenschaften, Anschrift wie Ausbildungsstätte
Anz. Neuaufnahmen:	für a) 40 pro Jahr
Studienbeginn:	Wintersemester
Ausbildungsdauer:	für a) 6 Semester für b) weitere 4 Semester

Computerlinguistik

Gliederung der Ausbildung:	a) 3 Semester Grundstudium, 1 Semester Hauptstudium, 1 Praxissemester, 1 Semester Hauptstudium
Praktika:	Es wird dringend empfohlen, ein Praxissemester im Ausland abzuleisten. Darüber hinaus werden die Studenten ermutigt, in der vorlesungsfreien Zeit Sprachkurse oder ein Praktikum im Ausland zu absolvieren.
Abschlussprüfung:	Bachelor- bzw. Masterprüfung
Studienfachberatung:	Prof. Erhard Hinrichs, Anschrift wie Ausbildungsstätte, Telefon: (07 07 1) 29-7 42 79 e-mail: eh@sfs.nphil.uni-tuebingen.de Heike Winhart (Koordinatorin des Studienganges) Telefon: (07 07 1) 29-7 73 14 e-mail: heike.winhart@uni-tuebingen.de
Bemerkung:	Den Studiengang gibt es seit dem Wintersemester 2002/03. Das Studium erfolgt im ersten Jahr in englischer Sprache, danach teils in Deutsch, teils in Englisch.

Zusatzqualifikation
European Master in Language and Speech

Studienmöglichkeit:	Diese Zusatzqualifikation kann während eines Studiums der Computerlinguistik erworben werden. Sie wird mit einem Zertifikat abgeschlossen. Das Zertifikat wird aber erst ausgestellt, wenn auch das Studium der Computerlinguistik erfolgreich abgeschlossen ist.
Ausbildungsstätten und Ansprechpartner:	Rheinische Friedrich-Wilhelms Universität Bonn Institut für Kommunikationsforschung und Phonetik Poppelsdorfer Allee 47, 53115 Bonn Prof. Dr. Petra Wagner Telefon: (02 28) 73 56 13 Telefax: (02 28) 73 56 39 e-mail: wagner@ikp.uni-bonn.de

Universität Erlangen-Nürnberg
Institut für deutsche Sprach- und
Literaturwissenschaft, Abteilung für
Computerlinguistik
Bismarckstraße 6, 91054 Erlangen
Prof. Dr. Roland Hausser
Telefon: (09 13 1) 85 24 26
Telefax: (09 13 1) 85 92 51
e-mail: rrh@linguistik.uni-erlangen.de

Universität des Saarlandes
Fachbereich 4.7, Computational Linguistics
and Phonetics
66041 Saarbrücken
Prof. Dr. Jürgen Trouvain
Telefon: (06 81) 30 2-46 94
Telefax: (06 81) 30 2-46 84
e-mail: trouvain@coli.uni-sb.de

Computerlinguistik

Universität Stuttgart
Institut für maschinelle Sprachverarbeitung
Azenbergstraße 12, 70174 Stuttgart
Prof. Dr. Ulrich Heid
Telefon: (07 11) 12 1-13 73
Telefax: (07 11) 12 1-13 66
e-mail: uli@ims.uni-stuttgart.de

Weitere Ausbildungsstätten in nahezu allen europäischen Ländern.

Ausbildungsdauer:	Die Zusatzqualifikation kann während eines regulären Studiums erworben werden.
Studieninhalte:	Theoretical Linguistics, Phonetics and Phonology, Cognitive Models for Speech and Language Processing, Natural Language Processing, Speech Signal Processing, Statistical Pattern Recognition, Language Engineering Applications
Ausbildung:	Lehrveranstaltungen entsprechend der internationalen Vorgaben, dreimonatiges Projekt in einem Forschungsunternehmen oder der Industrie. Teilnahme an der Sommerschule (eine Woche). Ein Auslandsaufenthalt wird dringend empfohlen.
Abschluss:	Zertifikat für die Zusatzqualifikation
Informationen:	http://www.cstr.ed.ac.ulk/EuroMasters/

Ergänzungsstudium Linguistische Datenverarbeitung Göttingen

Ausbildungsstätte:	Georg-August-Universität Göttingen Philosophische Fakultät Humboldtallee 17 37073 Göttingen Telefon: (05 51) 39-44 61 Telefax: (05 51) 39-40 10 e-mail: philosophische.fakultaet@zvw.uni-goettingen.de Internet: http://www.uni-goettingen.de
Zulassungs- voraussetzungen:	Magisterprüfung oder Erste Staatsprüfung für das höhere Lehramt in einem philologischen Fach
Bewerbung:	bis 30. Juli an die Ausbildungsstätte
Anz. Neuaufnahmen:	20 pro Jahr
Studienbeginn:	Wintersemester
Ausbildungsdauer:	4 Semester einschließlich der Prüfung
Gliederung der Ausbildung:	Der 1. Studienabschnitt konzentriert sich auf die Vermittlung grundlegender Kenntnisse in der theoretischen Sprachwissenschaft und der linguistischen Datenverarbeitung. Hinzu kommen allgemeine praktische Fertigkeiten im Umgang mit modernen Rechnersystemen, Grundkenntnisse in der systemorientierten Informatik und der formalen Logik. Im 2. Studienabschnitt werden die Kenntnisse vertieft. Abschlussprüfung
Abschlussprüfung:	Hausarbeit, einstündige mündliche Prüfung. Der erfolgreiche Studienabschluss führt zu einem benoteten Zertifikat.

Computerlinguistik

Fachstudienberatung: Prof. Dr. Gert Webelhuth, Seminar für Englische Philologie, Abteilung Neuere Englische Sprache, Käte-Hamburger-Weg 3, 37073 Göttingen, Telefon: (05 51) 39-75 75

Allgemeine Studienberatung: Zentrale Studienberatung der Universität Göttingen, Wilhelmsplatz 2, 37073 Göttingen
Telefon: (05 51) 39-74 93
Telefax: (05 51) 39-73 87
e-mail: zsbgoe@uni-goettingen.de

Aufbaustudium Computerlinguistik München

Ausbildungsstätte:	Ludwig-Maximilians-Universität München Philosophische Fakultät für Sprach- und Literaturwissenschaft II Centrum für Informations- und Sprachverarbeitung (CIS) Oettingerstraße 67 80538 München Telefon: (08 9) 21 80-97 21 Telefax: (08 9) 21 80-97 01 Internet: http://www.cis.uni-muenchen.de
Zulassungsvoraussetzungen:	Magisterprüfung, Diplom-Prüfung oder Promotion in Informatik oder einem sprach- oder informationswissenschaftlichen Hauptfach. Ausnahmeregelungen für Fachhochschulabsolventen der Informatik sind möglich.
Bewerbung:	Anmeldung zum Eignungstest beim Prüfungsausschuss für das Zusatz- und Ergänzungsstudium Computerlinguistik bis etwa Anfang Juli
Studienbeginn:	Wintersemester
Ausbildungsdauer:	3 Semester
Abschlussprüfung:	Hausarbeit, 30-minütige mündliche Prüfung. Der erfolgreiche Studienabschluss führt zu einem Zertifikat.
Studienfachberatung:	Wie bei Magister- und Promotionsstudium Computerlinguistik, siehe Seite 277.

Aufbaustudium Textverarbeitung
Aufbaustudium EDV-Philologie
Würzburg

Ausbildungsstätte:	Universität Würzburg Institut für Deutsche Philologie, Bereich Linguistische Informations- und Textverarbeitung Am Hubland 97074 Würzburg Telefon: (09 31) 88 8-56 30 Telefax: (09 31) 88 8-46 16 Internet: http://www.uni-wuerzburg.de
Studienmöglichkeiten:	a) Aufbaustudium linguistische Informations- und Textverarbeitung, Abschluss mit benotetem Zertifikat b) Aufbaustudium EDV-Philologie mit Abschluss als Magister Artium
Zulassungsvoraussetzungen:	Guter Abschluss eines mindestens sechssemestrigen Studiums (z.B. Bachelor, Master, Magister Artium, Diplom, Staatsexamen für Lehrfach) in einem philologischen Fach.
Anz. Neuaufnahmen:	ca. 30 pro Jahr
Studienbeginn:	Wintersemester, Sommersemester
Ausbildungsdauer:	a) Aufbaustudium Textverarbeitung 2 Semester b) Aufbaustudium EDV-Philologie 4 Semester
Studieninhalte:	a) und b): Betriebssysteme, Anwendungsprogramme, EDV-Englisch, Programmiertechnik, Editionsphilologie, Buchsatz, Bild, Ton und Sprache, Textanalyse, Textdatenkodierung sowie Lexikographie.

Ergänzungs- und Aufbaustudium

Fortsetzung der Studieninhalte:	Bei b) zusätzlich: Systemlinguistik I und II, Korpuslinguistik sowie Kommunikations- und Verständlichkeitsforschung. Hinzu kommen Wahlpflichtfächer aus den Gebieten synchrone Linguistik, historische und vergleichende Sprachwissenschaft, Kommunikations- und Informationstheorie sowie Übungen und Praktika.
Abschlussprüfung:	a) und b) studienbegleitende Prüfungen in fast allen Fächern. Bei a) zusätzlich mündliche Prüfung. Bei b) zusätzlich Hausarbeit, schriftliche und mündliche Prüfung.
Studienfachberatung:	PD Dr. Werner Wegstein, Anschrift wie Ausbildungsstätte Telefon: (09 31) 88 8-56 12 Telefax: (09 31) 88 8-46 16 Sprechstunde Di 16 – 17 Uhr e-mail: wegstein@germanistik.uni-wuerzburg.de
	Dr. Peter Stahl, Anschrift wie Ausbildungsstätte Telefon: (09 31) 88 8-56 19 Telefax: (09 31) 88 8-46 16 Sprechstunde Mo 17 – 18 Uhr e-mail: stahl@germanistik.uni-wuerzburg.de
Bemerkung:	Das Aufbaustudium Textverarbeitung gibt es seit 1985, das Aufbaustudium EDV-Philologie seit 2001.

Museums- und Ausstellungstechniker Gelsenkirchen

Ausbildungsstätte:	Hans-Schwier-Berufskolleg Fachschule für Technik Heegestr. 14 45897 Gelsenkirchen Telefon: (02 09) 95 97 6-0 Telefax: (02 09) 95 97 6-33 e-mail: info@museums-techniker.de Internet: http://www.museums-techniker.de
Zulassungs- voraussetzungen:	Abschluss einer dreijährigen höheren Berufsfachschule und 2 Jahre Berufstätigkeit oder abgeschlossene Berufsausbildung und anschließende Berufspraxis von mindestens 1 Jahr oder Berufstätigkeit von mindestens 7 Jahren. Als Zugangsberufe werden alle Handwerksberufe anerkannt.
Bewerbung:	bis 31. Mai an die Ausbildungsstätte
Anz. Neuaufnahmen:	25 alle zwei Jahre
Ausbildungsbeginn:	1. August 2002, 2004, 2006 usw. alle 2 Jahre
Ausbildungsdauer:	insgesamt 2 Jahre
Abschlussprüfung:	Die Abschlussprüfung der Ausbildungsstätte führt zum staatlich geprüften Techniker, Fachrichtung Museums- und Ausstellungstechnik.
Bemerkung:	Die Ausbildung zum Museumstechniker wurde 1995 neu eingerichtet. Kernfächer der schulischen Ausbildung sind Klima- und Lichttechnik, Ausstellungstechnik, Kunst- und Kulturgeschichte, Werkstoffkunde und Materialprüfung sowie präventive Objekterhaltung.

Diplom-Museologe (FH)
Berlin

Ausbildungsstätte:	Fachhochschule für Technik und Wirtschaft Berlin, Fachbereich Gestaltung Blankenburger Pflasterweg 102 13129 Berlin Telefon: (0 30) 47 40 1-0 Telefax: (0 30) 47 40 1-2 01 Internet: http://www.fhtw-berlin.de
Zulassungs- voraussetzungen:	Fachhochschulreife, fachgebundene Studienberechtigung oder allgemeine Hochschulreife. Vor dem Studium ist ein 26wöchiges Vorpraktikum in Museen, Archiven oder museums-ähnlichen Einrichtungen wie Kultur- und Museumsämtern, Galerien usw. abzuleisten. Außerdem ist ein obligatorisches Beratungsgespräch mit Fachvertretern zu absolvieren.
Bewerbung:	Bis zum 15. Juli an das Zulassungs- und Immatrikulationsamt, Hauptgebäude, Treskowallee 8, 10318 Berlin Öffnungszeiten: Mo, Do, Fr 9:00 – 11:30 Uhr, Di 13:00 – 17:30 Uhr, Do 13:00 – 15:00 Uhr, Während dieser Zeiten bitte keine telefonischen Anfragen. Telefon: (0 30) 50 19-27 04 Telefax: (0 30) 50 19-27 08
Anz. Neuaufnahmen:	25 pro Jahr
Ausbildungsbeginn:	jährlich zum Wintersemester
Ausbildungsdauer:	insgesamt 8 Semester

Museum

Gliederung der Ausbildung:	Das Grundstudium dauert 4 Semester und schließt mit der studienbegleitenden Diplomvorprüfung ab. Das 5. Semester ist ein Praxissemester. Im Hauptstudium des 6. und 7. Semesters sind aus 14 angebotenen Wahlpflichtfächern 5 auszuwählen. Das 8. Semester ist Prüfungssemester mit Diplomarbeit und mündlicher Diplomprüfung.
Praktika:	Vorpraktikum, Praxissemester, Mitarbeit in Arbeitsbereichen wie Magazin, Depot, Museumstechnik, Informationsverwaltung und Sammlungsdokumentation
Abschlussprüfung:	Hochschul-Diplomprüfung (FH)
Allgemeine Studienberatung:	Fachhochschule für Technik und Wirtschaft Berlin, Studienberatung, Hauptgebäude, Treskowallee 8, 10313 Berlin Telefon: (0 30) 50 19-22 13 Telefax: (0 30) 50 19-22 41 e-mail: Studienberatung@fhtw-berlin.de
Studienfachberatung:	Günter Heering Telefon: (0 30) 47 40 1-3 18 Telefax: (0 30) 47 40 1-2 01 e-mail: heering@fhtw-berlin.de

Diplom-Museologe (FH)
Leipzig

Ausbildungsstätte:	Hochschule für Technik, Wirtschaft und Kultur Leipzig (FH), Fachbereich Buch und Museum Studiengang Museologie Karl-Liebknecht-Straße 145 04277 Leipzig Postfach 30 00 66 04251 Leipzig Telefon: (03 41) 30 76-54 39 Telefax: (03 41) 30 76 54 30 e-mail: studinf@k.htwk-leipzig.de Internet: http://www.htwk-leipzig.de
Zulassungs- voraussetzungen:	Hochschulreife oder Fachhochschulreife, Kenntnisse in Latein und einer modernen Fremdsprache sowie in allgemein kulturhistorischen Fachgebieten sind erwünscht
Bewerbung:	bis 15. Juli an die Hochschule für Technik, Wirtschaft und Kultur Leipzig (FH), Dezernat Studienangelegenheiten, Postfach 30 00 66, 04251 Leipzig
Anz. Neuaufnahmen:	30 pro Jahr
Ausbildungsbeginn:	jährlich zum Wintersemester
Ausbildungsdauer:	insgesamt 8 Semester
Gliederung der Ausbildung:	1. bis 3. Semester Grundstudium, vierwöchiges Praktikum nach dem 1. oder 2. Semester, das 4. Semester ist praktisches Studiensemester (mindestens 17 Wochen), 5. bis 8. Semester Hauptstudium, vierwöchiges Praktikum am Ende des 7. Semesters. Im Hauptstudium belegen die Studierenden neben den Pflicht- und Wahlpflichtfächern die Vertiefungsrichtung Museumspädagogik oder Management.

Museum

Praxissemester:	Das praktische Studiensemester gliedert sich in ein Archivpraktikum, ein Dokumentationspraktikum, ein Praktikum zur Bestandspflege und Bestandsführung, ein Praktikum archäologischer Funddokumentation und ein Praktikum Bestandvermittlung / Museumspädagogik.
Abschlussprüfung:	Hochschul-Diplomprüfung (FH)
Studienfachberatung:	Prof. Dr. Katharina Flügel, Anschrift und Telefon wie Ausbildungsstätte Sprechstunde nach telefonischer Vereinbarung
Literatur:	Lit. 8.1
Bemerkung:	Diese Ausbildung zum Museologen gibt es seit 1954.

8 Landkarte und Ortsregister

Die Ausbildungsstätten sind im folgenden Verzeichnis in alphabetischer Reihenfolge der Ortsnamen aufgeführt. Die Kartenskizze gibt einen Überblick über die Orte mit Ausbildungsstätten, die in diesem Wegweiser erwähnt sind. Einstellungsbehörden, Ausbildungsbibliotheken und Praktikumsstellen sind im Ortsregister nicht aufgeführt.

Ortsregister

Zur Verwendung der männlichen Form der Berufsbezeichnungen in diesem Ortsregister siehe Vorwort.

Aachen
- Diplom-Informatiker mit Nebenfach Medizin, Seite 263

Ansbach
- Ergänzungsstudium Information und Multimedia, Seite 198

Berlin
- Magister- und Promotionsstudium Bibliotheks- und Informationswissenschaft, Seite 136
- Aufbaustudium Wissenschaftlicher Bibliothekar, Seite 154
- Medizinischer Dokumentationsassistent, Seite 207
- Diplom-Informatiker mit Nebenfach Medizin, Seite 263
- Aufbaustudium Diplom-Medizininformatik(FH) für Mediziner, Seite 265
- Diplom-Museologe (FH), Seite 299

Bonn
- Diplom-Bibliothekar (FH) an öffentlichen Bibliotheken, Seite 138

Braunschweig
- Medizinischer Dokumentationsassistent, Seite 208
- Diplom-Informatiker mit Nebenfach Medizin, Seite 263

Bremen
- Medizinischer Dokumentationsassistent, Seite 210

Darmstadt
- Diplom-Informationswirt (FH), Schwerpunkt Bibliothek, Chemie-Information, Medieninformation oder Wirtschaftsinformation, Seite 172

Dortmund
- Bachelor- und Masterstudium (FH) Medizinische Informatik, Seite 249
- Diplom-Informatiker mit Nebenfach Medizin, Seite 263

Ortsregister

Dresden
- Medizinischer Dokumentationsassistent, Seite 211

Düsseldorf
- Informationswissenschaft als Nebenfach im Bachelor-, Magister und Promotionsstudium, Seite 174

Erlangen
- Magister- und Promotionsstudium Buchwissenschaft, Seite 162
- Diplom-Informatiker mit Nebenfach Medizin, Seite 263
- Bachelor-, Magister- und Promotionsstudium Linguistische Informatik, Seite 269

Frankfurt
- Diplom-Bibliothekar (FH) an wissenschaftlichen Bibliotheken, Seite 140
- Informationsassistent, Seite 171
- Diplom-Informatiker mit Nebenfach Medizin, Seite 263

Freiburg
- Medizinischer Dokumentar, Seite 233
- Diplom-Informatiker mit Nebenfach Medizin, Seite 263
- Magister- und Promotionsstudium mit Nebenfach Linguistische Informatik / Computerlinguistik, Seite 271

Gelsenkirchen
- Museums- und Ausstellungstechniker, Seite 298

Gießen
- Medizinischer Dokumentar, Seite 235
- Diplom-Medizininformatiker (FH), Seite 251

Görlitz
- Medizinischer Dokumentationsassistent, Seite 212

Göttingen
- Ergänzungsstudium Linguistische Datenverarbeitung, Seite 293

Greifswald
- Medizinischer Dokumentar, Seite 237

Ortsregister

Hagen
- Diplom-Informatiker mit Nebenfach Medizin, Seite 263

Halberstadt
- Medizinscher Dokumentationsassistent, Seite 213

Halle
- Medizinischer Dokumentationsassistent, Seite 215, Seite 217 und Seite 218

Hamburg
- Diplom-Bibliothekar (FH), Seite 141
- Diplom-Dokumentar (FH) Fachrichtung Mediendokumentation, Seite 175
- Diplom-Informatiker mit Nebenfach Medizin, Seite 263

Hannover
- Bibliothekssekretär, Seite 129
- Diplom-Informationswirt (FH), Seite 177
- Diplom-Dokumentar (FH) Fachrichtung Biowissenschaften, Seite 239

Heidelberg
- Medizinischer Dokumentationsassistent, Seite 219
- Diplom-Informatiker der Medizin, Seite 253
- Master-Aufbaustudium für Mediziner: Informationsmanagement, Seite 267
- Magister- und Promotionsstudium Computerlinguistik, Seite 273

Heidenheim
- Diplom-Ingenieur (BA) Medizinisches Informationsmanagement, Seite 255

Heilbronn
- Diplom-Informatiker der Medizin, Heidelberg, Seite 253
- Master-Aufbaustudium für Mediziner Informationsmanagement, Heidelberg, Seite 267

Hildesheim
- Bachelorstudium Informationsmanagement / Informationstechnologie, Seite 179
- Magisterstudium Internationales Informationsmanagement, Seite 181

Ilmenau
- Weiterbildungsstudium Wirtschafts- und Fachinformation, Seite 200

Innsbruck
- Bachelor- und Masterstudium Medizinische Informatik, Seite 257

Jena
- Diplom-Informatiker mit Nebenfach Medizin, Seite 263

Karlsruhe
- Bibliothekssekretär, Seite 132

Kiel
- Diplom-Informatiker mit Nebenfach Medizin, Seite 263

Klötze
- Medizinscher Dokumentationsassistent, Seite 221

Koblenz
- Bachelor- und Masterstudium Informationsmanagement, Seite 183

Köln
- Diplom-Bibliothekar (FH), Seite 143
- Master Aufbaustudium (FH) Bibliotheks- und Informationswissenschaft, Seite 156
- Diplom-Informationswirt (FH), Seite 184
- Magisterstudium Informationsverarbeitung, Seite 186

Konstanz
- Master-Aufbaustudium Information Engineering, Schwerpunkt Informationswissenschaft, Seite 202

Köthen
- Diplom-Informatiker (FH) Informationsmanagement, Seite 188

Ortsregister

Leipzig
- Diplom-Bibliothekar (FH), Seite 145
- Medizinischer Dokumentationsassistent, Seite 222
- Diplom-Informatiker Studienrichtung Medizinische Informatik, Seite 259
- Diplom-Informatiker mit Nebenfach Medizin, Seite 264
- Diplom-Informatiker Studienrichtung Linguistische Informatik, Seite 275
- Diplom-Museologe (FH), Seite 301

Lübeck
- Diplom-Informatiker mit Nebenfach Medizin, Seite 264

Magdeburg
- Medizinischer Dokumentationsassistent, Seite 223 und Seite 224

Mainz
- Magister- und Promotionsstudium Buchwissenschaft, Seite 164
- Diplom-Informatiker mit Nebenfach Medizin, Seite 264

Marburg
- Diplom-Archivar (FH), Seite 113
- Archivar des höheren Dienstes, Seite 120
- Medizinischer Dokumentar, Seite 241

Merseburg
- Medizinischer Dokumentationsassistent, Seite 226

München
- Archivsekretär, Seite 111
- Diplom-Archivar (FH), Seite 116
- Archivar des höheren Dienstes, Seite 122
- Bibliothekssekretär, Seite 134
- Diplom-Bibliothekar (FH) an wissenschaftlichen Bibliotheken, Seite 147
- Wissenschaftlicher Bibliothekar, Seite 158
- Diplomstudium Buchwissenschaft, Seite 166
- Aufbaustudium Buchwissenschaft, Seite 168
- Diplom-Informatiker mit Nebenfach Medizin, Seite 264
- Magister- und Promotionsstudium Computerlinguistik, Seite 277
- Aufbaustudium Computerlinguistik, Seite 295

Passau
- Diplom-Informatiker mit Nebenfach Medizin, Seite 264

Potsdam
- Diplom-Archivar (FH), Seite 118
- Diplom-Bibliothekar (FH), Seite 149
- Diplom-Dokumentar (FH), Seite 189
- Berufsbegleitende Fortbildung wissenschaftlicher Dokumentar (Information Specialist), Seite 204
- Diplom- und Magisterstudium Computerlinguistik, Seite 279

Regensburg
- Magister- und Promotionsstudium Informationswissenschaft, Seite 191

Rostock
- Medizinischer Dokumentar, Seite 243 und Seite 244
- Diplom-Informatiker mit Nebenfach Medizin, Seite 264

Saarbrücken
- Magister- und Promotionsstudium Informationswissenschaft, Seite 193
- Diplom- und Promotionsstudium Computerlinguistik, Seite 280

Salzwedel
- Medizinischer Dokumentationsassistent, Seite 227

Schönebeck
- Medizinischer Dokumentationsassistent, Seite 228

Senftenberg
- Diplom-Informatiker mit Nebenfach Medizin, Seite 264

Sondershausen
- Fachangestellter für Medien- und Informationsdienste, Seite 128

Stralsund
- Bachelor- und Masterstudium (FH) Medizininformatik, Seite 261

Ortsregister

Stuttgart
- Diplom-, Bachelor- und Masterstudium (FH) Bibliotheks- und Medienmanagement, Seite 151
- Master Aufbaustudium Musikinformationsmanagement, Seite 160
- Bachelorstudium (FH) Informationsdesign, Seite 195
- Diplom- und Masterstudium (FH) Informationswirtschaft, Seite 196
- Diplom-Linguist (Computerlinguistik), Seite 282
- Diplom-Informatiker mit Nebenfach Computerlinguistik, Seite 284

Trier
- Medizinischer Dokumentationsassistent, Seite 230
- Magister- und Promotionsstudium Linguistische Datenverarbeitung, Seite 286
- Diplom-Informatiker mit Nebenfach Computerlinguistik, Seite 288

Tübingen
- Diplom-Informatiker mit Nebenfach Medizin, Seite 264
- Internationales Bachelor- und Masterstudium Computerlinguistik, Seite 289

Ulm
- Medizinischer Dokumentar, Seite 245
- Diplom-Dokumentar (FH) Fachrichtung Medizin, Seite 247
- Diplom-Informatiker mit Nebenfach Medizin, Seite 264

Weißenfels
- Medizinischer Dokumentationsassistent, Seite 231

Würzburg
- Aufbaustudium Textverarbeitung, Seite 296
- Aufbaustudium EDV-Philologie, Seite 296

Zwickau
- Medizinischer Dokumentationsassistent, Seite 232
- Diplom-Informatiker mit Nebenfach Medizin, Seite 264

MIX
Papier aus verantwortungsvollen Quellen
Paper from responsible sources
FSC® C105338

If you have any concerns about our products,
you can contact us on
ProductSafety@springernature.com

In case Publisher is established outside the EU,
the EU authorized representative is:
**Springer Nature Customer Service Center GmbH
Europaplatz 3, 69115 Heidelberg, Germany**

Printed by Libri Plureos GmbH
in Hamburg, Germany